HEYNE FILMBIBLIOTHEK

Babelsberg Ufastadt

DIE UFA-STARS IM DRITTEN REICH

Frauen für Deutschland

von FRIEDEMANN BEYER

Originalausgabe

WILHELM HEYNE VERLAG
MÜNCHEN

HEYNE FILMBIBLIOTHEK
32/131

Herausgegeben von Bernhard Matt

Für Birgit

Redaktion: Cornelia Zumkeller

Umschlagfoto: Ullstein Bilderdienst, Berlin; Archiv Dr. Karkosch, Gilching;
Bildarchiv Engelmeier, München; Archiv des Autors, München.
Rückseitenfoto: Stiftung Deutsche Kinemathek, Berlin
Innenfotos: Archiv Rolf Anton, München; Transit-Film, München;
Dr. Wolf Strache, Stuttgart; Archiv/Schaack, München, Archiv des Autors, München;
Heribert Süddeutscher Verlag, Bilderdienst, München
Printed in Germany 1991
Umschlaggestaltung: Atelier Ingrid Schütz, München
Herstellung: Dieter Lidl
Satz: Fotosatz Völkl, Germering
Druck und Verarbeitung: Pressedruck, Augsburg

ISBN 3-453-03013-3

Inhalt

Mein besonderer Dank für seine stets hilfreichen Ratschläge geht an Rolf Anton.
Weiter danke ich der Transit-Film München, Heribert Schaack, Rolf Hansen, Ulrich J. Klaus, Dr. Hans Grafe, Dr. Walther Müller-Goerne, Harald Pauli, Gerhard Bachleitner, Fritz Göttler sowie den Freunden vom ZK.

Der Film, die Frauen und das Dritte Reich

Jupp und Alf liebten das Kino.
Frisch an der Macht, lobte Joseph Goebbels im Frühjahr 1933, womit er sich, zusammen mit Adolf Hitler, vom Kampf um die Macht zu erholen pflegte: »Der Herr Reichskanzler und ich sind während der vergangenen Jahre abends oft ermattet ins erstbeste Lichtspielhaus gegangen, um dort den harten Arbeitstag zu vergessen und Entspannung zu finden.«
Doch auch nachdem sie regierten, nahmen sich Hitler und Goebbels die Zeit, ihren Hunger nach bewegten Bildern zu stillen.
Er habe sich gestern abend drei Filme ansehen müssen und heute früh, noch vor dem Frühstück, wieder einen, stöhnte Hitlers Adjutant Schaub gegenüber Veit Harlan: »Der Führer ist darin unersättlich.«
Und Goebbels machte seine Leidenschaft zur Profession: Als Propagandaminister und oberster Zensor entwickelte er den Ehrgeiz, jeden in Deutschland gedrehten Film persönlich zu sehen. Das waren zwischen 1933 und 1945 immerhin über 1100 Spielfilme. Nicht gerechnet die ausländischen Produktionen, von denen das deutsche Publikum ab 1940 keine mehr zu sehen bekam, die Goebbels aber um so eifriger verfolgte, weil er an ihnen die eigene Filmpolitik maß. Ein guter Hollywood-Film, etwa *Vom Winde verweht,* konnte ihn wochenlang beschäftigen. Er hatte seine Adjutanten eigens darauf gedrillt, ihn mit den neuesten ausländischen, besonders amerikanischen Titeln zu versorgen. Als dies nach Kriegsausbruch schwieriger wurde, organisierte man Kopien über die Botschaften neutraler Staaten.
Goebbels saß viel im Kino. Entweder schon vormittags im Propagandaministerium oder in einem der Vorführräume, die er sich in seine Privatwohnungen hatte bauen lassen. Ausführlich kommentierte er in seinen Tagebüchern das Gesehene. Und wenn abends in der Reichskanzlei der Tag mit zwei bis drei Filmen ausklang, die die Gäste von des Führers Dauermonologen befreiten, wurde Vorkoster Goebbels gewöhnlich um Programmvorschläge gebeten (war er nicht da, besorgte dies Eva Braun).

Private moment: Jupp und Alf, die beiden Filmfans.

Hitler mochte harmlose Unterhaltung: Lustspiele, Operetten, Gesellschaftskomödien mit plattem Witz und Liebesfilme mit sentimentalem Ausgang. Besonders begeisterten ihn Revuefilme, in denen viele nackte Beine zu sehen waren. Tier- oder Landschaftsfilme dagegen langweilten ihn. Ebenso Sport- und Bergsteigerfilme. Der Sinn fürs Groteske fehlte ihm offenbar völlig. Buster Keaton oder Chaplin (mit dem er nicht nur Bärtchen, Geburtsjahr und -monat teilte) waren ihm verhaßt. Ebenso mied er Melodramen oder Stoffe mit tragischer Handlung. Auf Hitlers Berghof existierte ein eigenes Filmarchiv. Es galt als besondere Anerkennung eines Titels, wenn er vom Führer persönlich dafür ausgewählt wurde. Die Palette reichte von Propagandafilmen wie *Hitlerjunge Quex* oder *Ich für dich – du für mich* über Filme von Willi Forst *(Maskerade, Mazurka),* Luis Trenker *(Der Rebell, Der Kaiser von Kalifornien)* bis hin zu Albers- oder Rühmann-Komödien. Es fanden sich aber auch Literaturverfilmungen wie *Der Schimmelreiter* (nach Storm) oder die Kleist-Adaptation *Der zerbrochene Krug.* Weil die deutsche Produktion nicht ausreichte, Hitlers Gier nach täglich zwei bis drei Filmen zu stillen, sah auch er sich viele ausländische, vor allem amerikanische an, von denen er, neben Komödien und Ausstattungsschinken, auch *Mickey Mouse* und *Robinson Crusoe* archivierte. Zu seinem 50. Geburtstag erhielt Hitler von Goebbels eine Sammlung von 120 Filmen, frisch kopiert auf nicht brennbarem Material.

Hitler war ein kritischer Zuschauer. Sein Urteil reichte von »gut gespielt« bis »Mist in höchster Potenz«. In diesem Fall wurde die Vorführung abgebrochen. Bis zu zehnmal und häufiger sah er sich dagegen seine Lieblingsfilme an (etwa *Quax, der Bruchpilot*).

Hitlers Architekt und Rüstungsminister Albert Speer beschreibt in seinen Erinnerungen einen typischen Kinoabend im Berghof: »Nach dem Essen begab sich die Tischgesellschaft in die Wohnhalle, die sonst nur offiziellen Anlässen vorbehalten war. Man setzte sich in bequeme Sessel; Hitler knöpfte seinen Rock auf, streckte seine Beine weit von sich. Das Licht verlosch langsam, während gleichzeitig durch eine Hintertür bevorzugte, auch weibliche, Angestellte des Haushalts und Mitglieder des Hitler-Schutzkommandos eingelassen wurden. Der erste Spielfilm begann. Da saßen wir, stumm für drei bis vier Stunden, und wenn diese Filme etwa um ein Uhr morgens beendet waren, erhoben wir uns steif und benommen. Nur Hitler schien noch frisch, verbreitete sich mit Vorliebe über die schauspielerischen Leistungen, entzückte sich über das Spiel eines seiner Lieblingsakteure.«

Zu ihnen gehörten Heinz Rühmann, Emil Jannings, Hans Moser und der bayerische Humorist Weiß-Ferdl. Von den Damen waren es Lil Dagover, Olga Tschechowa, Zarah Leander und Jenny Jugo: auf der einen Seite die leicht vertrottelten Komiker, Volksschauspieler, auf der anderen lauter edle weibliche Wesen.

Hitlers Lieblingsdiva, Lil Dagover.

Sie paßten in Hitlers Frauenbild, das streng zwischen Heiligen und Huren unterschied. Zu den Heiligen gehörte an erster Stelle seine Mutter. Ihr Foto trug er als Talisman ständig bei sich. Noch im Bunker soll ihr Bild über dem Bett gehangen haben, auf dem er sich erschoß. Putzi Hanfstaengl, einer der besten Kenner Hitlers, bemerkte an ihm schon früh die Neigung, sich mit schönen Frauen zu umgeben, ohne sie zu begehren; Gerüchte, er sei impotent, hielten sich hartnäckig. Hitler und Erna Hanfstaengl, Grande Dame der Münchner Salons, die schon Lenbach Modell gesessen hatte. Hitler und seine mütterliche Freundin Winifred Wagner. Hitler und die mondäne Kronprinzessin Maria Josée von Savoyen. Hitler mit der bezaubernden Frau des italienischen Botschafters, Elena Attolico. Und schließlich Hitler inmitten strahlender Ufa-Sternchen, zwischen Lilian Harvey und Leni Riefenstahl.

Der sich das Bärtchen hatte wachsen lassen, um von seinem Zinken von Nase abzulenken, benutzte weiblichen Liebreiz als Gloriole seines unvorteilhaften Aussehens. Die Bilder suggerieren aber auch Paarung von Macht und Schönheit. Als bei einer Bootsfahrt über die Havel das Politidol Hitler und das Leinwandidol Zarah Leander gemeinsam an die Reling traten, gerieten die Berliner vor Begeisterung völlig aus dem Häuschen. Für den Hausgebrauch reichte Hitler eine Frau von schlichtem Aussehen und Gemüt, für die er sich irgendwie geschämt haben muß. Oder warum sonst durfte die deutsche Öffentlichkeit nichts über Eva Braun erfahren, deren Existenz als des Führers Geliebte erst nach dem Krieg bekannt wurde? Sie war in Hitlers Nähe, wenn er sie brauchte, bewohnte eigene Suiten in der Reichskanzlei und auf dem Berghof, doch bei offiziellen Anlässen fehlte sie. Fotos, auf denen sie neben Hitler zu sehen war, trugen den Vermerk: »Veröffentlichung verboten«. Intelligente Menschen sollten sich eine primitive, dumme Frau nehmen, die

Für den Hausgebrauch: die begeisterte Schmalfilmerin Eva Braun auf dem Berghof bei Berchtesgaden.

ihnen nicht in die Arbeit hineinredet, verkündete Hitler in Gegenwart seiner Geliebten vor geladenen Gästen.
Eva Braun litt unter Hitlers Mißachtung und beklagte sich, daß er sie nur zu »bestimmten Zwecken« brauche. »Drei Stunden habe ich vor dem Carlton gewartet und mußte zusehen, wie er der Filmschauspielerin Anny Ondra Blumen kaufte und sie zum Essen einlud«, schrieb sie in ihr Tagebuch. Aus Verzweiflung unternahm sie zwei Selbstmordversuche. Vorher schon hatten sich zwei Frauen aus Hitlers enger Umgebung erschossen: Unity Mitford und seine Nichte Geli Raubal. Nach Gelis Tod in der gemeinsamen Wohnung pflegte Hitler einen einzigartigen Personenkult um seine große Liebe. Niemand außer ihm durfte Gelis verdunkeltes Zimmer betreten, in das er sich jedes Jahr an ihrem Geburtstag stundenlang einschloß, um mit ihrer von Kerzen erleuchteten Büste allein zu sein. Frauen waren ihm nur als entrückt-verklärte Wesen, nur als Bild erträglich, das er sich von ihnen machte. Das Kino war der Ort, wo Hitler dieser Neigung frönen konnte. Hier sah er nur Idealfrauen, überlebensgroß und doch aus sicherer Distanz.
Anders Goebbels.
Auch er schwärmte für schöne Frauen. Doch beließ er es nicht dabei, bloß artig mit ihnen zum Gruppenfoto zu posieren.
Goebbels war klein, häßlich, und er hinkte.
Und doch verführte er Dutzende von Filmschauspielerinnen. Der junge, weibliche Ufa-Nachwuchs hatte es ihm besonders angetan – und war am leichtesten zu bekommen. Goebbels liebte gesellige Abende und schickte seine Adjutanten aus, die ihn mit willigen Filmsternchen versorgten. Die Mädels wollten nach oben – und nahmen dafür den Weg durch das Bett eines charmanten Krüppels in Kauf, der in der Branche bald der »Bock von Babelsberg« hieß, so wie der Begriff »Nachwuchsschauspielerin« zum Synonym für »Goebbels-Gespielin« wurde. »Goebbels war kein Förderer, der an das filmkünstlerische Talent glaubte, sondern ein Forderer, ein Gläubiger, der den weiblichen Künstlerdank ungeniert einkassierte. Er unterschied sich in nichts von einem kleinen fiesen Theaterdirektor, der die existentielle Abhängigkeit seiner weiblichen Bühnenmitglieder für seine privaten Lüste ausnützt. Er behielt sich die Genehmigung der Besetzungsliste, vornehmlich der Frauenrollen, vor und vergab darstellerische Haupt- und Nebenaufgaben keinesfalls nach

›Ach der mit seinem Regenwurm!‹ (Irene von Meyendorff über den Bock von Babelsberg.)

Gesichtspunkten der künstlerischen Eignung, sondern einzig und allein nach seinem persönlichen Gefallen und seinem eigenen Geschmack.

Der Weiberheld war kein passionierter Waidmann, der auf die Pirsch geht, aber auch sein Revier hegt und pflegt, sondern ein skrupelloser Ladykiller. Sein Jagdtrieb zielte auf wahllose Beute, auf Erlegung des Wildbestandes, auf die glanzvolle ›Strecke‹ einer schonungslosen ›Treibjagd‹. Sein gesteigerter Sexualtrieb entsprach sowohl seinen Hemmungen wie seiner Hemmungslosigkeit. Die Hemmung war Angst vor der möglichen Versagung, die sein Selbstbewußtsein verletzen konnte, die Hemmungslosigkeit ging zurück auf seinen Frauenhaß, der einen Bestandteil seiner zynischen Menschenverachtung ausmachte. Da der ›Mensch eine Canaille‹ war, funktionierte die Frau bestenfalls als Prestigeobjekt seines männlichen Dekorums, meist aber nur als Institution der Bedürfnisstillung und der Selbstbespiegelung«, schreibt der Regisseur Arthur Maria Rabenalt.

Übrigens huldigte auch der Propagandaminister einem Mutterideal, das eher ungewohnte Seiten des kalten Demagogen offenlegte. Als er den Film *Mutterliebe* von Gustav Ucicky sah, in dem es um eine alleinstehende Frau ging, die sich für ihre Kinder aufopferte, schluchzte er ungeniert ins Taschentuch, und als in Eduard von Borsodys *Wunschkonzert* zu dem Lied »Gute Nacht, Mutter« eine alte Frau mit umgehängtem Mutterkreuz gezeigt wurde, ließ Goebbels sich gerührt die Szene noch mal vorführen.

Solange es bei flüchtigen Abenteuern blieb, duldete Magda

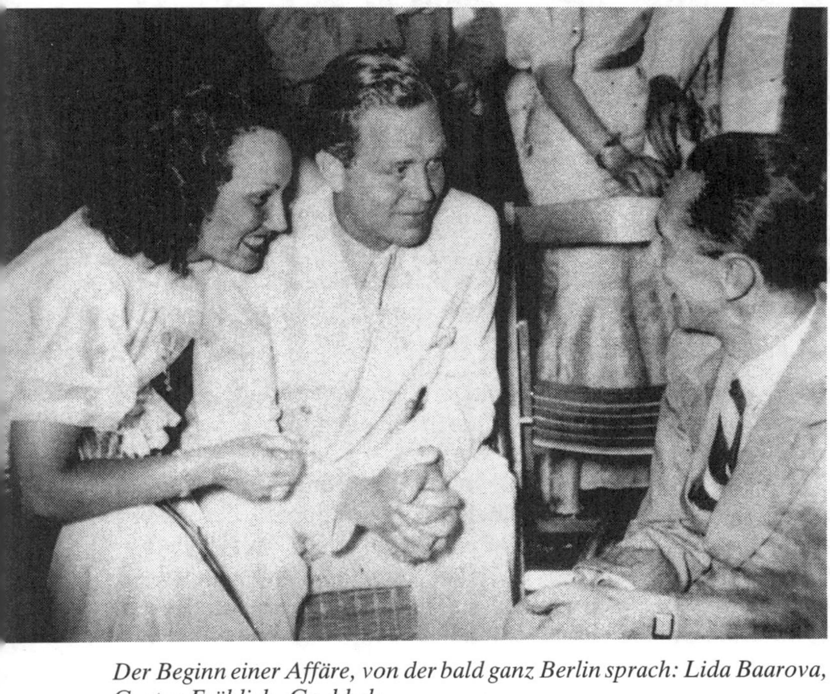

Der Beginn einer Affäre, von der bald ganz Berlin sprach: Lida Baarova, Gustav Fröhlich, Goebbels.

Goebbels zähneknirschend die Seitensprünge ihres Mannes. Dann aber lernte er kurz vor der Olympiade 1936 Lida Baarova kennen. Er verliebte sich in die junge tschechische Schauspielerin, als er in Neubabelsberg die Dreharbeiten zu Paul Wegeners Film *Stunde der Versuchung* besuchte, in dem sie neben Gustav Fröhlich die Hauptrolle spielte.
Lida Baarova war dunkel, zierlich und hatte wunderschöne Mandelaugen. Sie war mit ihrem Filmpartner befreundet und bewohnte mit ihm ein Haus auf der Havelinsel Schwanenwerder, ganz in der Nähe von Goebbels' Villa. Es begann ein Katz-und-Maus-Spiel zwischen Magda und Joseph Goebbels auf der einen, Lida Baarova und Gustav Fröhlich auf der anderen Seite. Gerüchte machten die Runde, von denen auch Gustav Fröhlich hörte. Der wollte wissen, was daran war, und lauerte eines Abends Goebbels vor seinem Haus auf, der mit Lida Baarova im Auto gerade heftig knutschte. Fröhlich soll den Reichspropagandaminister aus dem Auto gezerrt und abgewatscht haben – das jedenfalls kolportierte man in Berlin, wo sich der Zwischenfall sofort herumsprach. Wahrscheinlicher ist, daß Fröhlich nicht Goebbels, sondern seine Freundin geohrfeigt hat. Jedenfalls gab Fröhlich Lida Baarova den Laufpaß, und auch Magda Goebbels ging zu Hitler und bat ihn, sich scheiden lassen zu dürfen. Hitler stellte Goebbels vor die Wahl, sich entweder von Lida Baarova zu trennen oder als Propagandaminister zurückzutreten. Goebbels soll sich eine Weile mit dem Gedanken getragen haben, als Botschafter nach Japan zu gehen. Doch was sollte dann aus der deutschen Vorzeigefamilie werden?
So entschied er sich für die Pflicht: Lida Baarova wurde auf Betreiben Hitlers ausgewiesen. Sie kehrte nach Prag zurück, wo sie bis Kriegsende blieb. Seit den 50er Jahren lebt sie zurückgezogen in Salzburg. Goebbels hat Lida Baarova nie mehr gesehen.
Als die Russen im April '45 die Außenviertel Berlins erreicht hatten, machte sich Goebbels ans große Aufräumen: Er verbrannte alle persönlichen Dokumente, die in seinem Büro waren. Beim Wühlen stieß er auf ein großes, signiertes Porträtfoto von Lida Baarova. »Sehen Sie, das ist eine vollendet schöne Frau«, sagte er einem Besucher, der gekommen war, um sich zu verabschieden. Dann schmiß er das Bild ins Feuer.
Vollendet schöne Frauen wollte Goebbels im deutschen Kino sehen, solange er dessen Schirmherr war. Wobei er keinesfalls

jenen Frauentyp bevorzugte, den er eigentlich von Amts wegen propagieren sollte: Blonde, blauäugige Arierinnen lagen ihm überhaupt nicht, er schwärmte für fremdartige, slawische, also »rassefremde« Frauen.
Hitler freute oder ärgerte sich über Filme, die andere für ihn auswählten. Stets gierig und äußerst wählerisch, gab er an Goebbels sein Urteil weiter. Das sah, nach dem Bericht eines Adjutanten vom 23. Juni 1938, etwa folgendermaßen aus:

»1. *Wochenschau* (Reichstheaterfestwoche Wien). Aufnahmen von Dr. Goebbels sehr schlecht.
2. *Hyänen der Prärie.* Auf Befehl des Führers abgebrochen.
3. *Tip off Girls.* Abgebrochen.
4. *Capriccio.* Besonders schlecht.
5. *König von Arizona.* Nach den ersten hundert Metern abgebrochen.
6. *Smith With* (Lustspiel) findet den Beifall des Führers.«

Hitlers Votum blieb meist ohne Konsequenzen: Wären alle Filme, die er nicht mochte, verboten worden, hätten die deutschen Kinos bald zumachen können. Doch bestimmte Hitler die Meinungsbildung. Nach der Vorführung eines Films über den Preußenkönig Friedrich II. war Goebbels begeistert: »Ein fabelhafter Film, wirklich ein großer Film! Das ist es, was wir brauchen!« Kurz darauf kam Hitler dazu: »Ein Greuel, ein Schmarren. Das muß polizeilich verboten werden. Es ist genug mit diesem patriotischen Kitsch.«
Sofort stimmte Goebbels ein: »Jawohl, mein Führer, es ist ein schwaches Stück, ein sehr schwaches. Eine große Erziehungsarbeit bleibt uns zu leisten.« Obwohl Hitler das letzte Wort haben wollte, blieb er eher der aufmerksame Beobachter, der kritisierte und Ratschläge gab, sich ansonsten aber raushielt. Goebbels dagegen griff ein, gestaltete. Als Filmminister verteilte er Themen, bestimmte Regisseure und Hauptdarsteller, zensierte Drehbücher und fertige Filme und soll bei Propagandastreifen (wie bei *Der ewige Jude*) selbst Hand angelegt haben. Selbstverständlich trifft dies nicht auf alle damals produzierten Filme zu. Sicher aber etwa auf die Arbeiten Veit Harlans, von dem während des Krieges nur ein einziger Film ohne Änderungswünsche des Ministers durchging. Oder auf andere Projekte, die Goebbels persönlich am Herzen lagen. So förderte er 1938, auf dem

›Eine vollendet schöne Frau‹: Lida Baarova, die tschechische Geliebte des deutschen Ministers.

Höhepunkt der Baarova-Affäre, das Melodram *Preußische Liebesgeschichte.* In dem Kostümfilm geht es um einen jungen Thronprinzen, der aus Pflicht für den Staat an der für ihn bestimmten Partie mit der Prinzessin von Sachsen-Weimar festhält und selbstlos auf seine Geliebte verzichtet. In der Hauptrolle als Geliebte: Lida Baarova. Weil die Ähnlichkeit mit lebenden Personen und aktuellen Vorgängen dann doch zu groß war, wurde der Film noch vor der Premiere zurückgezogen und kam erst 1950 unter dem Titel *Liebeslegende* ins Kino.

Sofort nachdem Goebbels am 13. März 1933 Minister für Volksaufklärung und Propaganda geworden war, begann er mit dem Umbau des Filmwesens. Der deutschen Filmindustrie ging es zu dieser Zeit mehr schlecht als recht. Aus Angst vor dem Dritten Reich schreckten nicht nur die jüdischen Produzenten davor zurück, in Projekte zu investieren, die den neuen Machthabern möglicherweise nicht genehm sein könnten. Vielleicht wären in Deutschland bald nur noch Propagandafilme gefragt, wie Gerüchte wissen wollten? Andererseits hatte Hitler in einem Interview mit der Schauspielerin Tony von Eyck getönt, daß Politik im Kino nichts zu suchen habe: »Mir ist es zum Ekel, wenn unter dem Vorwand der Kunst Politik betrieben wird. Entweder Kunst oder Politik.«

Zur allgemeinen Unsicherheit kam hinzu, daß die wirtschaftliche Depression der 20er Jahre immer noch nachwirkte. Damals waren selbst große Unternehmen aus den roten Zahlen nicht mehr rausgekommen. So betrug das Defizit der zehn führenden Produktionsfirmen zwischen 1924 und 1928 rund 122 Millionen Mark. Die Übernahme der Ufa durch die Amerikaner wurde zwar 1927 durch den Einstieg des Pressezaren Alfred Hugenberg abgewendet, doch entstanden dadurch neue Abhängigkeiten, ohne daß die alten verschwanden: Im Jahr zuvor hatte die Ufa von MGM und der Paramount ein Darlehen über 17 Millionen Mark erhalten.

Als Gegenleistung mußte sie 20 Filme dieser Firmen in Ufa-Theatern spielen, was etwa der Hälfte des eigenen Programms entsprach. Nach dem Börsenkrach im Jahre 1929 kulminierte die Krise. Als Folge der Massenarmut mußten Kinos reihenweise schließen, kleine Unternehmen machten Pleite, aus Angst vor dem Ruin stornierten viele Produzenten ihre Vorhaben. Amerikanische Filme überschwemmten den Markt. Aus Amerika kam zudem eine neue Bedrohung: der Tonfilm. Seine Einführung machte kostspielige Investitionen nötig, wozu meist die Mittel fehlten. Nur die Großen hatten eine Chance. Ende der 20er Jahre beherrschten drei Namen den deutschen Film: die Terra, die Tobis und die Ufa. Seit Hugenberg die Aktienmehrheit bei der Ufa besaß, hatte sich ihre finanzielle Situation spürbar ge-

Einer der erfolgreichsten Ufa-Filme vor dem Dritten Reich: Eric Charells Welterfolg ›Der Kongreß tanzt‹ (1931).

bessert: Schon 1929 waren die Schulden getilgt, man konnte expandieren. Tonfilmateliers wurden gebaut, Tochtergesellschaften einverleibt, Kinos gekauft.

Vor allem aber stieß der Konzern mit seinen Produktionen erfolgreich auf den internationalen Markt vor: Von den 137 deutschen Filmen des Jahres 1931 gingen 46 – also rund ein Drittel – ins Ausland und spielten dort beachtliche 30 Millionen Mark ein. Die mehrsprachigen Versionen eines Titels wurden von der Ufa effektiver vermarktet als von den Amerikanern, die zuerst damit begonnen hatten, Filme für den Export zu synchronisieren. Ufa-Produktionen teilten sich in Kommerz- und Prestigefilme. Die einen trugen die anderen. In Welterfolgen wie *Der blaue Engel* oder *Der Kongreß tanzt* verschmolzen Kommerz und Prestige.

Unter dem Einfluß des heraufziehenden Nationalsozialismus änderte die Ufa ihre Repertoirepolitik: Ob ein Film unterhaltsam oder ambitioniert war, interessierte plötzlich wenig. Jetzt galt es, Stoffe aufzugreifen, die das nationale Gewissen des Publikums wachrüttelten. Menschen sollten gezeigt werden, »die positive und klare Ziele verfolgen«, wie Ufa-Direktor Hugo Correll forderte.

Man hob glorreiche Vorbilder aus deutscher Vergangenheit heraus, mit denen sich die Zuschauer über eine heillose Gegenwart hinwegtrösten konnten: Friedrich der Große (in: *Das Flötenkonzert von Sanssouci*), General Yorck (in: *Yorck*) oder einen U-Boot-Kapitän aus dem Ersten Weltkrieg (in: *Morgenrot*), von dem der bekannte Satz stammte: »Leben können wir Deutsche vielleicht schlecht, aber sterben können wir jedenfalls fabelhaft.«

Besonders der Fridericus-Film mit Otto Gebühr in der Hauptrolle sollte den Deutschen nahelegen, daß sie einen starken Mann brauchten.

Mit solchen Inhalten hatte die Mehrheit der Filmindustrie herzlich wenig im Sinn.

Die politischen Kämpfe drangen aber bald von der Straße auch ins Kino vor: Filme wie *Kuhle Wampe* wurden verboten oder zensiert; bereits 1930 hatte ein von Goebbels geführter Nazi-Störtrupp unter Einsatz von Stinkbomben und weißen Mäusen dafür gesorgt, daß der Antikriegsfilm *Im Westen nichts Neues* aus dem Verkehr gezogen wurde.

Welche Filme waren überhaupt noch opportun? Und wie verhielt es sich mit jüdischen Regisseuren und Schauspielern? Konnte man sie noch beschäftigen, ohne Ärger zu bekommen? Nach der Machtergreifung am 30. Januar 1933 schlug die Verunsicherung vollends in Lähmung um. Zu Jahresbeginn waren von 29 Filmateliers 28 in Betrieb gewesen. Drei Monate später arbeiteten nur noch elf Ateliers, 18 standen leer. 1932 hatte die Ufa zehn Millionen Mark eingenommen.

Ein Jahr später waren es gerade 80.000 Mark. Die Spitzenkräfte des deutschen Films emigrierten, falls sie nicht – wie Marlene Dietrich oder Ernst Lubitsch – schon vorher gegangen waren: Fritz Lang, Billy Wilder, Erich Pommer, Elisabeth Bergner, Erik Charell oder Peter Lorre. Ein halbes Jahr später regelte ein

Auch er verstieß gegen den ›Arierparagraphen‹ und mußte gehen: Peter Lorre in Fritz Langs Meisterwerk ›M‹ (1931).

»Arierparagraph«, daß nur »deutschstämmige Künstler am Kulturgut Film« mitwirken durften.
Um die Ängste der Filmschaffenden zu zerstreuen, lud Goebbels am 28. März 1933 ins Hotel Kaiserhof. Er hielt eine Rede, bei der die Anwesenden ihren Ohren kaum trauten.
Der frischgebackene Propagandaminister lieferte ein Lehrstück in Propaganda – indem er nichts von ihr wissen wollte: »Man soll nicht von früh bis abends in Gesinnung machen. Wir empfinden dabei selbst zu leicht, zu künstlerisch. Die Kunst ist frei, und die Kunst soll frei bleiben.« Und: »Glauben Sie nicht, daß wir uns berufen fühlen, Ihnen das Leben sauer zu machen. Die jungen Männer, die jetzt in der Regierung sitzen, sind den Filmkünstlern von Herzen zugetan.«
Goebbels' Absicht war klar: Er wollte das Vertrauen der Branche gewinnen – und seifte sie kräftig ein. Zur allgemeinen Verblüffung verwarf er Streifen mit nazistischem Inhalt als »bloße Tünche« und hielt *Panzerkreuzer Potemkin, Die Nibelungen* oder *Anna Karenina* als leuchtende Beispiele für Filmwerke dagegen, die einen »unauslöschlichen« Eindruck auf ihn gemacht hätten.
Aus Nebensätzen konnte man aber auch heraushören, daß die Kunst sich an bestimmte Normen gewöhnen müsse, und wie der Nationalsozialismus in allgemeine kulturelle Fragen eingreife, so werde er selbstverständlich auch ins Filmschaffen eingreifen. Größtmögliche Freiheit innerhalb des ideologischen Rahmens, den die Machthaber – übrigens ziemlich willkürlich – absteckten: darauf durfte man sich einstellen.
Einerseits kein verfilmtes Parteiprogramm, kein »autoritärer Doktrinarismus«, sondern »freie Entfaltung des künstlerischen Schaffens«.
Andererseits keine Experimente, keine »Ausschreitungen kranker Gehirne«. Wie Goebbels sich das alles vorstellte, konnte er bald beweisen. Nach der Zuckerbrot-und-Peitsche-Taktik, die schon in seiner Rede durchklang, wurde im Juni 1933 die Filmkreditbank gegründet. Sie sicherte nicht nur die Finanzierung von Produktionen, sondern funktionierte gleichzeitig auch als politisches Kontrollinstrument: Finanziert wurde nur, was den herrschenden Normen nicht zuwiderlief.
Als vier Jahre später Ufa und Bavaria vom Reich aufgekauft wurden, sank die Bedeutung der Bank.

Der zweite Schritt war die Schaffung der Reichsfilmkammer im Sommer 1933. Ob Leinwandidol oder Kinobesitzer: nur wer ihr angehörte, durfte im Filmgewerbe arbeiten.
Die Bewerber hatten Zuverlässigkeit und Tüchtigkeit nachzuweisen. Als unzuverlässig galt beispielsweise, wer »jüdisch versippt« war. Etwa 3000 Filmschaffende wurden auf diese Weise aus ihren Berufen gedrängt. Mitglied der Reichsfilmkammer zu sein bedeutete: man wurde erfaßt, überwacht und gegängelt.
Im Februar 1934 folgte ein neues Lichtspielgesetz. Es sah u. a. eine vom Propagandaministerium eingesetzte Filmprüfstelle vor. Sie hatte darüber zu befinden, ob ein Film das nationalsozialistische oder künstlerische Empfinden verletzte. Wenn ja, wurde er verboten. Normalerweise tat dies der Vorsitzende der Prüfstelle, ein Beamter des Propagandaministeriums. Darüber hinaus konnte Goebbels – unabhängig vom Urteil der Prüfstelle – selbst Verbote aussprechen.
Die Filmprüfstelle lobte auch: Knapp ein Dutzend Prädikate konnte vergeben werden, von »Anerkennenswert« über »Volkstümlich wertvoll« bis »Staatspolitisch und künstlerisch besonders wertvoll«, der höchsten Auszeichnung.
Der Umbau des Filmwesens betraf auch die Presse: Statt Filmkritik durften ab 1936 nur noch sogenannte Kunstbetrachtungen geschrieben werden. Dafür gab es Sprachregelungen des Propagandaministeriums, die an die Redaktionen verschickt wurden. So hieß es beispielsweise 1942: »Der künstlerisch und volkserzieherisch hervorragende Film *Der große König* (von Veit Harlan) verdient besondere Beachtung der Blätter. In der Besprechung sind jedoch alle Vergleiche Friedrichs des Großen mit dem Führer unter allen Umständen zu vermeiden, ebenso alle Analogien mit der heutigen Zeit, insbesondere die pessimistische Note, die zu Beginn des Films vielfach die Texte beherrscht und die keinesfalls mit der Haltung des deutschen Volkes im jetzigen Kriege zu identifizieren ist. Man möge den Film besonders als ein künstlerisches Meisterwerk würdigen und dabei hinweisen auf die Kraftquellen eines Volkes, das von einem Mann geführt würde, der diese Quellen zusammenfasse.«
Der nächste Schritt in der von Goebbels betriebenen Gleichschaltung war die Verstaatlichung der Filmindustrie im Jahre 1937. Vorwand dafür war eine erneute Krise der Filmwirtschaft. Seit die Wünsche des Regimes nach völkischen Produktionen für

Starker Führer in Serie: Otto Gebühr als Friedrich der Große.

den Binnenmarkt befolgt wurden, boykottierten viele ausländische Staaten deutsche Filme. Das Auslandsgeschäft sank von 40% der Herstellungskosten im Jahre 1933 auf schwache 7% Anfang 1937.

Die einzige Möglichkeit, einem drohenden Desaster zu entgehen, schien die stille Übernahme der gesamten deutschen Produktionsmaschinerie durch den Staat. Über die »Cautio Treuhand GmbH«, eine kleine Privatfirma, die in Goebbels' Auftrag arbeitete, wurden nach und nach die Aktienmehrheiten von Terra, Tobis, Bavaria und schließlich der Ufa gekauft. Jetzt konnte mit Volldampf produziert werden, ohne daß Defizite weiter ins Gewicht fielen: Der Staat kam ja dafür auf. Die Filme liefen in den Kinos, ob sie Gewinne machten oder nicht. Ab Anfang 1938 gab es keine private deutsche Filmproduktion mehr, und auch die großen Verleihfirmen waren Reichsbesitz. Blieben als einzige private Domäne die Kinos, wobei auch hier die Erstaufführungstheater der Ufa gehörten. Die staatliche Monopolisierung der Filmindustrie gipfelte 1942 in der Gründung der UFI (Ufa-Film GmbH): einer Dachgesellschaft, der die wichtigsten Produktionsfirmen unterstellt waren. Zur technischen und künstlerischen Koordinierung der einzelnen Zweigbetriebe berief Goebbels als »Reichsfilmintendanten« Fritz Hippler. An ihn trat der Schirmherr des deutschen Films zwar Kompetenzen ab, doch wollte er trotzdem jeden einzelnen Stoff vorher genau kennenlernen und über die Besetzung entscheiden. Bei ca. 100 Spielfilmen pro Jahr kein geringes Unterfangen – schließlich fiel in sein Ressort neben Presse, Rundfunk, Musik, Theater, bildender Kunst und Schrifttum auch noch die allgemeine Propaganda für In- und Ausland. Hippler überredete Goebbels, daß er nicht jedes einzelne Drehbuch lesen könne, statt dessen bekam er eine dreiseitige Zusammenfassung.

In der Besetzungsfrage aber blieb Goebbels hartnäckig. Er allein wollte entscheiden. Wobei er dabei vor allem an die Frauen dachte, mit deren Auswahl er volkserzieherisch wirken wollte: »Die Frau, richtig ausgewählt nach ihren inneren Qualitäten und Attributen, kann durch mehrfach erfolgenden Einsatz im Film ganz unbewußt und doch nachdrücklich das allgemeine Geschmacksniveau und Schönheitsideal vorteilhaft beeinflussen.« Hippler befürchtete den Zusammenbruch der Filmproduktion, hätte Goebbels in jedes Projekt mit seinen Besetzungswünschen hineingeredet. Als Ausweg erfand er das sogenannte Listenwesen: Alle verfügbaren Schauspieler wurden fünf verschiedenen Kategorien zugeteilt, die über die Häufigkeit ihrer Beschäftigung entschieden. Auf Liste 1 standen nur zehn bis zwölf

Namen: Prominente, denen die besondere Gunst Hitlers und Goebbels' gehörte und die von den Produktionschefs von Engagement zu Engagement weitergereicht wurden. Unter ihnen Zarah Leander, Heinz Rühmann, Lil Dagover, Henny Porten.
Die meisten Schauspieler standen auf Liste 2: einige hundert der bekanntesten und weniger bekannten Namen: von Axel von Ambesser über Brigitte Horney bis Otto Wernicke. Sie durften, ohne Ministererlaubnis, immer wieder beschäftigt werden.
Liste 3 enthielt die Nachwuchsdarsteller, über deren Einsatz Goebbels oder Hippler entschieden.
Auf Liste 4 standen wiederum nur etwa zehn Namen, bei denen Regisseur oder Produktionschef genau zu begründen hatten, warum sie den jeweiligen Darsteller besetzen wollten.
Die fünfte Liste führte Schauspieler auf, die sich unbeliebt gemacht hatten und kaltgestellt werden sollten, etwa Joachim Gottschalk, der es ablehnte, sich von seiner jüdischen Frau zu trennen, und es schließlich vorzog, mit ihr in den Tod zu gehen.
Goebbels' Maßnahmen zeigen, daß er den deutschen Film auf allen Ebenen »führen und reformieren« wollte, wie er sagte.
Er nannte sich Schirmherr – das klang nach Repräsentation –, verhielt sich aber in Wirklichkeit wie ein Medien-Tycoon, der alles unter Kontrolle haben wollte. Vorbilder dafür gab es eigentlich nur in Hollywood, dessen Produktionen Goebbels öffentlich verketzerte und verbot – um sie gleichzeitig neidvoll zu bewundern und im internen Kreis zur Nachahmung zu empfehlen.
Er wetteiferte mit Hollywood und hatte die Vision, es eines Tages zu übertrumpfen. Nach dem gewonnenen Krieg, so träumte er, sollten Neubabelsberg und die Krim zu den modernsten und größten Filmstudios der Welt ausgebaut werden. Einstweilen waren die Amerikaner weit voraus. Besaßen sie doch laut Goebbels neben der »Sonne Kaliforniens« nicht nur den größeren Menschen- und Kapitalreichtum, sondern auch ein funktionierendes Starsystem. Und sie drehten die besseren, weil realistischeren Filme:
»Man braucht sich nur *Lives of a Bengal Lancer* und *It Happened One Night* anzusehen, um sich davon zu überzeugen, daß Filmkunst durch möglichst lebensechte Darstellung entsteht.«
Leistete das kaum ein deutscher Film der späten 30er Jahre, so sollte wenigstens die technische Seite lebensecht sein. Doch

Brigitte Horney, eine der markantesten Frauen im Film des Dritten Reiches.

Galanterie in Color: Marika Rökk und Leo Peukert in ›Frauen sind doch bessere Diplomaten‹ (1939), dem ersten deutschen Farbfilm.

auch hier hielten die Amerikaner einen Vorsprung: Bereits 1935 war mit *Becky Sharp* von Rouben Mamoulian der erste abendfüllende Spielfilm in Dreifarben-Technicolor in die Kinos gekommen.

Goebbels setzte alles daran, mit dem deutschen Agfacolor-System gleichzuziehen. Nach fieberhaften Experimenten begannen 1939 die Dreharbeiten zum ersten deutschen »Großfilm« in Farbe: *Frauen sind doch bessere Diplomaten* von Georg Jacoby, mit Marika Rökk in der Hauptrolle. Es war das gleiche Jahr, in dem einer der schönsten Farbfilme überhaupt, *Gone With the Wind,* Premiere hatte.

Und es sollte noch zwei Jahre dauern, bis das deutsche Produkt fertig war – mit eher dürftigem Ergebnis: Das Grün der Wiese im Schloßpark von Babelsberg »war gelb wie eine Butterblume«, erinnert sich Marika Rökk. »Bringt diese Scheiße raus und verbrennt sie!« soll Goebbels nach einer Probevorführung des Films getobt haben. Erst 1942 gelang den Ufa-Technikern in Veit Harlans *Die goldene Stadt* der Durchbruch. Von jetzt an konnte sich die Farbgebung sehen lassen, die in *Münchhausen,* in *Opfergang* und besonders in *Große Freiheit Nr. 7* perfektioniert wurde. Was Goebbels besonders wurmte, war die Tatsache, daß deutsche Kinogänger viel lieber amerikanische Filme sahen – obwohl ihre Einfuhr kontingentiert war und ab 1941 ganz gestoppt wurde. So kamen beispielsweise von den 50 Filmen, die in den ersten fünf Monaten des Jahres 1937 gestartet wurden, lediglich 13 aus den USA. Trotzdem belegten sie die wichtigsten Kinos. Was das große Publikum an Hollywood-Produktionen besonders schätzte, waren die Stars.

Die gab es zwar auch im deutschen Film, doch ohne daß man sich dort besonders um sie zu bemühen schien; jedenfalls nicht in der ersten Phase des Dritten Reichs. Als die Nazis an die Macht kamen und sich – bis zum Röhm-Putsch – sozialistisch gaben, paßte der Glamour hochdotierter Stars irgendwie nicht ins Bild vom nationalen Aufbruch. Eine Beschränkung der Schauspielergagen sollte das Gefälle zwischen Spitzenverdienern und Fußvolk glätten. Die Bandbreite lag zwischen 4000 und mehr als einer halben Million Reichsmark jährlich (nach heutigem Wert etwa zehnmal soviel). Ersteres verdiente etwa ein Kleindarsteller, letzteres Hans Albers, der mit Abstand die höchsten Gagen bezog. Wie sollte einem wie ihm oder anderen Publikumslieblingen klargemacht werden, daß sie sich in Zukunft mit weniger zu begnügen hatten?

Die Sparpolitik wurde also bald wieder verworfen, bestehende Restriktionen wieder gelockert. Wollte der deutsche Film wieder attraktiv werden, mußten Idole her, an denen man nicht sparen durfte. Schließlich sprachen sie nicht nur die Massen an, sondern förderten auch das Image des neuen Staates. 1938 erließ Hitler Steuererleichterungen für prominente Künstler, die künftig 40 % ihrer Einnahmen als Werbungskosten absetzen konnten. Zur Frage, wer in den Genuß dieses Führergeschenks kam, hieß es in einer Notiz des Finanzministeriums mit schlagender Logik: »Ein Filmkünstler (Regisseur oder Filmschauspieler) ist prominent, wenn er eine besondere künstlerische Bedeutung hat und einen besonderen künstlerischen Ruf genießt. Eine Anerkennung als prominenter Filmkünstler kann immer dann erfolgen, wenn die Einnahmen aus der künstlerischen Tätigkeit mehr

als 100.000 RM im Kalenderjahr betragen. Es ist jedoch nicht ausgeschlossen, daß auch schon bei geringeren Einnahmen die Eigenschaft als prominenter Filmkünstler bejaht werden kann.«
Die bekanntesten männlichen Schauspieler des Dritten Reichs neben Hans Albers waren Emil Jannings, Heinz Rühmann, Heinrich George, Gustav Fröhlich, Willy Birgel, Willi Forst, Albrecht Schoenhals, Gustaf Gründgens, Paul Hartmann, nicht zu vergessen Hans Moser.
An Rollenfächern war eigentlich alles vertreten: Liebhaber, treuherzige Ehemänner, leichtfüßige Charmeure, polternde Patriarchen, Bösewichter und Witzbolde.
Doch von den Übervätern Jannings und George und dem Unikum Albers einmal abgesehen: männlich wirkten sie eigentlich alle nicht, die typischen Leinwandhelden des Dritten Reichs.
Sie sollten positive Tugenden verkörpern, sollten aufrichtig und treu sein. Und kamen bläßlich, ein wenig charakterschwach und kreuzbrav daher. Kein Widerspruch trieb sie um, keine Abgründe taten sich bei ihnen auf. Ihr Auftreten ist ohne Sinnlichkeit, Erotik. Sie erhitzten kaum die Phantasie ihrer weiblichen Zuschauer. Ihnen fehlte das Kraftvolle, Virile. Sie zeigen nicht Muskeln, sondern lieber ihr charmant-harmloses Lächeln, das sie weniger zu Liebhabern als zu idealen Schwiegersöhnen bestimmt.
Manche, wie Attila Hörbiger, wirken gelegentlich vertrottelt. Wo sie Stärke zeigen, wird sie nur behauptet und wirkt unglaubwürdig. Am glücklichsten scheinen sie, wenn sie als verläßliche Ehemänner und Familienväter geliebt werden. Die männlichen Leinwandhelden des Dritten Reichs waren ziemliche Waschlappen.
So gerne Hitler und Goebbels sich mit weiblichen Filmstars umgaben, so häufig mokierten sie sich über »diese müden Typen von Filmheinis«. Muttersöhnchen, die sie selbst waren, konnten sie mit den Birgels, Fröhlichs und Söhnkers wenig anfangen. Diese galten ihnen eher als Gegentyp des deutschen Mannes, wie sie sich ihn vorstellten. In den Filmen jener Zeit spielen Frauen die gewichtigere Rolle.
Sie sind stark, geheimnisvoll oder klug. Sie opfern sich auf und helfen Männern aus der Patsche. Wo diese zaudern, treten sie selbstbewußt auf, treffen, unabhängig von den Männern, die richtigen Entscheidungen. Und selbst wenn sie sich unterzuord-

Guter Gatte, harmloser Held: Hans Söhnker in Arthur Maria Rabenalts ›Meine Frau Teresa‹ (1942).

nen haben, scheint das Geschehen um sie zu kreisen. Manche von ihnen führen ein überraschend autonomes Leben. Sie sind die interessanteren, komplexeren Persönlichkeiten, neben denen die Männer sich oft wie Schatten ausnehmen.
Jeder Film ist, unabhängig von der Frage der künstlerischen

Selbstbewußte, unabhängige Frau: Marianne Hoppe in Helmut Käutners ›Auf Wiedersehen, Franziska‹ (1941).

Qualität, ein Dokument seiner Zeit, in das Stimmungen, Verhaltensmuster und Leitbilder einer Epoche einfließen.
Daß Zarah Leander in *Die große Liebe* als gefeierter Gesangsstar die U-Bahn benutzt, käme einem völlig deplaziert vor, wüßte man nicht, daß der Film 1942 entstand und nur aufgriff, was die Illustrierten seit Kriegsbeginn gerne in ihren Fotogeschichten zeigten: wie nämlich prominente Schauspieler dem »Gebot der Stunde« gehorchten und neuerdings mit Fahrrad, Bus oder eben U-Bahn zur Arbeit fuhren.
Welches Frauenbild vertrat die Ideologie des Dritten Reichs? »Zunächst stehen wir der Frau gegenüber als der ewigen Mutter unseres Volkes. Und zum zweiten stehen wir ihr gegenüber als die ewige Lebens-, Arbeits- und auch Kampfgefährtin des Mannes«, äußerte Hitler 1935.

Der Platz der Frau sei zu Hause, dafür werde man alles für sie tun. Schließlich hänge die Rettung Deutschlands nicht nur von der männlichen Jugend ab, sondern »von der Hingabe, mit der unsere Frauen und Mädchen sich wieder der Familie und dem Muttergedanken widmen«.

Die Emanzipation der Frau und ihr Eindringen in männliche Berufe während der Weimarer Republik wurde als krasse Fehlentwicklung verurteilt und sollte rückgängig gemacht werden.

Dafür gab es eine Reihe gesetzlicher Maßnahmen.

So verloren ab Sommer 1933 Frauen ihren Arbeitsplatz, wenn sie verheiratet waren, um Stellen für Familienväter zu schaffen. Durch Zulassungsbeschränkungen wurde Mädchen der Zugang zu den Universitäten erschwert, und es gab eine Bestimmung, wonach die Zahl der Abiturientinnen zehn Prozent pro Jahrgang nicht überschreiten durfte.

»Eine Frau, die nicht kochen kann, ist ein Krüppel, auch wenn sie Gleichungen vierten Grades lösen kann«, brachte es der Beauftragte des sächsischen Volksbildungsministeriums auf den Punkt. Gemischte Schulen wurden aufgelöst, für die Mädchen führte man praktische Fächer wie Schneidern und Hauswirtschaft ein. Alles lief darauf hinaus, gute Kräfte für den Dienst an Heim und Herd heranzuziehen.

Wer für sich etwas anderes wollte, war keine richtige Frau, denn »die natürliche Vollfrau, die ihren Mann liebt, wünscht im Innersten ihres Seins die Empfängnis«, hieß es an anderer Stelle. Die intellektuellen Fähigkeiten der Frau wurden für begrenzt gehalten, deshalb sollte sie sich um die Kindererziehung kümmern und daneben ihrem Mann eine verständnisvolle Kameradin sein.

Dabei brauchte sie gegenüber ihrem Partner nicht minderwertig dastehen: »Denn gerade ihr Muttertum, die Fähigkeit zur Mutterschaft ist es, was die Frau dem Manne gleichberechtigt und überlegen macht.« Noch einmal Hitler (1934): »Jedes Kind, das eine Frau zur Welt bringt, ist eine Schlacht, die sie für das Sein oder Nichtsein ihres Volkes geschlagen hat.«

»Mutter, unser Volk muß leben, Frauen müssen Leben geben«, gelobte frau auf Thing-Versammlungen im altgermanischen Stil. Die Arbeit der Frauen war nur Dank »an unsere genesende Mutter Deutschland und ihren treuesten Sohn Adolf Hitler« – so die Reichsfrauenführerin Gertrud Scholtz-Klink. Neben dem Ras-

Frauen hatten eine besondere Schwäche für ihn …

segedanken waren »Dienst« und »Opfer« die tragenden Ideale der nationalsozialistischen Weltanschauung. Durch ihre biologische Veranlagung schien die Frau besonders geeignet, im Dienst der nationalsozialistischen Idee Opfer zu bringen – bis zur Selbstaufgabe: »Sich auszulieben, ihr eigenstes Leben aufzugeben, ist der Frau selbstverständliche, beglückende Lebensaufgabe.«

Dafür wurde sie belohnt. Durch den Muttertag, auf den von 1933 an in allen Schulen hingewiesen wurde und an dem bezeichnenderweise die strammen Jungs von SA und SS dienstfrei hatten. Und durch das Mutterkreuz, das ab 1938 besonders gebärfreudigen Volksgenossinnen in drei Klassen (für vier, sechs und acht Kinder) verliehen wurde.

Die Frau wurde ideell aufgewertet, ohne daß sich in ihrem Alltag viel veränderte. Denn obwohl die Zahl der Industriearbeiterinnen zwischen 1933 und 1938 von knapp 30% auf 25% zurückging, stieg im gleichen Zeitraum der Anteil berufstätiger Frauen von 4,2 auf 5,2 Millionen. Nachdem die gröbste Arbeitslosigkeit beseitigt war und Deutschland wirtschaftlich florierte, stieg ab 1936 der Bedarf an Arbeitskräften. Frauen sprangen in die Bresche.
Und das bei einer Bezahlung, die im Durchschnitt ein Drittel unter der der Männer lag. Vollends änderte sich die Situation mit Beginn des Krieges. Aus Männern, die tagsüber außer Haus beschäftigt waren, und Frauen, die das Heim hüteten, wurden Männer, die außer Landes kämpften, und Frauen, die an der

... und er war stets präsent (Teilnehmerinnen eines vom Reichsmütterdienst durchgeführten Nähkurses).

Heimatfront ihren Mann standen: Sie arbeiteten in Rüstungsbetrieben *und* besorgten den Haushalt *und* zogen die Kinder groß. Die Abwesenheit der Männer vergrößerte weibliche Autonomie, ließ das Selbstbewußtsein wachsen.
Mit der Idylle von der treusorgenden Mutter, die, vom rauhen Leben draußen abgeschirmt, das Refugium des Mannes verschönerte, war es endgültig vorbei, als Goebbels 1943 den totalen Krieg verkündete. Jetzt räumten Frauen den Schutt weg, verbanden Verwundete und wurden zuletzt sogar im Volkssturm mit Panzerfäusten gegen anrückende Russen geschickt. In dieser Zeit hatte man längst aufgehört, über den angemessenen Platz der Frau im Nationalsozialismus zu theoretisieren.
Seit Kriegsbeginn waren in deutschen Kinos die Besucherzahlen nach oben geschnellt. Sie stiegen zwischen 1939 und 1943 von 624.000 auf 1,17 Millionen, was fast einer Verdoppelung gleichkommt. Im Durchschnitt einmal monatlich sahen sich die Deutschen im ersten Kriegsjahr einen Film an, drei Jahre später fast alle 14 Tage. Erfolgreiche Titel wie *Wunschkonzert* (1940) oder *Wiener Blut* (1942) erreichten mehr als 20 Millionen Zuschauer. Über 30 Filme schafften die Zehn-Millionen-Grenze. Zwar sank wegen fehlender Studiokapazitäten die Produktionsmenge, doch wurden die Filme aufwendiger ausgestattet und bekamen längere Drehzeiten.
Das Gerede von der Krise war vergessen. Der Krieg wurde zum Vater des Kinoerfolgs. Natürlich hatte das auch damit zu tun, daß im Zuge deutscher Eroberungen das Verbreitungsgebiet wuchs – zumindest vorübergehend. Bis zur Kriegswende 1943 schien Goebbels seinem Ziel, den deutschen Film konkurrenzfähig zu machen, ein ganzes Stück näher zu kommen. Das Klima schien günstig. Dazu der Schirmherr: »Wir haben niemals die Kunst nur für Friedenszeiten reserviert. Für uns hatte das Wort, daß im Waffenlärm die Musen schweigen, keine Berechtigung.« Die Etats stiegen, Elite-Regisseure wie Veit Harlan, Karl Ritter oder Wolfgang Liebeneiner drehten in Goebbels' Auftrag mit Spitzenbesetzungen »Großfilme«, die Kasse machten. Je ungewisser sich die Zukunft des einzelnen ausnahm, je mehr sein gewohntes Leben in Frage gestellt, die vertraute Umgebung zerstört wurde, desto stärker wuchs das Bedürfnis, der Misere wenigstens für ein paar Stunden zu entkommen. Neben Bunkern und Luftschutzkellern, die vor Bomben schützen sollten, war

›Das kann doch einen Seemann nicht erschüttern‹: Hans Brausewetter, Josef Sieber und Heinz Rühmann in Eduard von Borsodys ›Wunschkonzert‹ (1940).

das Kino Fluchtburg vor Ruinenalltag und moralischer Kapitulation. Je desolater draußen die Situation wurde, desto bedeutsamer wurden Filme, mit denen man in friedvolle, südliche Regionen entschwinden konnte, die einen heiter stimmten und vor allem: ein glückliches Ende hatten. Etwa die Hälfte aller während des Dritten Reichs gedrehten Filme waren Komödien bzw. Unterhaltungsfilme. Im Jahr des Kriegsbeginns erreichten sie mit einem Anteil von 36% an der Gesamtproduktion ihren Höhepunkt, knapp gefolgt von 34% in 1942, dem Jahr der größten militärischen Ausdehnung. Diese Massierung war von Goebbels beabsichtigt, der der Meinung war, daß Deutschland den Krieg nur gewinnen könne, wenn die Deutschen nicht verzagten. Denn im Gegensatz zum Ersten Weltkrieg war die allgemeine Stimmung bei Beginn des Zweiten alles andere als euphorisch. Angst und Schwarzmalerei hielten sich hartnäckig und traten selbst nach dem Frankreichfeldzug, Hitlers größtem militärischem Triumph, nur vorübergehend zurück. Um so wichtiger war für Goebbels die moralische Aufrüstung: »Die geistige und kulturelle Betreuung des Volkes wird bei längerer Dauer des Krieges immer kriegswichtiger. Unser Volk bei guter Laune zu halten ist kriegswichtig. Wir haben das während des ersten Weltkriegs versäumt und mußten das mit einer grauenhaften Katastrophe bezahlen. Dieses Beispiel darf sich unter keinen Umständen wiederholen. Ein Krieg von diesen Ausmaßen kann nur mit Optimismus gewonnen werden.« Die Titel sprachen für sich: *Das Glück wohnt nebenan; Sommer, Sonne, Erika; Hauptsache glücklich; Ein fröhliches Haus* etc.

Komödien hatten Konjunktur, auch wenn ihr Humor in den Jahren bis zur Kapitulation immer bemühter wurde.

Getanzt wurde viel. Freilich erreichte die dafür zuständige Marika Rökk nie den Schwung ihres Vorbilds Eleanor Powell.

Tänzer vom Format eines Fred Astaire oder einer Ginger Rogers suchte man in Deutschland ohnehin vergeblich. Es hätte viel Geld und Zeit erfordert, um ein Ensemble von Spitzentänzern heranzuziehen, das sich an Hollywood-Standards hätte messen können. So wirken die Revuefilme der Nazi-Ära eher hausbacken und ungelenk. Das betraf nicht nur die Leistungen der einzelnen Tänzer.

So versuchte sich Marika Rökk, nach eigener Auskunft »Sängerin, die den Mut hatte, zu tanzen«, als Vielzweck-Talent: Sie ritt, turnte und wechselte ständig ihre Verkleidung, um zu kaschieren, daß sie eben nur mäßig tanzen konnte.

Auch die Choreographie der Tanzszenen in Filmen wie *Es leuchten die Sterne* (1938) oder *Die Frau meiner Träume* (1943) wirkt mehr bombastisch als elegant. Diesen Eindruck verstärkt die Kameraführung.

In den amerikanischen Revuefilmen der Zeit bewegt sich eine entfesselte Kamera scheinbar schwerelos mit den Tänzern übers Parkett und verstärkt die Dynamik. Bei deutschen Filmen wurden die entsprechenden Szenen nach festen Einstellungsgrößen in statische Bilder aufgelöst.

Sie wirken angestrengt, diese Szenen, zeigen unfreiwillig die Mühe, die auf sie verwendet wurde. Den Komödien fehlte das Laszive, den Revuefilmen die elegante Lässigkeit, was beides von jüdischen Regisseuren vor 1933 unnachahmlich in deutsche Filme eingebracht worden war.
Jüdische Lebensart und Kreativität wurden durch einen klaren, direkten Ton und solides Handwerk ersetzt. Darüber hinaus taten sich deutsche Regisseure schwer, etwas wirklich Eigenständiges zu entwickeln. Schließlich konnten sie das Publikum

Gute Laune um jeden Preis: Marika Rökk in Georg Jacobys ›Die Frau meiner Träume‹ (1944).

nicht außer acht lassen, das sehr wohl Vergleichsmöglichkeiten mit ausländischen Produktionen hatte. Und Genres oder Stilrichtungen, die die Nazis vor der Machtergreifung ablehnten, konnten nicht so einfach ausgemerzt werden. Ob es um das Lachen, die Liebe oder die Musik ging: es war vieles erlaubt – sofern es kontrolliert (damals sagte man »mit gebotenem Anstand«) geschah.
Das beste Beispiel hierfür ist der Jazz. Die Nazis verteufelten ihn lange als »Niggerei«, ohne ihn je durch Märsche oder Operettenklänge ersetzen zu können. Statt dessen wurde versucht, ihn zu »kultivieren«. Barnabas von Geczy, Peter Kreuder oder Theo Mackeben, die zu vielen der Unterhaltungsfilme die Musik schrieben, schufen eine eigene Mischung aus melodiösen, eingängigen Schlagern, versetzt mit dezenten Swing-, Tango- oder Foxtrott-Rhythmen.
Ebenso entschärft wurde alles Erotische.
Man hatte nichts gegen nackte Körper – das bewiesen die jährlichen Kunstausstellungen im Haus der deutschen Kunst, auf denen Hitler als eifriger Käufer schwülstiger Aktgemälde auftrat –, eine Reihe dieser Darstellungen ist auf ziemlich verklemmte Art frivol.
Nur durfte offen gezeigtes Fleisch keinen offenen Gedanken an Sexuelles aufkommen lassen. Wohlgeformt und athletisch sollten die Körper sein – wie die Statuen der Griechen, deren Schönheitsideal man nacheiferte. Leni Riefenstahl zeigt es in der Eröffnungssequenz ihres Olympiafilms: Aus der antiken Statue eines Diskuswerfers im Gegenlicht schält sich der Schatten eines lebenden und schleudert die Scheibe Richtung Neuzeit. Anspielungen auf Erotisches fanden allenfalls verbal statt. Den Körper erotisch sprechen zu lassen kam nicht vor. Man gab sich geradeheraus, sauber. Eine Ausnahme bilden die Wien-Filme, in denen Operettenseligkeit und freizügiger Charme miteinander verschmelzen. Nach einer französischen Vorlage gedreht, fliegen in Willi Forsts *Bel Ami, der Liebling schöner Frauen* (1939) die Röcke, räkelt sich Olga Tschechowa verführerisch auf dem Sofa und legt ein Bein frei. Dafür war der Film erst ab 18 freigegeben.
Nach Kriegsbeginn hatte Goebbels die Weisung erteilt, daß Filme die Ehe als Institution nur noch positiv darstellen sollten. Von Filmen mit »ehewidrigem« Inhalt befürchtete er, daß sie die

Nacktheit, rein künstlerisch. (Aus dem Prolog von Leni Riefenstahls Olympiafilm, 1936.)

Ungewöhnlich in einem Film des Dritten Reiches: Nutten. (Hilde Hildebrand und Ethel Reschke in Helmut Käutners ›Große Freiheit Nr. 7‹.)

zu Hause gebliebenen Frauen schlecht beeinflussen, vor allem aber die Soldaten an der Front beunruhigen könnten. Erst in den späten Filmen des Dritten Reichs lockerten sich die Sitten, kehrte ein anderer Ton ein. *Große Freiheit Nr. 7* (1943/44) spielt auf St. Pauli und zeichnet das Milieu sympathisch. Hilde Hildebrand tritt als gutmütige, alternde Nutte auf, und bei einer Liebesszene mit Hans Söhnker sieht man Ilse Werner ziemlich freizügig im Unterrock agieren. Und wenn Marika Rökk in *Die Frau meiner Träume* (1944) vom Motorrad steigt, reißt ihr Rock und gibt den Blick auf ihre nackten Beine frei.
Die Nazis waren angetreten, das gesamte Leben zu verschönern: die Wohnungen sollten hell und freundlich, die Arbeitsstätten hygienisch und im Grünen sein. Ein Musterbeispiel dafür ist die Retortenstadt Wolfsburg, die 1938 eigens für die Produktion des

KdF-Autos VW gegründet wurde. Ihrem Konzept lag die Einheit von Leben und Arbeit in menschlicher Umgebung zugrunde. »Durch die strahlende Gesundheit der Mädels ergibt sich eine Harmonie, die eine Erfüllung unseres Strebens nach Schönheit ist« (eine BDM-Führerin).
Massensport im Freien, Ausflugsfahrten, Konzertabende: der Volkskörper wurde einem Gesundheitsprogramm unterzogen, um ihn zum Blühen zu bringen. Die durchführende Organisation hieß »Kraft durch Freude«. Das Kraftvolle, Starke galt als schön. Schwaches oder Abweichendes mußte »ausgesondert« werden.
Der allgemeine Schönheits- und Sauberkeitskult hatte eine makabre Kehrseite. Mit demselben Fanatismus, der die »arische Rasse« und dessen Kulturerbe feierte, wurde die Vernichtung alles vermeintlich Niederen, Schmutzigen betrieben: ob es dabei um entartete Kunst, Mehlschaben (in einem Kurzfilm wird der erfolgreiche Einsatz von Cyklon B demonstriert) oder Juden ging. »Schönheit im olympischen Kampf« hieß Leni Riefenstahls Bildband zur Olympiade 1936. Die Steigerung von »Kraft durch Freude« lautet »Schönheit im Kampf«: Das Kriegerische wird verherrlicht, auf den Krieg läuft alles zu. Nachdem der Krieg begonnen war und verloren zu gehen drohte, sollte er wenigstens ein Ziel erreichen, das, nach der Wende von Stalingrad, mit perfidem Eifer verfolgt wurde: die Vernichtung der Juden als ärgste Volksschädlinge. Mochte man selbst dabei in Schönheit untergehen.
Auf den Schock von Stalingrad im Winter 1943 folgte ein Jahr der melancholischen, todessüchtigen Filme: So entstanden etwa Veit Harlans *Opfergang,* Helmut Käutners *Romanze in Moll,* Herbert Selpins *Titanic* oder Peter Pewas' *Der verzauberte Tag* – die beiden letzteren wurden zensiert. Schon die Titel der Filme verraten die elegische Gemütslage, die in ihnen herrscht.
Für kurze Zeit schlich sich in die Kinos eine Ahnung vom unguten Ende ein, ehe die Durchhaltefilme mit ihrem polternden Optimismus die bösen Schwingungen vertrieben. Das Volk bei Laune zu halten wurde zunehmend schwieriger in einer Zeit, in der deutsche Städte zu unwirklichen Trümmerwüsten verkamen, durch die Brand- und Verwesungsgeruch zog. Und was machte da bei so viel Tod um einen herum schon ein verführerischer Frauenkörper? Die Welt draußen vor dem Kino war

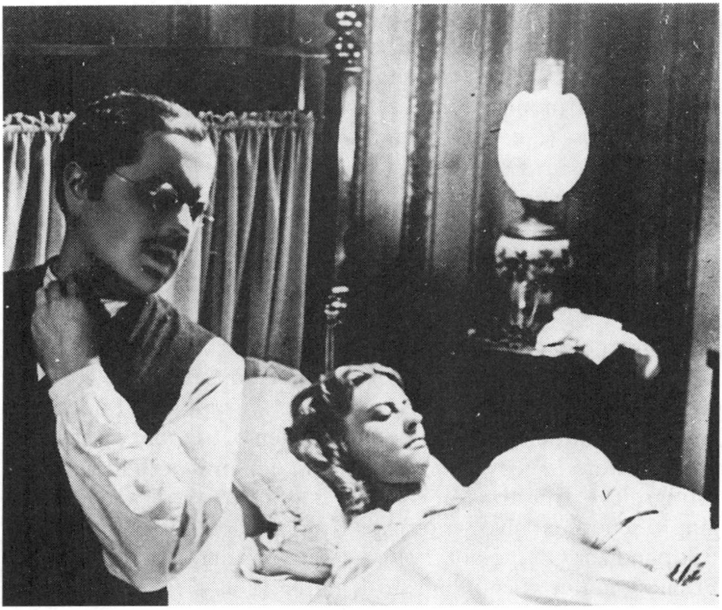

Melancholisches Meisterwerk: Helmut Käutners ›Romanze in Moll‹ (1943) mit Paul Dahlke und Marianne Hoppe.

fremd, die auf der Leinwand wirkte vertrauter, weil intakt, also wirklicher. Selbst wenn sie vergangen oder stilisiert war.
Filme, die das Leben im Dritten Reich realistisch zeigten, wurden bis zur Kapitulation noch seltener, als sie es ohnehin von Anfang an waren. Begegnungen mit der deutschen Kriegswirklichkeit 1943/44 wurden peinlichst vermieden. Lieber baute man – wie in *Große Freiheit Nr. 7* – die Hamburger Amüsierzeile in einem Prager Studio wieder auf, weil das Original durch Bomben beschädigt war. Lieber zog man sich in unberührte Berglandschaften oder in die sicheren vier Wände noch unzerstörter Ateliers zurück. Lieber packte man, wie bei *Kolberg,* dem aufwendigsten Durchhaltefilm, ein aktuelles Anliegen ins historische Kostüm.
Die Welt zu zeigen, wie sie war, blieb der ersten halben Stunde des Kinobesuchs – der Wochenschau – vorbehalten. Danach begann der Kunstgenuß. Goebbels folgte hier einem traditionellen

Verständnis: »Wir hätten in Zukunft nicht mehr das Recht, von einer deutschen Filmkunst zu sprechen, würden wir nicht auch auf die Gesetze der Filmkunst die seit jeher gültigen Gesetze für

Das Kino als Fluchtburg. Der Kurfürstendamm nach einem Bombenangriff im November 1942.

die Kunst im allgemeinen anwenden. Denn diese Gesetze sind ewig.«

Und diese Gesetze besagten, daß Kunst vor allem erheben sollte. »Die Kunst hat die Pflicht und die Aufgabe, das Leben umzuformen, zu überhöhen, zu verdichten.« Bedenkenlos verglich Goebbels den Film mit dem Theater, der Architektur und der Dichtung, ohne zu sehen, daß Kino durch seine Arbeitsteiligkeit anderen Produktionsbedingungen unterworfen ist. »Die Kunst ist nicht leicht. Sie ist unerbittlich hart und manchmal grausam«: Hätte dergleichen ein Hollywood-Produzent der 40er Jahre sagen können? Kunst als Anstrengung: diese Haltung schlägt sich selbst in manchen Unterhaltungsfilmen des Dritten Reichs nieder. Als hätten sie Angst, das Kunstgebot aus den Augen zu verlieren, sich unter Niveau zu begeben. Bezeichnenderweise spielen die Filme häufig im Künstlermilieu: bei Malern, Bildhauern und Komponisten, deren Konflikte um den traditionellen deutschen Gegensatz von Schöpfertum und Leben kreisen. Für seine Vorstellung deutscher Filmkunst wollte Goebbels keine »rohe Fotografie des Lebens«, sondern das Verschlüsselte, die Überhöhung. Deshalb galt für die weiblichen Filmstars des Dritten Reichs: sie sollten keine sterblichen Wesen, sondern Kunstfiguren, Idealtypen sein.

Das waren Greta Garbo, Mae West oder Joan Crawford, die Hollywood-Diven, auch. Doch bei den deutschen kamen Merkmale hinzu, die mit dem speziellen Frauenbild der Nazis zusammenhingen.

Natürlich gab es nicht nur Diven im Filmbetrieb des Dritten Reichs. Rund 50 namhafte Schauspielerinnen bildeten den harten Kern. Manche von ihnen, wie *Lil Dagover, Henny Porten* oder *Adele Sandrock,* stammten noch aus der Stummfilmära, andere, wie *Hilde Knef* oder *Margot Hielscher,* gehörten zum Nachwuchs, dessen Karrierestart mit dem kriegsbedingten Niedergang der Ufa zusammenfiel.

Viele kamen vom Theater: *Lucie Höflich, Käthe Dorsch, Marianne Hoppe, Hilde Krahl* oder *Paula Wessely.*

Es gab süße Mädel wie *Lucie Englisch* oder kauzige Alte wie *Ida Wüst,* Charakterdarstellerinnen wie *Karin Hardt* oder Revuetalente wie die Geschwister *Höpfner.* Es gab Damen von Welt, schwerblütige Naturen, geschwätzige Dummchen und Fräuleinwunder.

Aparte Erscheinung: Maria von Tasnady.

Beim Blättern in alten *Filmkurieren* oder Fotos besticht einen die Vielfalt attraktiver Frauen. Gesichter, die sich einprägen, auch wenn die Namen dazu kaum noch geläufig sind: *Anneliese Uhlig, Kirsten Heiberg, Maria von Tasnady.* Etwa ein Drittel der 50 Darstellerinnen war so bekannt, daß sie den Rang von Stars hatten. Die wichtigsten:
Zarah Leander, Paula Wessely, Jenny Jugo, Kristina Söderbaum, Olga Tschechowa, Brigitte Horney, Renate Müller, Sybille Schmitz, Ilse Werner, Marika Rökk, Lilian Harvey, Heidemarie Hatheyer, Marianne Hoppe, Luise Ullrich, Camilla Horn, Carola Höhn.

Die junge Heidemarie Hatheyer.

Die Popularität einzelner Stars schlug sich nicht unbedingt in den Gagen nieder, bei denen es enorme Unterschiede gab.
So kam Zarah Leander zwischen 1940 und '42 auf eine Jahrespauschale von 500.000 Reichsmark, für die sie in drei Filmen aufzutreten hatte. Die zwar um einiges jüngere, doch nicht weni-

ger populäre Ilse Werner brachte es dagegen gerade auf 27.000 Reichsmark jährlich.
Das Image der Stars wurde systematisch aufgebaut und gepflegt. Sie waren auf Autogrammpostkarten, Zigarettenbildchen, in Illustrierten und eigenen »Künstlerbiografien« präsent. Sie waren Hitlers Tischdamen bei seinen Teestunden in der Reichskanzlei und glänzten auf Filmpremieren und Bällen. Einige hatten ihre eigenen Kostümbildner, Kameramänner (wie Zarah Leander) oder Regisseure (wie Kristina Söderbaum). Ihre massenhaft verbreiteten Glamourfotos waren das Objekt von Sammlerbegierden – und sind es noch heute. Sie erhitzten die Phantasie von Männern, hingen im Soldatenspind oder standen auf dem Ministerschreibtisch. Die weiblichen Idole wurden verehrt und gingen im Krieg mit gutem Beispiel voran, indem sie öffentliche Verkehrsmittel benutzten, zur Truppenbetreuung fuhren oder Blut spendeten.
Sie waren die heimlichen Göttinnen in einem Staat, dessen Führer als Gott gehandelt wurde, neben dem die traditionelle Religion nichts zu melden hatte.
Ihre Bilder glichen Ikonen.
Ein deutscher Luftwaffenoffizier bedankte sich bei Olga Tschechowa für ein Porträt, das sie ihm an die Front geschickt hatte: »Das Etui mit dem kleinen Foto macht mir deswegen so große Freude, weil ich es immer bei mir tragen kann. Immer, wenn ich will, kann ich es ansehen, mit mir ist es Tausende von Metern über England, teilt dasselbe Schicksal mit mir, verbrennt mit mir oder kommt mit mir in Gefangenschaft oder erfriert mit mir in den eisigen Fluten.« Auch Ilse Werner gab moralischen Beistand: »In unserem kleinen Bunker ›Ilse‹ hing schon lange ein schönes Bild. Es war ein schönes und bekanntes Mädchen, wir alle liebten es, es gehört zu uns wie unser Gewehr, unsere Munition. Stets bekam es den Ehrenplatz in unserem kleinen Tempel. War es einem Kameraden kalt, so meinte dieser oder jener mit einem Blick auf unser Bild: ›Heiz mal tüchtig, ihr ist's kalt.‹ Wir wußten ja die Bedeutung seiner Rede. ›Sie‹ wurde behandelt, als ob ›sie‹ selber mitten unter uns gewesen wäre, und dann begannen wieder die Kämpfe. ›Unsere Ilse darf nicht in die Hände der Roten fallen.‹ Damit meinten wir unseren Bunker, aber auch das Bild und mit dem Bild Sie. Nun ist es doch geschehen! Zwar haben wir unseren Bunker wieder, aber unsere Ilse fehlt. Wissen

Sie, um was ich Sie jetzt bitten möchte? Daß ›unsere Ilse‹ einen kleinen Gruß in den hohen Norden sendet, ein Bildchen dazu legt, auf dem sogar vorn der Name von ihr persönlich draufsteht.«
Wie bei Hollywood-Stars gab es auch bei den Diven des Dritten Reichs ein *type-casting,* nach dem eine Schauspielerin immer wieder für ähnliche Rollen besetzt wurde. Damit wollte man nicht nur ihrem Charakter und ihren Fähigkeiten entgegenkommen, sondern auch am Bild einer Kunstfigur schnitzen, die schließlich mit der Person identifiziert wurde.
Andererseits gab es im deutschen Kino dieser Zeit eine Reihe verschiedener weiblicher Prototypen, die über das offiziell propagierte Bild von der Frau als Mutter und Gefährtin des Mannes hinausgingen.

So mochten die Landser ihre Ilse Werner.

Alltagsgesichter hatten sie eigentlich alle nicht, die Stars, und als Hausfrau hätte man sich allenfalls noch Grete Weiser vorstellen können.
Aber schließlich ging es im Kino ja nicht um Lebensnähe, sondern um Veredelung. Und die entstand durch Distanz. Ein Hauch von Exotik im Aussehen und ein fremdländischer Akzent steigerten den Reiz: Diese Wesen waren nicht von hier.
Dazu paßt, daß einige der wichtigsten Ufa-Frauen gar nicht aus Deutschland kamen: weder die Schwedinnen Zarah Leander und Kristina Söderbaum noch die Ungarinnen Marika Rökk oder Käthe von Nagy. Lilian Harvey war Engländerin, Olga Tschechowa Russin, Lida Baarova Tschechin, Kirsten Heiberg Norwegerin. Ilse Werner war in Djakarta aufgewachsen, Lil Dagover in Java.
Diese Schauspielerinnen vermittelten eine gewisse Weltläufigkeit, die ihren männlichen Kollegen fehlte. Am besten verkörperten das Olga Tschechowa, Lil Dagover, Hilde Weißner und Henny Porten. Sie waren die *Salondamen* des deutschen Films. Ihr Auftreten signalisiert Wohlstand. Sie leben in großbürgerlichen Häusern, ihre Kleidung ist kostbar, ihre Sprache kultiviert. Geld ist für diese Frauen kein Problem, sie haben es einfach, manchmal auch ohne daß ein Mann in ihrer Nähe wäre. Sie leben in finanzieller – und häufig auch privater – Unabhängigkeit. Das erlaubt ihnen, über den Dingen zu stehen. Ihr Charme ist wertfrei, mütterlich. Ihre Empfindungen äußern sie chiffriert. Sie beherrschen die Kunst der Andeutungen. Intrigen oder Gefühlsausbrüche sind ihnen fremd. Stets bewahren sie Fassung.
Auch ihre gesellschaftlichen Rollen spielten diese Damen, wie es von ihnen erwartet wurde: vorbildlich. Olga Tschechowa und Lil Dagover gehörten zu Hitlers bevorzugten Tischdamen. Während des Krieges reisten beide häufig für die Truppenbetreuung an die Front. Lil Dagover besuchte die vordersten Stellungen. Auch Olga Tschechowa ließ sich einspannen: »Da ist der schwerverwundete Berliner Obergefreite. Die Ärzte haben ihn eigentlich schon aufgegeben; sie wollen es aber noch mit einer Bluttransfusion versuchen. Der Obergefreite besteht darauf, daß ich ihm Blut für die Transfusion spende. Wir haben verschiedene Blutgruppen. Dem Obergefreiten ist das gleichgültig; den Ärzten selbstverständlich nicht. Sie bitten mich, mit dem Mann zu sprechen. Ich sitze Stunden an seinem Bett. Trotz unerträglicher

Schmerzen lacht er; er lacht ganz gelöst, als wäre er unter seinen Kameraden und hätte kein zerfetztes Bein.
›Jetzt is et jut, Olga‹, berlinert er fröhlich, ›jetzt is et prima – ooch wenn's Blut nicht stimmt.‹
Am nächsten Tag ist er tot.«
Das Gegenstück zu den verfeinerten Gesellschaftsdamen sind die *fatalen Frauen:* Geheimnisvoll in Herkunft und Aussehen, irrlichtern diese Wesen durch den Film. Sie sind schwerblütig und verschlossen. Ihr Blick ist verschleiert, sie handeln intuitiv. Ihre Lieder sind traurig, sie sprechen von einer großen, unbestimmten Sehnsucht. Häufig bringen sie Unheil oder Verwirrung. Man weiß nicht, woran man bei ihnen ist. Stolz gehen sie ihren eigenen Weg. Sie leben mit sich und der Natur im Einklang, lieben die Einsamkeit im Hochgebirge oder am Meer. Verschlägt es sie dennoch in die Stadt, sind sie gefährdet. Bis klar wird, daß die Kraft ihres Instinkts dem Intellekt der Zivilisationsmenschen überlegen ist. Diese Frauen betonen das Fremdartige, Einmalige. Es gab wenige Schauspielerinnen, die ausschließlich diesem Rollentyp entsprachen. Zu ihnen gehören Sybille Schmitz und – mit Einschränkungen – Zarah Leander. Von Fall zu Fall Brigitte Horney (etwa in *Befreite Hände* oder *Das Mädchen von Fanö*), Heidemarie Hatheyer (in *Geierwally*) oder Lida Baarova (in *Barcarole*).
Eine weitere Kategorie sind die *Opferfrauen.*
Sie opfern sich oder werden geopfert – für eine höhere Idee von Liebe oder etwa die Familienehre, wenn sie fehlgegangen sind und der väterliche Bannstrahl sie trifft. Sie verzichten, entsagen. Unterwerfen sich mit unverhohlener Lust dem Willen des Mannes. Sie sind unbedacht. Sie denken nur an den Augenblick.
Ihr großer Fehler ist ihre Naivität, der sie folgen und durch die sie schuldig werden. Leicht lassen sie sich verführen, werden geschwängert und haben dann die Folgen zu tragen. Für ihre Vergehen müssen sie manchmal mit dem Tod bezahlen, den sie selbstverständlich akzeptieren. Ihre Selbstverleugnung geht bis zum Selbstopfer: Dann braucht es keinen strafenden Übervater, sondern nur einen Moment flüchtiger Erkenntnis, um selbst den Weg ins Moor zu finden.
Dieser Rollentyp entsprach am stärksten der nationalsozialistischen Auffassung, nach der sich die Frau »bis zur Aufgabe ihres eigenen Seins« aufopfern und darin ihre größte Erfüllung finden

Eigenwillig, gefühlsstark: Brigitte Horney in Hans Schweikarts ›Das Mädchen von Fanö‹ (1940).

sollte. Kein Wunder, daß diese Haltung am reinsten in Filmen wiederkehrt, über die Goebbels persönlich wachte, die also quasi die offizielle Linie vertraten: die Filme Veit Harlans und seiner Frau und Hauptdarstellerin Kristina Söderbaum. In *Jugend* und *Die goldene Stadt* ertränkt sie sich, um begangene (Erb-)Schuld zu sühnen, in *Immensee* entsagt sie ihrer Jugendliebe, obwohl ihr Mann bereit ist zu verzichten und sogar stirbt, in *Opfergang* siecht sie dahin, um die Ehe ihres Geliebten zu retten.

In *Ich klage an* von Wolfgang Liebeneiner, der für das Euthanasie-Programm der Regierung warb, stirbt die unheilbar kranke Heidemarie Hatheyer auf Wunsch ihres Mannes.

Zarah Leander leidet in *Es war eine rauschende Ballnacht* unter ihrer Pflichtehe, aber mehr noch unter ihrer unerfüllten Liebe zu dem unglücklichen Peter Tschaikowsky. In *Der Weg ins Freie* bestraft sie sich durch Selbstmord, weil der Mann, der einst der ihre war, für sie verloren ist. Und in *Die große Liebe* entsagt sie selbstquälerisch ihrem Luftwaffenoffizier, den immer wieder kurz vor der privaten Erfüllung die vaterländische Pflicht ruft.
Luise Ullrich stirbt in *Regine* für ihren Mann wegen einer scheinbar verfänglichen Situation den Freitod, ebenso wie Marianne Hoppe als Effi Briest in *Der Schritt vom Wege,* einem Filmklassiker des Dritten Reichs.
In einigen dieser Rollen ist das Schuldbewußtsein der Frauen bereits da, wenn der Film beginnt; als wüßten sie um ihre Minderwertigkeit. Ihr ganzes ängstliches Handeln richtet sich darauf, nur ja keinen Fehler zu begehen. Und dann passiert es doch. Sie stehen wie unter Erfüllungszwang, sehnen latent Bestrafung herbei: Werde ich schuldig, geschieht es mir gerade recht, wenn die Knute kommt. Ich habe nichts Besseres verdient. Dieser Rollentyp warnte die weiblichen Zuschauer davor, sich zu sehr aus der Reichweite des Mannes zu entfernen, den eigenen Gefühlslaunen zu folgen, was schwerwiegende Konsequenzen haben konnte.
Nach den Salondamen, den fatalen und den Opferfrauen bleiben die *Fräuleins* als größte Kategorie weiblicher Rollen. Sie sind grundanständig, treu und haben manchmal einen knabenhaftherben Reiz. Sie sind natürlich, unkompliziert und haben einen Sinn fürs Handfeste. Ihr Realismus und ihre praktische Intelligenz machen sie den Männern häufig überlegen.
Das zeigen sie aber nur mit liebevoller Ironie, ohne die männliche Vormachtstellung anzuzweifeln. Sie sind in der Lage, ihren Mann zu stehen – was im Krieg zunehmend an Bedeutung gewinnt –, treten aber jederzeit zurück, wenn es verlangt wird: Sie agieren im Hintergrund, sind ungemein anpassungsfähig. Sie kommen vom Land in die Stadt, bewegen sich dort mit fröhlicher Selbstverständlichkeit, finden eine Stellung als Sekretärin und werden zur Belohnung vom Herrn Direktor persönlich geheiratet (Renate Müller in *Die Privatsekretärin*). Oder sie betreiben heimlich und bis zur Selbstverleugnung die Karriere ihrer schwierigen Männer. So Ilse Werner in *Wir machen Musik.* Oder Anneliese Uhlig in *Solistin Anna Alt:* Sie und Will Quadflieg füh-

Fräulein Renate Müller im Frühjahr 1936, auf dem Höhepunkt ihrer Laufbahn. Im Jahr darauf beging sie Selbstmord.

Will Quadflieg und Anneliese Uhlig in Werner Klinglers ›Solistin Anna Alt‹ (1944). Sie opfert sich für seine Berufung.

ren eine Musikerehe. Doch er ist in der Krise, kann vor lauter Alltagskram nicht mehr komponieren, obwohl sie alles tut, um Sorgen von ihm fernzuhalten.
Sie ahnt, daß das Problem woanders liegt: in ihrer engen Beziehung, die seine Kreativität blockiert. Anna gibt ihren Mann frei und geht auf Gastspielreisen, damit er ungestört arbeiten kann. Unter Aufbietung ihrer letzten Kräfte erkämpft sie für ihn die Uraufführung seines Hauptwerkes. Damit schafft er seinen

künstlerischen Durchbruch, sie aber bricht zusammen. Er läutert sich, sie kehrt nach Hause zurück, unter der Bedingung, künftig auf ihre Künstlerlaufbahn zu verzichten. Aber: »Mit ihrem Opfer hat sie der Welt einen genialen Komponisten geschenkt.«

Manche dieser Frauen bewähren sich so gut als Kameradinnen, daß sie in männliche Domänen aufsteigen: Als Ärztinnen, Rechtsanwältinnen oder Künstlerinnen sind sie dem Mann ebenbürtig.

Befreite Hände mit Brigitte Horney oder *Man rede mir nicht von Liebe* mit Heidemarie Hatheyer erzählen von solchen Frauen, die durch die Führung väterlicher Freunde und Lehrmeister zu künstlerischer Vollendung gelangen – um den Preis ihrer Weiblichkeit. Diese verliert in der Arbeit, im Dienst am Höheren an Bedeutung, wird wegsublimiert. Kopf, Schultern und Hüfte aber vor allem die Hände von Brigitte Horney bekommen in *Befreite Hände* alle Aufmerksamkeit der Kamera. Was darunter liegt, wird kaum beachtet. Den Typ der männlichen Gefährtin verkörperte allen voran Ilse Werner, die gern Hosen trug und wie ein Junge pfeifen konnte. Aber auch Renate Müller, Grete Weiser, Magda Schneider, Carola Höhn oder Lilian Harvey gehörten dazu.

Von spröderem, eigenwilligem Charme waren Marianne Hoppe, Brigitte Horney und Hilde Krahl.

Patente Mädels, die in der Lage waren, es mit Männern aufzunehmen, gab es nicht nur im Kino, sondern massenweise auch in Wirklichkeit. Sieht man Bilder von Hitlers Freundinnen Geli Raubal (mit Pagenfrisur), Unity Mitford (in schwarzer Faschistenuniform und schweren Lederhandschuhen) oder Eva Braun, so erkennt man in ihnen einen sportlichen Frauentyp, der sich Anfang der 30er Jahre durchsetzte und den mondänen der 20er Jahre ablöste: groß und schlank mit markanten Gesichtszügen, die der Kurzhaarschnitt betonte. Schlicht gekleidet, weibliche Reize verdeckend, wurde der athletische Körper beim Skifahren oder Schwimmen »gestählt«. Prominentes Leitbild dieser neuen, heroischen Frau war Leni Riefenstahl: Sie tanzte, bezwang Viertausender und dirigierte für ihren Olympiafilm drei Dutzend Kameramänner über das Reichssportfeld. Obwohl sie Hitler glühend verehrte, soll sie ihm in Diskussionen schon mal Kontra gegeben haben.

Verkörperte einen neuen Frauentyp: Leni Riefenstahl.

Ausgesprochene Mutterdarstellerinnen fehlten im Film des Dritten Reichs – sieht man von der Übermutter Zarah Leander einmal ab.

Die meisten Filme, zumal die unterhaltenden, halten sich an das gängige Boy-meets-girl-Schema. In diesem Stadium waren die Frauen noch die Mädels von nebenan. Nach den üblichen Komplikationen finden sich die Liebenden, das glückliche Ende wird mit der Hochzeit besiegelt. Was danach kommt – Ehealltag, Erwerbsleben des Mannes, Mutterschaft –, gehörte zur Wirklichkeit und damit, nach Goebbels' Verständnis, nicht ins Kino. Wie auch immer: Die Filme entließen ihr Publikum ohne jeden Zweifel darüber, daß in jedem anständigen Mädel eine gute Mutter und Hausfrau steckt.

Womit noch nicht erklärt ist, warum es keine typischen Filmmüt-

ter gab. Wo Frauen überhaupt als Mütter auftreten, verhalten sie sich ihren Kindern gegenüber eher wie vertraute Kumpels (so Olga Tschechowa in *Reise in die Vergangenheit* oder Franziska Kinz in *Die Kellnerin Anna*) oder aber distanziert: In *U-Boote westwärts* spielt der Vater auf Besuch eine wichtigere Rolle. Überhaupt die Väter: Sie richten, bestrafen oder erlassen Gnadenakte. Sie sind oft starrköpfig, alte Despoten, aber im Vollbesitz ihrer Macht (wie Heinrich George oder Emil Jannings).
Es gab zwar eine Reihe von Mütterfilmen *(Mutterlied, Mutterliebe, Mutterschaft),* doch keine typischen Mutterdarstellerinnen, die den Rang von Stars gehabt hätten – was man eigentlich erwarten könnte.

Gustav Ucickys ›Mutterliebe‹ (1939). Der Film, der Goebbels zu Tränen rührte.

Vielleicht ist das kein Zufall. Vielleicht war das Bild der Frau als Mutter nur Propaganda – als Mittel der Bevölkerungspolitik. (In diesen Zusammenhang passen die Kinderempfänge des Führers auf dem Obersalzberg ebenso, wie die Vorführung der Goebbelskinder in den Medien.) Das Kino als Leinwand eigener Projektionen ist untrüglicher.

Vielleicht fehlten den Filmen des Dritten Reichs die realistischen Mütter, weil die Muttersöhne Hitler und Goebbels letztlich mit diesem Bild gar nichts anzufangen wußten. Für sie gab es entweder göttlich schöne Kunstfiguren oder aber weibliche Kameraden: »saubere Mädels«, die nicht an die als schmutzig empfundene Biologie der Frau erinnerten.

Die Götterdämmerung des Dritten Reichs geht einher mit der der Filmdiven. Nach dem Untergang verloren sie rasch ihren Nimbus, andere Leitbilder rückten an ihre Stelle: das Trümmerfräulein, die Wirtschaftswundergattin. Ob Zarah Leander, Kristina Söderbaum oder Ilse Werner – sie alle versuchten in den 50er Jahren, irgendwie weiterzumachen, so, als wirke der alte Zauber noch. Mit den Symbolen des Dritten Reichs wurden nach dem Krieg seine Idole geschleift, und je mehr sie Aushängeschild des Regimes gewesen waren, desto weniger wollte man noch von ihnen wissen. Mit altem Gemüse wurde Kristina Söderbaum beworfen, als sie Ende der 40er Jahre im Theater eine neue Karriere beginnen wollte. Mehr Glück hatten Schauspielerinnen wie Heidemarie Hatheyer, Brigitte Horney oder Marianne Hoppe. Auch Namen wie Winnie Markus, Carola Höhn oder Hilde Krahl tauchen immer wieder in den Besetzungslisten des Films der 50er Jahre auf. Sie waren keine Symbolfiguren gewesen, mit keiner Hypothek belastet. Vielmehr blieben sie, was sie schon immer gewesen waren: gute Charakterdarstellerinnen. Dabei kam ihnen die stilistische Kontinuität des deutschen Nachkriegskinos entgegen, das nur in seinen Ausnahmen neue Formen probierte, die vom italienischen Neorealismus, den Franzosen oder Hollywoods *Schwarzer Serie* beeinflußt waren. Die Karriere der Superstars aber war mit dem Ende der Ufa besiegelt. Nachdem sie nicht mehr ideologisch aufgeladen waren, bewegten sie sich wie der Schatten ihrer alten Rollenbilder; als Selbstzitat.

Daß sie vor allem die Hülle für Männerphantasien abgegeben hatten, zeigen die Memoiren dieser Frauen, die es von Olga

Tschechowa, Zarah Leander, Kristina Söderbaum und Ilse Werner gibt: lockere Aneinanderreihungen mehr oder weniger belangloser Anekdoten, im Plauderton vorgetragen. Tatsächlich erlebten diese Frauen das Dritte Reich überwiegend als angenehme Veranstaltung. Sie genossen die höchsten Privilegien, die größte Aufmerksamkeit, die sie als Frau in der männerbündischen Gesellschaft des Nationalsozialismus bekommen konnten. Sie genossen den Glanz, und wenn sie lachend mit dem Führer zum Gruppenfoto posierten, widerspricht das offensichtlich ihrer Selbststilisierung zur heimlichen Widerstandskämpferin, die in den Büchern jede von ihnen gewesen sein will. Sie waren ja nicht bloß Filmsternchen, wie es sie andernorts auch gab. Sondern sie waren zugleich Renommierdamen eines Staates, der gerne mit schönen Frauen für sich warb, um von seinem barbarischen Tun abzulenken. Den Nachgeborenen fällt es leicht, ihnen daraus einen Vorwurf zu machen.
1995 wird die Kinematographie 100 Jahre alt. Überblickt man diesen Zeitraum vor dem Hintergrund der jüngsten Krise des deutschen Films, so wächst dem Film des Dritten Reichs ein veränderter Stellenwert zu: Nie zuvor, aber auch niemals mehr danach, spielte das Kino im Bewußtsein breiter Massen eine so wichtige Rolle wie zwischen 1933 und 1945. Es gab die prunkvollen Lichtspielpaläste, die feierlichen Premieren, den Glamour der Stars. Im Radio, in Illustrierten oder in der Tagespresse: überall wurde übers Kino gesprochen und geschrieben. In den Feuilletons kam es vor der Berichterstattung über Konzert- oder Theaterveranstaltungen. Goebbels machte aus dem Kino ein staatliches Anliegen und erhob es in den Rang einer ebenbürtigen Kunst. In diesem Zusammenhang fällt auf, wie viele Themen aus der »hohen Kunst« stammten, auch, wie sehr die Nähe zu ihren Schauplätzen gesucht wurde: ob in *Friedrich Schiller,* dem Mozart-Film *Wen die Götter lieben* oder *Rembrandt;* ob in *Burgtheater, Solistin Anna Alt* oder *Die Philharmoniker* (mit Karl Böhm, Knappertsbusch und Richard Strauss). Auch in Filmen mit weniger bezeichnendem Titel kehren Konzert- und Theatersäle als wichtige Motive immer wieder. Die Vorbehalte deutscher Bildungsbürger gegen die »Unterhaltung für kleine Leute« wichen, wie sie gegenüber dem Volksempfänger wichen, aus dem nicht nur Führerreden, sondern eben auch Konzerte aus der Berliner Philharmonie übertragen wurden.

Filme wie dieser lockten auch Bildungsbürger: Karl Böhm in ›Die Philharmoniker‹ (1944) von Paul Verhoeven.

Die von Goebbels monopolisierte Filmindustrie kommt zwischen 1933 und '45 dem Begriff der Traumfabrik am nächsten: Bis zu drei neue deutsche Titel liefen wöchentlich an (wobei freilich eine Diskrepanz zwischen Menge und Qualität besteht). Die Produktionsmaschinerie lief auf Hochtouren – wie heute nur noch in Hollywood. Allein der Wien-Film wurden innerhalb eines Jahres fast 3000 Filmstoffe zugeschickt. Es gab knapp 100 Autoren, darunter so fähige wie Axel Eggebrecht, Jacob Geis,

Thea von Harbou, Walter Wassermann, Philipp L. Mayring oder Erich Kästner. Es gab ebenso viele Komponisten, die die Filme regelmäßig mit ihren Melodien belieferten. Viele von ihnen schufen Evergreens: Michael Jary, Franz Grothe, Lothar Brühne, Theo Mackeben oder Peter Kreuder.
Und es gab Dutzende von versierten Regisseuren, die nicht nur das Handwerk beherrschten, sondern auch ihre eigene Handschrift hatten: Helmut Käutner, Hans Schweikart, Gustaf Gründgens, Willi Forst, Veit Harlan, Herbert Selpin, Carl Froelich, Rolf Hansen, Karl Anton, Erich Engel, Wolfgang Liebeneiner, Arthur Maria Rabenalt, Frank Wisbar, Georg Wilhelm Pabst. Es gab Kameraleute und Beleuchter, die den besonderen Ufa-Stil prägten, es gab Kostüm- und Bühnenbildner, die in vielen Ausstattungsfilmen ständig gefordert waren. Und es gab an der Spitze ein gut funktionierendes Starsystem.
Freilich war da auch die andere Seite: filmische Belanglosigkeiten oder monströse Propaganda. *Ein Walzer mit dir* oder *Ohm Krüger, Moselfahrt mit Monika* oder *Jud Süß,* übrigens der zweiterfolgreichste Film des Jahres 1940.
Nach Aufwand und Ausstoß der Produktion gehören die Jahre von 1933 bis '45 zur besten Zeit des deutschen Films. Auch international war er konkurrenzfähig. Was bisher gerne übersehen wurde: Deutsche Filme lagen in den 30er Jahren an der Spitze der amerikanischen Importbilanz. So wurden 1936 nicht weniger als 74 deutsche Titel in die USA verkauft, eine Zahl, die 1939 sogar auf 85 stieg. Und selbst als infolge des Krieges Boykottmaßnahmen gegen deutsche Produktionen verhängt wurden, liefen 1940 immerhin noch 35 von ihnen in amerikanischen Kinos, darunter *Der Postmeister* von Gustav Ucicky, *Bal Paré* von Karl Ritter und Hans Schweikarts *Befreite Hände.*
Sogar notorische Propagandastreifen wie *Sieg im Westen* oder *Feldzug in Polen* liefen in New York zehn bzw. 13 Wochen. Auch in anderen nichtfaschistischen Ländern wie der Schweiz, Frankreich und Dänemark (vor ihrer Besetzung) hatten deutsche Filme großen Erfolg (Hans Steinhoffs *Robert Koch, der Bekämpfer des Todes* kam in Dänemark auf knapp 200.000 Besucher). Gemessen an den damaligen Produktionsmöglichkeiten, ist das künstlerische Defizit dennoch unübersehbar, weil kein wirklich freies Spiel der kreativen Kräfte existierte und außerdem einige der besten emigriert waren.

Das Kino als Staatsaktion. Im April 1939 wurde der Berliner Zoo-Palast eigens für Hitlers Geburtstag geschmückt.

Angesichts der beeindruckenden Konzentration von schöpferischem Potential stellt sich die Frage, ob das deutsche Kino zwischen 1933 und '45 nicht noch ganz andere Chancen gehabt hätte, wäre es nicht von oben gegängelt worden.
Es gibt zwar manches versteckte Meisterwerk. Doch entstand es

weniger wegen, sondern trotz der herrschenden Bedingungen. Die meisten der Filme interessieren, weil sie unbeabsichtigt von Moden, Umgangsformen und Stimmungen der Zeit erzählen. Man kann sie auch als eine andere Geschichte des Dritten Reichs sehen, die mit der von Unterwerfung, Krieg und Massenmord untrennbar verbunden ist. Denn ebenso wie sich die Machthaber um die Endlösung oder den totalen Krieg kümmerten, bemühten sie sich um Vielfalt, Größe und »vollendet schöne Frauen« für den deutschen Film.

Die Dame: Olga Tschechowa

Eigentlich hieß sie Olga von Knipper-Dolling. Ihren Künstlernamen hatte sie von ihrer Tante, die ebenfalls Olga hieß und mit dem Arzt und Dichter Anton Tschechow verheiratet war. Es gibt ein Bild von dieser Tante Olga, wie sie schräg hinter dem milde lächelnden Tschechow sitzt, das Kinn auf seine Schulter gelehnt. Sie trägt ein Seidenkleid mit Weste, ihr dunkles Haar ist hochgesteckt zu einem Dutt und gibt die Stirn frei. Ihre lachenden Augen und die weit geschwungenen Brauen hat Olga Tschechowa von ihr. Und einiges mehr. Die Tante war Schauspielerin, eine der besten im Rußland der Jahrhundertwende, engagiert am Moskauer Künstlertheater Stanislawskis und viel im In- und Ausland unterwegs. Anton Tschechow mußte wegen seiner Lungentuberkulose auf der Krim leben. Die beiden sahen sich oft monatelang nicht. Der »Erzmönch« Tschechow kämpfte gegen seine Eifersucht: »Es macht mir nichts, wenn du dich in einen anderen verliebt hast und mich schon betrogen hast, ich verzeihe dir ...« Eine Künstlerehe.

Olga Tschechowa, die am 26. April 1897 in Leninakan (Alexandropol) geboren wurde, bewunderte ihren unkonventionellen Onkel. Doch erlebte sie ihn nur kurz. Als er mit 44 starb, war sie gerade sieben Jahre alt. Blieb die verehrte Tante.

Einmal brachte sie ins Petersburger Haus von Olgas Eltern eine Kollegin mit. Eleonora Duse soll der kleinen Olga übers Haar gestrichen und gesagt haben: ›Du wirst bestimmt mal Schauspielerin werden.‹

Ihr Rollenfach war Olga Tschechowa in die Wiege gelegt: die großbürgerlichen Verhältnisse, in die sie hineingeboren wurde, entsprachen ganz ihrer späteren Noblesse, die sie in Dutzenden von Filmen unter Beweis stellen konnte.

Die Familie ihres Vaters stammte aus Westfalen und machte in den letzten Jahren der Zarenherrschaft rasch Karriere: Er begann als Tiefbauingenieur beim Ausbau der sibirischen Eisenbahn, wurde dann Präsident einer Eisenbahngesellschaft und schließlich russischer Eisenbahnminister. Trotz seines technischen Berufs hatte er musische Interessen und spielte mit der Mutter vierhändig Klavier. Auch die Mutter pflegte ihr künstlerisches Talent und malte. Schön und intelligent wie sie war,

Die Großbürgerin (ein Porträt aus den späten 30er Jahren).

wurde sie von Verehrern umschwärmt. Ihr erster soll Peter Tschaikowsky gewesen sein, der später bekanntlich andere Neigungen entwickelte. Im Kaukasus, in der Nähe von Tiflis, bewohnte die Familie ein großes Haus. Man hielt Teegesellschaften, Lesungen, Hauskonzerte. Der Komponist Alexander Glasunow war längere Zeit zu Gast. Es gab reichlich Personal. Der Vater war streng, manchmal jähzornig, die Mutter diplomatisch. Durch die Fassade aus gesellschaftlicher Konvention brachen ab und zu heftige Regungen. Dann taten sich in der heilen Fami-

lienwelt Abgründe auf. Als dem Vater einmal die Hand ausrutschte und er Olga ohrfeigte, sprang die Fünfjährige aus dem ersten Stock. Sie kam mit ein paar Blessuren davon. Ein andermal vergriff sich der alte Gärtner an ihr. Für lange Zeit sollte sie sich vor Männern ekeln. Und dann erschoß sich aus unerhörter Liebe der Hausfreund der Mutter, den die Kinder wie einen Onkel liebten. Eine Welt wie bei Tschechow.
1902 wurde der Vater befördert. Die Familie zog erst nach Moskau, dann nach Petersburg. Inzwischen gehörte sie zu den Spitzen der Gesellschaft. Mit Eltern und Geschwistern erlebte Olga den Zaren auf einer Audienz und war enttäuscht, daß er nur eine bescheidene Uniform trug. Danach spielte sie mit den Zarenkindern im Schloßpark. Leo Tolstoi wurde auf seiner Datscha besucht, Olga freute sich, daß er mit ihr wie mit einer Erwachsenen sprach. In ihrem Kinderpaß stand der Vermerk »Tochter des Wirklichen Geheimen Staatsrats«. Auf dessen Inspektionsreisen stand dem Vater ein eigener Salonwagen zur Verfügung.
Was dem Vater als Mitglied der Bourgeoisie nach der Revolution das Leben rettete, war seine Kompetenz als Eisenbahningenieur, die auch im Kommunismus gefragt war.
Mit 16 verließ Olga ihre Familie und zog zu ihrer Tante nach Moskau, um Schauspielerei zu studieren. Sie besuchte die Schule Konstantin Stanislawskis und verliebte sich in ihren sieben Jahre älteren Cousin Michael Tschechow, der bereits ein anerkannter Schauspieler und Regisseur war. Die beiden heirateten heimlich. Sie zog zu ihm. Seine kranke, eifersüchtige Mutter und eine alte Amme hausten in der gleichen Wohnung. Nebenher begann Olga Bildhauerei und ein wenig Philosophie zu studieren. Sie war 18, als ihre Tochter Ada geboren wurde. Ihre Ehe mit Mischa ging in die Brüche. Er trank, brachte nachts Theaterflirts mit nach Hause. Olga zog aus, jobbte als Sekretärin in einer Weinhandlung, um sich und die Tochter über Wasser zu halten. Inzwischen hatte der Erste Weltkrieg begonnen, und die Versorgungslage wurde schwierig. Olga fuhr aufs Land, um Lebensmittel zu organisieren.
Als die Revolution ausbrach, vertraute sie das Kind ihren Eltern an, die es mit nach Sibirien nahmen. Sie selbst blieb in Moskau und schloß sich einer Schauspieltruppe an, die gegen Naturalien auftrat. Armut und politische Unsicherheit wurden immer größer. Sie beschloß zu fliehen.

Wieder stellte die Schauspieler-Tante die Weichen: Dank ihrer Beziehungen zum Kultusminister bekam Olga ein Besuchervisum nach Deutschland ausgestellt. Im Januar 1921 traf sie in Berlin ein und schlug sich als Pressezeichnerin und Plakatmalerin durch. Dann lernte sie Erich Pommer kennen und über ihn Friedrich Wilhelm Murnau, der ihr die Hauptrolle in seinem

Olgas wilde 20er.

neuen Film *Schloß Vogelöd* anbot. Murnau war zu dieser Zeit noch kaum bekannt. In nur 16 Tagen wurde der Psychokrimi nach einem populären Fortsetzungsroman der Berliner Illustrierten abgedreht. Darin geht es um eine simple Geschichte: Mord aus Liebe. Doch Murnau setzte sie in surreale Bilder um, inszenierte das Geschehen um eine Jagdgesellschaft mit ungebetenen Gästen, falschen Mönchen und Mordverdächtigen als Alptraum.
Gleich in ihrer ersten Filmrolle spielte Olga Tschechowa bezeichnenderweise eine junge Schloßbesitzerin, die der mysteriöse Tod ihres ersten Mannes ins Verderben stürzt. Mit *Schloß Vogelöd* gelang Murnau der Durchbruch als Regisseur, und Olga Tschechowa hatte sich bestens eingeführt. Schnell ging es weiter.
1923 spielte sie die *Nora* in Berthold Viertels Filmregiedebüt. Die Kritik war begeistert, bescheinigte dem Film, daß er »beinah besser« sei als Ibsens Drama, und lobte das »reiche Temperament« Olga Tschechowas. In über 40 Stummfilmen trat sie während der nächsten zehn Jahre auf. Sie heißen *Mädels von heute* (1925), *Die Stadt der Versuchung* (1925) oder *Stud. chem. Helene Willführ* (1929). Aber auch *Der verlorene Schuh* (1923), ein musikalischer Märchenfilm nach Motiven von E. T. A. Hoffmann und Clemens Brentano. Oder *Die Mühle von Sanssouci* (1926), einer jener frühen Fridericus-Filme mit Otto Gebühr, die bald ein eigenes Genre begründen sollten. Es gab Jahre, da trat die Tschechowa in bis zu acht Filmen auf. Bei einem, *Der Narr seiner Liebe* (1930), führte sie selbst Regie, und ihr Exmann Mischa spielte die Hauptrolle.
Solange sie in Stummfilmen agierte, war es egal, daß sie kein Deutsch sprach. Sie lernte es trotzdem und wurde vom Berliner Renaissance-Theater engagiert.
Dazwischen drehte sie in Paris (*Moulin Rouge* von E. A. Dupont), London (für Hitchcocks *Mary,* seine deutsche Version von *Murder*) und Hollywood *(Auf Befehl der Republik),* kehrte aber immer wieder nach Berlin zurück, wo inzwischen auch ihre verwitwete Mutter und ihr Kind lebten. Hier gehörte sie zur Gesellschaft, verkehrte mit den Größen der Weimarer Republik: mit Stresemann (der 1926 für ihre Einbürgerung sorgte), Furtwängler, Thomas Mann oder Max Schmeling. Ihr erster deutscher Tonfilm heißt *Die drei von der Tankstelle.* Sie spielte zwar

nur eine Nebenrolle – Lilian Harveys mütterliche Freundin Edith von Turoff –, doch die Komödie wurde zum Hit der Saison und ist heute längst ein Klassiker. Auch in *Liebling der Götter* (1930) oder *Liebe im Ring* (mit Max Schmeling) trat sie als Adelige bzw. Salondame auf. In beiden Fällen versucht sie durch ihre Verführungskünste, die Helden von ihrem geraden Weg abzubringen, was ihr mißlingt. Erfolgreicher ist sie damit als Baronin Eggersdorf in *Liebelei,* der unter der Regie des damals 30jährigen Max Ophüls entstand.
Doch weder sie noch der junge Leutnant Lobheimer scheinen in der Affäre mehr zu sehen als ein Spiel aus Langeweile, das dann fatale Folgen haben wird. Noch vor der Machtergreifung der Nazis drehte sie mit Carl Froelich *Der Choral von Leuthen* (1932), in dem das Preußen des Alten Fritz verherrlicht wird. Olga Tschechowa sieht man in der Rolle einer Adeligen, die preußische Soldaten in ihr Schloß aufnimmt und sich damit um die vaterländische Sache verdient macht. Wenige Tage nach Hitlers Ernennung zum Reichskanzler wurde der Film im Berliner Ufa-Palast uraufgeführt – und übrigens im letzten Kriegsjahr, mit einer Reihe weiterer Durchhaltefilme, noch mal eingesetzt. 1934 entstand in Wien *Maskerade* von Willi Forst, einer ihrer Lieblingsfilme, obwohl ihre Rolle darin alles andere als sympathisch ist. Sie spielte Anita, die Gattin eines Wiener Arztes, die von ihrem alten Liebhaber, einem berühmt-berüchtigten Modemaler (Adolf Wohlbrück), nicht lassen kann. Die beiden begegnen sich auf einem Wiener Faschingsball des Jahres 1905 wieder, und um ihrer Forderung nach seiner Hand Nachdruck zu verleihen, zeigt sie ihm lächelnd ein als Pistole gestyltes Zigarettenetui, das wirklich eine Kugel enthält.
So ist sie: Mit einer echten Waffe würde sie nie rumlaufen, wenn schon, dann muß sie sich hinter einem harmlosen Gag verbergen.
Ein Aktporträt, das der Maler von ihrer Freundin in der Nacht nach dem Ball gemalt hat, ist aus Versehen in die Öffentlichkeit gelangt und droht Skandal zu machen. Da wird einfach ein Dienstmädchen (Paula Wessely) als die maskierte Nackte ausgegeben.
Doch als der Maler Poldi kennenlernt, verliebt er sich in sie. Sie mißtraut ihm, weil er einen schlechten Ruf hat.
Er möchte die Aktion, für die sie mißbraucht wurde, ungesche-

Eine Pistole, die sich als Zigarettenetui enttarnt, das ein Mordwerkzeug ist: Olga Tschechowa mit Adolf Wohlbrück in Willi Forsts ›Maskerade‹ (1934).

hen machen, sie möchte am liebsten vergessen, was über ihn geredet wird. Poldi, die Schlichte, Aufrichtige, scheint die erste Frau, mit der er es ernst meint. Er kämpft um seine Glaubwürdigkeit, hofft dabei auf Anitas Verschwiegenheit. Doch sie verrät ihn mit einer Intrige. Er weiß davon nichts, will sich für ihre Diskretion bedanken. Da zückt sie noch einmal ihr Zigarettenetui und feuert lächelnd auf ihn ab. Paula Wessely und die Tschechowa sind schon äußerlich der totale Gegensatz: die eine unfotogen, eine Hübsche aus der Vorstadt, dafür mit dem Schmelz des süßen Wiener Madls. Die andere: geschönt und raffiniert.

Die Vorlage zu *Maskerade* lieferte ein Wiener Skandal der Jahrhundertwende, und der Film brachte vor allem Paula Wessely groß raus, die darin ihr Filmdebüt gab. Doch auch Olga Tschechowas Rolle als Gegenspielerin prägt sich ein: Die Eifersüchtige kämpft um ihre Nonchalance, manchmal droht ihre Stimme überzukippen. Ihr berechnender Charme macht frieren.
Seit den 20er Jahren war Olga Tschechowa durch ihre ständige Präsenz deutschen Kinogängern zum Begriff geworden.
Über mangelnde Arbeit brauchte sie nicht zu klagen, auch wenn sie bis Mitte der 30er Jahre überwiegend in Nebenrollen glänzte: ob in *Abenteuer eines jungen Herren in Polen* von Gustav Fröhlich, *Was bin ich ohne dich* von Arthur Maria Rabenalt oder *Lockspitzel Asew* von Piel Jutzi. Größer war ihr Anteil in *Regine* von Erich Waschneck und *Peer Gynt* (beide 1934) von Fritz Wendhausen. Als bekannte Schauspielerin tritt sie in *Regine* auf: Bei der Überfahrt von Amerika nach Europa verliebt sie sich in einen Ingenieur (Adolf Wohlbrück). Doch er läßt sie stehen, weil sie ihm zu kapriziös ist, zieht dem Star das einfache Landmädel Regine (Luise Ullrich) vor, das er bei seinem Urlaub in Bayern kennenlernt.
In ihrer zweiten *Peer-Gynt*-Verfilmung spielte Olga Tschechowa die Baronin Agga, die den unerfahrenen Peer (Hans Albers) in die große Welt einführt. Sie ist so hingerissen von dem kraftstrotzenden Naturburschen, daß sie darüber ihren Freund und Geschäftspartner (Otto Wernicke) vernachlässigt. Albers wird in die gemeinsame Firma aufgenommen. Es kommt zu Eifersüchteleien zwischen den beiden Männern. Im entscheidenden Moment erkennt Peer, daß die Baronin ihn nur als Aushängeschild mißbraucht hat, und trennt sich von ihr. Auch hier bereits: Sie macht viel her, doch trauen kann man ihr nicht. Vor den Gefühlen kommt das Geschäft.
Besser klappte es zwischen ihr und Albers in *Die gelbe Flagge* (1937) von Gerhard Lamprecht. Die beiden lernen sich in einer südamerikanischen Quarantänestation kennen, wo sie interniert sind. Albers, ehemaliger Flieger und Reiseleiter, unterhält sich durch eine Bambuswand mit einer unbekannten Patientin. Zwischen einem versoffenen Kommandanten und einem schmerbäuchigen Plantagenbesitzer ist er der Hahn im Korb bei den Frauen. Er flirtet mit Schwester Dolores (Dorothea Wieck) ebenso unbefangen wie mit der anonymen Stimme hinter der

Findet Schutz hinter breiten Schultern: mit Hans Albers in ›Die gelbe Flagge‹ (1937) von Gerhard Lamprecht.

Wand zum Frauentrakt der Klinik. Dann bekommt er Olga Tschechowa, die adrette amerikanische Journalistin, zu Gesicht und dem Happy-End stünde nichts im Wege, würde nicht Dolores quertreiben. Zuletzt bekommen sich der Deutsche und die Amerikanerin doch – eine Geschichte, die zwei Jahre später in deutschen Kinos nicht mehr hätte gezeigt werden können. Olga Tschechowa genoß die Gunst Goebbels' und noch mehr Hitlers.

Kein Wunder, daß sie ab 1935 zunehmend zur *leading lady* aufgebaut wurde. Auch wenn sie in ihren Memoiren gegen die Machthaber aufgemuckt haben will: So weit kann es damit nicht hergewesen sein, sonst wäre sie nicht gerngesehener Gast bei

Starporträt (um 1944).

Hitlers Teestunden gewesen. Sie genoß sein Wohlwollen, fuhr noch im Krieg einen eigenen Pkw (samt Benzinscheinen) und wollte sich beim Führer persönlich beschweren, als sie ihn nach einem Erlaß des Propagandaministeriums abgeben sollte.
1935 drehte sie noch mal bei Willi Forst in Wien: *Burgtheater*. Die unerfüllte Liebe eines alternden Burgschauspielers (Werner Krauß) zu einem einfachen Mädel (Hortense Raky). Seine Zuneigung beeindruckt Leni wenig, weil sie einen jungen, unbekannten Schauspieler liebt, dem sie den Weg für die Bühne bahnen will. Der abgeblitzte Verehrer besinnt sich auf seine Mission als Künstler und entsagt.
Olga Tschechowa spielt eine Baronin Seebach, die dem Schauspieler als mütterliche Freundin beisteht. Bei den Dreharbeiten lernt sie den belgischen Geschäftsmann Marcel Robyns kennen. Die beiden heiraten. Sie bleibt aber weiter in Berlin, unterschreibt Theater- und Filmengagements, er kann seine Brüsseler Firma nicht aufgeben. Monatelang sehen sich die beiden nicht, es wird eine Ehe auf der Basis gegenseitiger Besuche. Eine Ehe, die sich auf gemeinsame Abendessen in feinen Hotels, Cocktailpartys und Konzertbesuche beschränkt; ganz wie in vielen ihrer Filme.
Ein Kuriosum unter den Filmen mit Olga Tschechowa ist *Liebe geht seltsame Wege* (1937) von Hans Heinz Zerlett. Das betrifft weniger die für sie typische Rolle als Schloßbesitzerin, sondern Schauplatz und Machart des Films. *Liebe geht seltsame Wege* spielt in einem Phantasiestaat Mittelamerikas. Eine Revolution hat stattgefunden. Die neuen Machthaber verurteilen einen ihrer gefährlichsten Gegner in Abwesenheit zum Tode: Costali (Karl Ludwig Diehl), der von Polizei und Militär gesucht wird, schlüpft im Schloß bei der schönen Antonia Delvarez (Olga Tschechowa) als Haushofmeister unter. Sie liebt ihn, bekommt aber bald Konkurrenz von ihrer Nichte Delia (Karin Hardt), die aus Europa zu Besuch kommt. Costali wird aufgespürt, das Schloß umstellt. Seiner wunderbaren Rettung folgt die Hochzeit mit der jungen Delia, zu deren Gunsten Olga Tschechowa großzügig verzichtet.
Die Haltung dieser Polit-Operette ist seltsam ambivalent: Soll man über die ungeschickten Manieren des falschen Haushofmeisters lachen oder sich angesichts der martialisch auftretenden Militärs ängstigen? Wenn jedenfalls der neue machthabende

General mit Gefolge im Schloß der eleganten Antonia Delvarez auftaucht, um seinen vermeintlichen Widersacher zu finden und das glückliche Ende einzuläuten, drängt sich der Eindruck auf, daß hier unfreiwillig ein später, versöhnlicher Kommentar zum Röhm-Putsch geliefert wurde.
Von der Schloßherrin zur Bankiersgattin wechselte Olga Tschechowa in Paul Wegeners Krimi *Unter Ausschluß der Öffentlichkeit* (1937).
In einem Berliner Ballhaus amüsieren sich Bankdirektor Sparrenberg (Alfred Abel) und seine Frau auf einer Silvesterparty. Alles ist vom Feinsten: Kronleuchter glitzern, die Herren tanzen im Frack, und teurer Champagner fließt. Doch kaum ist das neue Jahr angebrochen, zieht Ärger herauf: Übers Tischtelefon (!) meldet sich bei Frau Sparrenberg ihr früherer Verlobter, ein Hochstapler, dessen Existenz sie ihrem Gatten bisher verschwiegen hat. Aus gutem Grund, wie sie meint. Denn wegen dieses Mannes wurde sie damals in ein Betrugsverfahren verwickelt. Jetzt möchte Gaffris (Ivan Petrovich) sie für einen neuen Coup gegen die Bank ihres Mannes benutzen und erpreßt sie damit, über ihre Vergangenheit zu plaudern, falls sie nicht mitmacht. Sie geht darauf ein, verpfändet ihren Schmuck, um Gaffris umzustimmen. Dann plötzlich ist er tot, und Brigitte Sparrenberg wird unter Mordanklage gestellt. Sie ist sogar bereit, die Schuld auf sich zu nehmen, um ihr Vorleben vergessen zu machen und die Ehe zu retten. Doch da taucht ihre Tochter (Sabine Peters) auf und macht die erlösende Aussage – unter Ausschluß der Öffentlichkeit.
Ob in großbürgerlichem Interieur beim Kaffee oder im Büßergewand hinter Gittern: Olga Tschechowa fühlt sich wohl in diesem Gesellschaftskrimi, der wenig auf Realismus setzt, sondern das Romanhafte betont. Wie übrigens die meisten der damals produzierten Krimis, die es als Genre im Dritten Reich schwer hatten. Denn Verbrechen gab es schließlich keine im nationalsozialistischen Staat. Und wenn doch, dann wurden sie entweder von ausländischen Spionen oder krankhaften Einzelgängern verübt. Als dramaturgisches Mittel taugte Kriminalität dennoch. Sie sorgte für Spannung, und ihre Ahndung hatte (volks-)erzieherischen Wert. Also milderte man die Tatumstände und kehrte das Parabelhafte heraus.
Von einer Frau, die von ihrer Vergangenheit eingeholt wird,

handelt auch Erich Waschnecks *Gewitterflug zu Claudia* (1937). Ein Film, der nach einem Illustrierten-Fortsetzungsroman entstand, was die Fülle seiner Zutaten und überraschenden Wendungen erklärt. Frau Imhoff (Maria Koppenhöfer) verschweigt ihrer erwachsenen Tochter, daß sie gar nicht ihre Tochter ist. Claudia (Jutta Freybe) ist Sekretärin bei der Lufthansa und hat sich in Flugkapitän Droste (Willy Fritsch) verliebt, der bei den Imhoffs zur Untermiete wohnt. Frau Imhoff hat etwas gegen Droste und seine häufigen Londonflüge, weil sie das an alte, längst überwunden geglaubte Geschichten erinnert. Während des Ersten Weltkrieges lebte Frau Imhoff selbst in London und hat ruhig zugesehen, wie ihre beste Freundin als Spionin verdächtigt wurde und fliehen mußte. Das Kind der Freundin, Claudia, nahm sie an sich und lebt seither mit ihr in Berlin. Jetzt bekommt sie von einem alten Bekannten den Anruf, daß die Freundin als berühmte Sängerin wieder aufgetaucht ist und ihre Rehabilitierung betreibt. Von hier an ist die ominöse Freundin ständig präsent, obwohl wir sie erst in der Mitte des Films zu Gesicht bekommen. In einer Szene, die für Olga Tschechowa bezeichnender nicht sein könnte: Nach schmucklosen Berliner Mietswohnungen und Flugfeldbaracken, nach schlichten Dienstuniformen und Bürokostümen, sieht man die Tschechowa in einer Fürstensuite von Hotelzimmer stehen, angetan mit einem luftig-lasziven Tüllkleid.
Sie telefoniert gerade mit London, sagt, sie sei soeben in Cherbourg eingetroffen und werde auf alle Fälle nach Amsterdam weiterreisen. Dann verliert man sie aus den Augen, bis sie durch eine Gewitterfront nach London fliegt, um ihre verlorene Tochter in die Arme zu schließen. Während Willy Fritsch mit seiner Ju-52 meist unauffällige oder häßlich dicke Geschäftsleute transportiert (die Erich Waschneck kräftig parodiert), verkörpert die Tschechowa mit Perlenschmuck und Fuchspelzstola die große, mondäne Welt des Fliegens, von der die Kinobesucher 1937 nur träumen konnten.
Neben Willy Fritsch und der Tschechowa sind die eigentlichen Stars dieses Films die Maschinen der Lufthansa: eine Ju-52, die man von der Pilotenkanzel bis zur Toilette kennenlernt oder in Tempelhof elegant landen sieht, und das legendäre, zwölfmotorige Dornier-Schwimmflugzeug Do X.
Der uneingeschränkte Star inmitten einer Schar von Männern ist

Als kapriziöse Südländerin in Hans Schweikarts ›Das Mädchen mit dem guten Ruf‹ (1938).

Olga Tschechowa in Hans Schweikarts *Das Mädchen mit dem guten Ruf* (1938). Ein italienischer Schwank (nach einem Drehbuch von Axel Eggebrecht), der in der Frühzeit des Kinos spielt. Tino (Attila Hörbiger mit schwarzgefärbtem Haar) und der alte Pedro (Josef Eichheim) betreiben ein Wanderkino, mit dem sie

von Dorf zu Dorf ziehen. Ihre Filme heißen »Die fünf Räuberbräute« oder »Der Schrecken der Schwarzen Berge«.
Eines Tages läuft ihnen eine schöne Frau über den Weg, die aus Moritano stammt, weswegen sie ihre Route ändern und in dem nahen Örtchen Station machen. Bald erfahren sie, daß die junge Frau die ungekrönte Königin des Dorfes ist: Sie bewirtschaftet den einzigen Gasthof und wird von den Männern der Gegend umschwärmt, weil sie noch zu haben ist. Es kommt zu Eifersüchteleien und Intrigen zwischen Tino und den anderen Anwärtern. Tino wird als Filmvorführer gefeuert, weil er sich statt um den Projektor um die fröhliche Wirtin kümmerte, findet aber gleich einen neuen Job als Kellner in ihrem Gasthaus, was seine Chancen für eine dauerhafte Verbindung erhöht.
Italien steht in dieser Komödie für hemmungslose südländische Lebensfreude. Die Männer – besonders Attila Hörbigers schwergewichtiger *sidekick* Josef Eichheim – kugeln als kindliche Trottel durchs Geschehen. Olga Tschechowa hat leichtes Spiel, sie sich mit Ironie vom Leibe zu halten. Die Akteure sind gekleidet wie eine Kreuzung aus anatolischen Bauern und Puszta-Zigeunern. Die Tschechowa trägt große, runde Ohrringe, und durch ihre buntgescheckten Tücher und Kleider wirkt sie wie ein exotischer Paradiesvogel.
Als Film nicht weniger exotisch ist *Rote Orchideen* von Nuntio Malasomma, in dem sie als Opernsängerin wieder besser aufgehoben war.
Rote Orchideen spielt in einem Phantasiestaat »irgendwo im Norden Europas«, wo die Menschen Professor Castro, Gräfin Ogolenska oder einfach Bob heißen. In diesem frühen »Movieland« wird ein Fall von Werkspionage aufgedeckt. Olga gerät zufällig an einen der Beschuldigten und verliebt sich in ihn. Nica (Albrecht Schoenhals) flieht nicht nur vor seiner Hinrichtung, sondern auch vor einer Geheimorganisation, weil er im Besitz eines wichtigen, ihn entlastenden Codes ist. Nun soll ihm die Opernsängerin Maria Dorando (Olga Tschechowa) aus der Patsche helfen. In einer roten Orchidee versteckt, wirft er ihr den Zettel mit der Zahlenkombination auf die Bühne. In gutgemeinter Absicht wird Maria ihn verraten. Nica verläßt sie, es scheint keine Zukunft mehr für die beiden zu geben. Dann kommt der Zufall zu Hilfe, der Agentenring wird zerschlagen, Nicas Ehre wiederhergestellt. *Rote Orchideen* gehört, ähnlich wie *Gewitter-*

flug zu Claudia, in ein Genre, das damals weit verbreitet war, ohne einen festen Namen zu haben. In seiner Mischung aus Abenteuer, Krimi und Melodram kommt ihm vielleicht der Begriff »Action-Film« in seiner wörtlichen Bedeutung am nächsten: Ständig passiert etwas, tauchen neue Figuren und ungeahnte Verwicklungen auf. Geheimnisvolle Noten wandern hin und her, es wird bestochen, bespitzelt und gemordet, ohne daß man immer weiß, warum.
In diesem verwirrenden Netz ist Olga Tschechowa ein ruhender Pol. Ihre Zuneigung zur Hauptfigur schafft Klarheit und gehört zu dem wenigen, an das man sich in dem Film halten kann.
1938 spielte Olga Tschechowa gleich in vier Filmen die Hauptrolle. Ein geschäftiges Jahr, an dessen Ende sie als Belohnung zur Staatsschauspielerin ernannt wurde.
In *Zwei Frauen* von Hans Heinz Zerlett hat sie es wieder mit einer erwachsenen Tochter zu tun, die plötzlich auftaucht. Diesmal aber als Rivalin, die das berufliche und private Leben der berühmten Schauspielerin durcheinanderbringt. Noch ehe sie das erstemal auftritt, wird die Tschechowa entsprechend eingeführt: Theaterzettel mit ihrem Porträt, Plakate mit dem Namen Paula Corvey und dem Zusatz »Ausverkauft!« werden in rascher Überblendung präsentiert. Beinahe kommt sie zu spät zur Vorstellung, weil sie am Radio die Übertragung eines Autorennens aus Monte Carlo verfolgt, das ihr Freund, der Rennfahrer Werner Bruck (Werner Klinger), dabei ist zu gewinnen. Als sie vom Theater zurückkommt, wartet zu Hause eine fremde junge Frau auf sie (Irene von Meyendorff), die sich als ihre Tochter zu erkennen gibt.
Die beiden haben sich seit 16 Jahren nicht gesehen, als ihre Ehe geschieden und das Kind dem Mann zugesprochen wurde.
Jetzt hat der Vater Eva rausgeworfen, nachdem er erfahren hat, daß sie, wie ihre Mutter, Schauspielerin werden möchte. Mutter Paula reagiert ungewohnt heftig, ihr Image als alterslose Schönheit ist in Gefahr. Deshalb befiehlt sie dem ungebetenen Gast: »Niemand darf erfahren, daß ich eine erwachsene Tochter habe, weder als Künstlerin noch als Frau.« Später wird sie sagen: »Den Zeitpunkt, an dem ich mich als Mutter fühle, bestimme *ich!*« Die beiden geben sich als Tante und Nichte aus, treten als Freundinnen auf, die ein starkes Team abgeben. Während der Bruder in den Tag hineinschläft, schreiten die zwei Frauen strotzend vor

Mit ›Tochter‹ Irene von Meyendorff in ›Zwei Frauen‹ (1938).

Energie zum Frühstück. Der Bruder (Walter Janssen, eine Art Vorläufer Heinz Erhards) kommt für den Rest des Films nie über den Charakter eines komischen Kauzes hinaus – Typ: zerstreuter, dicker Professor.
Die weibliche Solidarität zerbricht, als der Rennfahrerfreund

der Mutter zurückkommt und sich in die Tochter verliebt, ohne ihre Herkunft zu kennen. Und vollends vorbei ist es zwischen den Frauen, als Evas Identität entschleiert wird und sie am selben Theater wie die Mutter ein Engagement bekommt. Sie tobt, Eva zieht in eine Pension. Erst als der Rennfahrer in einen schweren Unfall gerät, hat sie ein Einsehen, gibt ihn zugunsten der Tochter frei und ebnet ihr die Karriere.

H. H. Zerlett inszeniert das ohne Zeigefinger oder Opferpathos, sondern ziemlich nah an der Berliner Wirklichkeit des Jahres 1938.

Es gibt ein paar halbdokumentarische Szenen vom Sechstagerennen im Sportpalast, von einem Autorennen auf der Avus und aus einer Tanzbar des Westens, in der dezent geswingt wird. Peter Igelhoff sitzt am Klavier und singt »Der Onkel Doktor hat gesagt«.

Olga Tschechowa muß zwar ein paarmal die Beherrschung verlieren – sei's aus Freude über Werners Grand-Prix-Sieg oder Wut über Evas Konkurrenz –, doch bleibt sie dabei stets gemäßigt. Als sie damit konfrontiert wird, daß die Tarnaktion zusammengebrochen ist und die gesamte Branche über die Existenz ihrer Tochter Bescheid weiß, quittiert sie die bittere Wahrheit mit einem zuckersüßen Lächeln. Paula Corveys Bilanz klingt wie ein Bekenntnis Olga Tschechowas: »Wissen Sie, welches die schwierigste Aufgabe ist? Durch die Leichtigkeit des Tones andere Menschen über den Ernst einer Situation hinwegzutäuschen.«

Mit H. H. Zerlett drehte die Tschechowa im gleichen Jahr noch *Verliebtes Abenteuer.* Eine Komödie, in der sie eine Pariser Lebedame großbürgerlichen Zuschnitts spielt. Wenn sie mal ein Problem hat, dann das, wie sie am besten ihre wöchentliche Teegesellschaft verlegt, weil sie zu einer Vernissage muß. Zum Problem werden ihr auch langsam die vielen Verehrer. Sogar der örtliche Polizeipräfekt (Georg Alexander) gehört dazu. Eben ist in Tom (Paul Klinger) ein neuer Kandidat aufgetaucht, der ihr seit Tagen nachstellt.

Als sie eines Abends anstandshalber mit dem Polizeipräfekten in der Oper sitzt, wird er zu einer dringenden Sitzung ins Innenministerium gerufen. Schnell stellt sich heraus, daß dies nur eine Finte war, die Tom organisiert hat, um sich Olivia ungestört nähern zu können. Die durchschaut sein Spiel und pariert es mit hemmungsloser Ironie. Das wiederum macht ihn besonders spitz. Er lädt sie ein, mit ihm nach Nizza zu fahren. Sie lehnt gespielt brüskiert ab. Er verabschiedet sich mit einem inbrünstigen Handkuß. Worauf sie das Fehlen ihres 200.000-Francs-Armbands bemerkt. Anderntags meldet eine Zeitungsnotiz die Ankunft der amerikanischen Diamantenkönigin an der Riviera. Jetzt weiß sie Bescheid über Tom und sein spezielles Interesse an wohlhabenden Frauen. Was sie nicht daran hindert, den Gauner ziemlich sympathisch zu finden.

Olivia bricht in den Süden auf, um Tom zu stellen. Dort kommt es zu einem Wiedersehen zu dritt, denn inzwischen ist auch der Polizeipräfekt auf der Suche nach dem »Hotelmarder« in Nizza eingetroffen. Statt sich zu ergeben, macht Tom in einem nächtlichen Coup Olivia zu seiner Komplizin. Der Schluß ist eine einzige Überraschung: Der Polizeipräfekt zaubert Olivias Armband wieder vor, Olivia wird aus Dank nicht ihn, sondern den Gauner Tom heiraten, der sich als einer der reichsten Männer der Welt entpuppt.

Verliebtes Abenteuer zeigt, daß man in Deutschland von den amerikanischen Screwball-Komödien der 30er Jahre gelernt hatte. Es herrscht derselbe ironisch-despektierliche Tonfall wie in den Vorbildern Hollywoods, die Figuren sind ziemlich überdreht, und niemand braucht die unwahrscheinliche Geschichte um die hart an ihrem Vergnügen arbeitenden, reichen Bohemiens ernstzunehmen. Allerdings dürfte die französische Kulisse kein Zufall sein. Sie verstärkt das Märchenhafte und erlaubt Freiheiten, die vor deutschem Hintergrund kaum möglich gewesen wären.

Das betrifft einmal die Genußsucht der Figuren, die unverbindliche Leichtigkeit ihres Umgangs. Aber auch Charakterzüge, die man als typisch französisch persiflieren konnte – um deutsche Zustände damit zu meinen.

So ist Maréchal, der Polizeipräfekt, beruflich eine Niete.

Statt dessen begeistert er sich für Antiquitäten. Auf die Frage, warum er eigentlich Polizeipräfekt geworden sei, bekennt er freimütig, das habe er nie gewollt, man habe ihn nur dazu gemacht, weil er so sympathisch sei. Im Kino ärgert er sich über Gangsterfilme, in denen die Polizei gewinnt. Und als er in wichtiger Mission zum Innenminister gerufen wird, machen sich die beiden Herren, sobald sie alleine sind, einen lustigen Abend, auf

Der Millionär als Taschendieb: ein gelungener Witz. Mit Paul Klinger in Hans Hellmut Zerletts ›Verliebtes Abenteuer‹ (1938).

dem Maréchal seinen Vorgesetzten mit Kartenspielertricks übers Ohr haut. Über solche Witzfiguren konnte man in Deutschland herzlich lachen, denn war nicht auch Göring in seine Antiquitäten vernarrt und ansonsten eine ziemliche Flasche?

Paul Klinger als der ewig Gutgelaunte und Olga Tschechowa schaukeln sich gegenseitig hoch, bis ihr Lächeln boshaft wird, die Fröhlichkeit in Zynismus umkippt. Tempo und Wortwitz sind für deutsche Verhältnisse atemberaubend. Die Dialoge schwanken zwischen französischem Esprit und Berliner Schnoddrigkeit. Sagt beiläufig die Tschechowa zu einem Dienstmädchen: »Wie prachtvoll du lügen kannst!« Darauf die Angesprochene: »Ich habe auch nur in den besten Häusern gedient!«

Ein ähnlicher Ton durchzieht Willi Forsts *Bel Ami* (1939), zu

dem Forst und Axel Eggebrecht nach der Romanvorlage von Maupassant das Drehbuch schrieben. Madeleine (Olga Tschechowa) hat es im Paris der Jahrhundertwende erstaunlich weit gebracht. Sie ist mit Forrestier verheiratet (Will Dohm), dem Chefredakteur der einflußreichen »Vie Française«. Doch eigentlich ist sie es, die ihn »gemacht« hat und ihm noch heute seine Leitartikel diktiert – Lobeshymnen auf den Abgeordneten Laroche, der zufällig ihr Geliebter ist, ohne daß ihr Mann davon weiß.
Sie raucht, trägt in jeder Szene eine noch luxuriösere Garderobe – und bedauert, daß sie nicht nähen kann. »Deine Begabung liegt eben auf einem anderen Gebiet«, tröstet sie mit vielsagendem Lächeln der Geliebte. Unter anderem hat sie ein Gespür für neue Talente. Eben erst hat sich Georges Duroy (Willi Forst) bei einem Diner mit ein paar klugen Bemerkungen zur Marokko-Krise empfohlen. Er war lange in Afrika und ist als Abenteurer bekannt. Vom Schreiben hat er keine Ahnung, von Frauen dagegen jede Menge. Madeleine nimmt sich seiner an, baut ihn mit ihren Texten zum Journalisten auf, der bald Forrestier als Chefredakteur und Ehemann Madeleines ablösen wird. Doch dann merkt Georges, daß die Gunst Madeleines nur Berechnung war: Sie benutzte ihn als Werkzeug, um für Laroche zu werben. Er verläßt sie, macht, mit Hilfe des »sauberen« Mädels Suzanne (Ilse Werner), Karriere als Minister. Die Schmeicheleien seiner verflossenen Frauen, die den Bel Ami am Schluß verabschieden, können ihm nichts mehr anhaben.
Wieder verkörpert die Tschechowa einen im Grunde verwerflichen Frauentyp. Ihre Schönheit ist äußerlich, also Täuschung, ihr Charme entspringt Machtkalkül. Sie scheint die Fäden in der Hand zu haben, doch dann stellt sich ihre Bedeutung als nichtig heraus. Sosehr sie über den Dingen zu stehen scheint, sowenig ist sie zu wirklichem Gefühl fähig. Liebe ist für sie nicht mehr als ein Gesellschaftsspiel. Zieht sie darin den kürzeren, geht sie mit einem Lächeln. Überhaupt machen die Beziehungen in *Bel Ami* einen unverbindlichen Eindruck, frei nach dem Motto eines Schlagers der frühen 30er Jahre: »Man sieht sie, man trifft sie, man schläft mit ihr und vergißt sie.« Wenn in einem Film nach französischer Vorlage das Wort Libertinage groß geschrieben wurde, brauchte sich in Deutschland niemand daran zu stören.

Von einer Unschuldigen, die in die Mühlen der Justiz gerät, handelt *Ich verweigere die Aussage* von Otto Linnekogel. Als Frau eines Architekten wird Olga Tschechowa angeklagt, einen befreundeten Schriftsteller zum Mord an ihrem Mann angestiftet zu haben. Das Opfer (Albrecht Schoenhals) hat den Anschlag schwer verletzt überlebt, der Täter (Gustav Dießl) beging Selbstmord. Jetzt belasten ein Brief und eine Reihe von Zeugen die schöne Nora Ottendorf. Einzig ihr Mann deckt sie, ohne Argumente zu haben.
Ein kleiner Gerichtskrimi, der seine Spannung aus dem Widerspruch von Anklage und Augenschein bezieht. Wie die Tsche-

Fördert aufstrebende Talente: Madeleine (Olga Tschechowa) mit Willi Forst in dessen Komödie ›Bel Ami‹ (1939).

chowa einsam mit keusch niedergeschlagenem Blick auf der Anklagebank sitzt, müßte man keinen Moment an ihrer Unschuld zweifeln, wäre da nicht die erdrückende Beweislast. Das Blatt wendet sich zu ihren Gunsten, als ihre beste Freundin (Hanne Mertens) zu einem entscheidenden Punkt die Aussage verweigert.

Mit der Justiz bekam es Olga Tschechowa 1939 auch privat zu tun. Nachdem ihr Versuch, zwischen Berlin und Brüssel eine Ehe zu führen, gescheitert war, läßt sie sich von Marcel Robyns scheiden. Ihr Appetit auf Zweisamkeit war damit endgültig gestillt.

Am Ende ihres Lebens wird sie einmal sagen: »Die Ehe ist eine der dümmsten Einrichtungen, die die Menschen geschaffen haben. Bevor sich zwei Partner im Zusammenleben so abschleifen, daß sie harmonieren, ist ihre Zeit meist vorbei.«

Für Privatleben hatte sie 1939 ohnehin keine Zeit, ihre Karriere befand sich auf einem Hoch. Sie spielte in zwei Theaterstücken die Hauptrolle, drehte vier Filme. »Olga Tschechowa in: *Parkstraße 13*« wurde ihr nächster angekündigt. Als Dr. Evelyn Schratt ist sie der Mittelpunkt einer Gesellschaft, die sie in ihre Villa zu einem Fest geladen hat. Gekommen sind u. a. ein brasilianischer Farmer, ein Bankier, ein Schauspieler, ein Kriminalrat und eine Baronin. Die Gastgeberin ist jung, schön und umschwärmt. Dennoch umgibt sie ein Geheimnis. Die beiden Männer, mit denen sie bisher verheiratet war, haben sich unter seltsamen Umständen das Leben genommen. Und jetzt will Radzin, einer der Gäste (Anton Pointner), die Heirat erpressen. Dabei ist sie doch heimlich mit Molander, dem brasilianischen Farmer (Ivan Petrovich), verlobt, der sie mißtrauisch zur Rede stellt. Während im großen Salon ausgelassen gefeiert wird, verschwindet aus einem Ankleidezimmer wertvoller Schmuck der Baronin Bornegg (Hilde Hildebrand), meldet ein verstörter Diener die Ermordung Radzins, stürzt überraschend Mieke (Kurt Vespermann), ein bekannter Gentleman-Einbrecher, ins Zimmer. Unter den acht Verdächtigen dieses typischen *who dunnit* verhört die Polizei auch Evelyn Schratt. War da nicht die Sache mit ihren toten Ehemännern, und hat sie auf die Mordnachricht nicht gelöst reagiert? Wie auch immer. Zum Schluß war es dann, ganz dem Genremuster entsprechend, plötzlich doch ein ganz anderer.

Parkstraße 13 entstand nach einem erfolgreichen Kriminalstück von Axel Ivers und war schon in ein spannendes Hörspiel umgearbeitet worden. Doch der Regisseur des Films, Jürgen von Alten, machte wenig aus der Vorlage. Es bleibt über weite Strecken bei abgefilmtem Theater. Immerhin taugte der Krimi als Vehikel für Olga Tschechowa.

Der Gegensatz von eitlen, oberflächlichen Damen einerseits und schlichten, aufrichtigen Gefährtinnen andererseits ist ein immer wiederkehrendes Thema im Kino des Dritten Reichs. Das gilt auch für ihren nächsten Film.

In *Die unheimlichen Wünsche* von Heinz Hilpert (1939) ist sie Feodora, eine Schauspielerin mit falschem Glanz und vorgetäuschtem Ruhm. *Die unheimlichen Wünsche* (nach einer Novelle von Balzac) spielt im Frankreich des frühen 19. Jahrhunderts und erzählt von einem heruntergekommenen jungen Adeligen, dessen Besitz verpfändet wird. Behalten darf er lediglich eine scheinbar wertlose Tierhaut. Doch diese Haut, so erfährt er, hat die magische Kraft, Wünsche zu erfüllen. Rafael (Hans Holt) macht regen Gebrauch von dem Zaubermittel. Er erhält sein Eigentum zurück und noch viel mehr. Bald lebt er in totalem Überfluß, falsche Freunde scharen sich um ihn. Zu ihnen gehört Feodora. Sie ist kokett und unberechenbar, verrucht und eine Spur verrückt. Sie spielt mit Rafael und nützt ihn aus. Sie trägt dazu bei, daß er sich menschenmüde in die Einsamkeit zurückzieht, wo ihm Pauline (Käthe Gold) einfällt. Ihre beharrliche Zuneigung hat er bisher übersehen. Jetzt findet er in dem bescheidenen Mädel endlich einen Menschen, der es ehrlich mit ihm meint. Pauline befreit ihn von der Langeweile seines bisherigen Daseins. An ihrer Seite wird er zum Aussteiger. »Rafael pflügt seinen Acker, er sät, er erntet, er vertraut den Jahreszeiten und der göttlichen Kraft, die sein Leben beschützt, denn er hat eines gelernt: Alle Sehnsucht ist Leben, alle Erfüllung, die nicht aus eigener Kraft erwächst, ist der Tod.« Mit der Zivilisation läßt Rafael die falsche Feodora hinter sich. Olga Tschechowa, als Hauptfigur eingeführt, verschwindet sang- und klanglos, fällt einfach aus dem Film, dessen lautstarke Botschaft seinen märchenhaften Charakter sabotiert. Holzschnitthaft wie die Inszenierung wird bereits mit der Kleidung die Gegensätzlichkeit der beiden Frauen signalisiert: Olga Tschechowas Kostüme wechseln ständig und wirken – angereichert durch Kopfputz und

Feodora, die Falsche. (In ›Die unheimlichen Wünsche‹ von Heinz Hilpert.)

Federboas – ziemlich übertrieben. Bei Käthe Gold dagegen geht es über ein dunkles, hochgeschlossenes Kleid mit heller Schürze nicht hinaus. Ihr einziger Kopfschmuck ist ein kunstvoll geflochtener Haarkranz, und das einzig Überflüssige an ihr ist die Andeutung einer Halskrause. Die Ausstattung von *Die unheimlichen Wünsche* besorgte übrigens Caspar Neher, ein Jugendfreund und Mitarbeiter Brechts, der das Bühnenbild für die *Dreigroschenoper* geschaffen hatte und während des Dritten Reichs in Deutschland blieb.
Der gleiche Dualismus zweier widerstrebender Frauentypen bestimmt *Befreite Hände* (1939) von Hans Schweikart. Olga Tsche-

chowa und Brigitte Horney stehen dort für die beiden Kulturkreise Stadt und Land, deren Unversöhnlichkeit schon in der deutschen Literatur Tradition hat. *Befreite Hände* erzählt den Werdegang einer Frau von der Magd zur Künstlerin. Dürthen (Brigitte Horney) lebt in einem Wattendorf. Wenn sie draußen am Deich die Schafe hütet, schnitzt sie Holzfiguren für Kinder. Dürthen ist Einzelgängerin. Auf die Dorfbewohner wirkt sie schweigsam und verstockt. Doch hin und wieder bricht es in Dürthen durch. Dann tanzt sie hitzig wie eine Zigeunerin, daß die Leute staunen. Ihre Herkunft liegt im Dunkel, doch lastet der Kummer einer schweren Erfahrung auf ihr. Sie hat einen kleinen, unehelichen Sohn, mit dem sie bei ihrem Brotherrn, dem Bauern Thomsen, gerade so geduldet wird.
Eines Tages kommt Besuch aus der Stadt. Als Dürthen die Herde heimtreibt, begegnet sie einer mondänen Frau im offenen Cabrio, die hupend ihre Schafe verscheucht. Kerstin Thomas (Olga Tschechowa) besitzt in Berlin ein Kunstatelier und tritt als die erfolgreiche Tante aus der Stadt auf. Zusammen mit Carl Raddatz trifft sie Dürthen am Strand wieder und fragt sie aus: eine reiche Touristin, die eine Eingeborene verhört. Sofort spricht sie sie mit »du« an. Als sie ihr auch noch Geld geben will (»Da, kauf dir was dafür«), schlägt es ihr Dürthen aus der Hand. Später kommt es zu einem Gespräch zwischen den beiden Frauen. »Ich habe das Gefühl, man könnte etwas aus dir machen«, sagt die geschäftstüchtige Kerstin zu Dürthen. Und lädt sie ein, nach Berlin zu kommen, um bei ihr in die Lehre zu gehen. Die Städterin trägt ein schulterfreies Kleid, die Frau vom Land ein Schultertuch.
Kerstins aufgesetzte Freundlichkeit und ihre Versprechungen können Dürthen nicht beeindrucken. Dann stirbt ihr kleiner Sohn bei einem Unfall, und Dürthen geht doch nach Berlin zu Kerstin. Bei einem Rundgang durch ihr Atelier entpuppt sich ihre Kunst als Kunstgewerbe: Kerstin produziert Nippesfiguren in Serie. »Von irgend etwas muß man ja leben«, sagt sie entschuldigend. Sie hat Dürthen nach Berlin gelockt, um ihr künstlerisches Talent zu fördern. Jetzt darf das Mädchen ihr ein wenig zur Hand gehen, was sie zusehends anödet.
Dürthen hat von Kerstin nichts zu lernen, eher umgekehrt. Es stellt sich heraus, daß dies auch Kerstins Hintergedanke war: von Dürthens natürlicher Schöpferkraft zu profitieren.

Sie prahlt mit geklauten Arbeiten: Olga Tschechowa und Carl Raddatz in Hans Schweikarts ›Befreite Hände‹ (1939).

Als eines Tages Joachim (Carl Raddatz) auf Besuch kommt, führt Kerstin Dürthens Plastiken als ihre eigenen vor. Joachim ist hingerissen. Kerstin sieht ihre Chancen bei ihm steigen.
Doch der Bluff fliegt auf, und Joachim wendet sich Dürthen zu.
In einem für Olga Tschechowa seltenen Moment verliert sie die Beherrschung und wirft Dürthen raus. Die Fassade ist abgefallen, sie erkennt, daß sie als Mensch genauso kalt und hohl ist wie ihre genormten Gipsfiguren. Der finanzielle Erfolg kann ihre innere Armut auf Dauer nicht kaschieren. Sie ist alleine, während sich die Männer für Dürthen interessieren. Später treffen sich die beiden Frauen in Italien wieder. Längst hat Kerstin ihre Fas-

Zwei Frauen, zwei Welten prallen aufeinander, der Mann steht abseits: Olga Tschechowa, Carl Raddatz und Brigitte Horney in ›Befreite Hände‹.

sung wieder und versucht, die Dinge wieder ins Lot zu bringen. Doch Dürthen braucht ihre Hilfe nicht. Und sie entscheidet sich weder für Joachim noch für ihren Förderer Professor Wolfram (Ewald Balser), der seinem Rivalen zum Schluß angesichts der an einer Statue arbeitenden Dürthen erklärt: »Die braucht uns beide nicht. Aber die Steine da drüben, die brauchen sie!«
Befreite Hände ist ein erstaunlicher Film und einer der besten, in denen Olga Tschechowa während des Dritten Reichs mitspielte. Nicht nur, daß hier das moderne Bild von zwei auf unterschiedliche Art autonomen Frauenschicksalen entworfen wird, für die Männer nur schmückendes Beiwerk sind. Hans Schweikart ver-

steht es auch, Bilder und Töne sprechen zu lassen. So lernt Dürthen ihren späteren Lehrer und Gefährten Professor Wolfram während eines Konzertes kennen. Die beiden haben Plätze nebeneinander. Während des ersten Satzes von Beethovens 5. Sinfonie mustert sie den Fremden mißtrauisch. Die Musik läuft weiter, die Kamera fährt die Reihen entlang über die konzentriert lauschenden Zuhörer und dann zurück auf Brigitte Horney und Ewald Balser. Etwas ist geschehen. Die Blicke der beiden begegnen sich immer wieder, tauschen Empfindungen aus, die sie während des Hörens bewegen. Sie finden sich in der Musik und wissen bereits eine Menge voneinander, ehe sie die ersten Worte wechseln.

Und Olga Tschechowa ändert unter Hans Schweikarts Regie schon mal ihre stets gefällige Art und zeigt Gefühlsregungen, die man sonst selten bei ihr sieht.

Angelika (1940) von Jürgen von Alten war dann wieder Routine. Zwar spielt der Film wie *Befreite Hände* im Künstlermilieu, doch damit enden auch schon die Gemeinsamkeiten. Olga Tschechowa durfte mal wieder die schöne, vielumworbene Professorengattin mit großer Vergangenheit spielen. Ihrem Mann zuliebe hat sie ihren Beruf als gefeierte Opernsängerin aufgegeben. Als sie die gemeinsame Tochter im Internat besucht, kommt die Nachricht, daß ihr Mann bei einem Reitunfall ums Leben kam. Wieder in Berlin, holen sie dunkle Schatten aus der Vergangenheit ihres Mannes ein. Sie erfährt, daß er ein Bilderfälscher war, und erschießt den Kunsthändler, der ihr die Nachricht überbringt, weil er drohte, damit an die Öffentlichkeit zu gehen. Ihr Mordmotiv behält sie für sich, um die Ehre ihres toten Mannes zu retten. Zu mehrjähriger Haft verurteilt, von der Umwelt geächtet, landet sie nach der Freilassung als Cabaretsängerin im Ausland. Hier beginnt durch den väterlichen Freund und Juradozenten der Tochter (Albrecht Schoenhals) ihre Rehabilitierung.

Angelika mischt die Welt der besseren Gesellschaft mit Krimi-Elementen und garniert das Ganze mit dem Opfer einer vorbildlichen Ehefrau: ein typisches Strickmuster damaliger Kinounterhaltung, deren Standard der Film nur mühsam erreicht.

Schnell runtergedreht, erfüllte *Angelika* seinen Zweck, ein wenig Ablenkung in den Alltag des ersten Kriegsjahres zu bringen. Ähnlich *Leidenschaft* von Walter Jansen, ein Film, der die

Tschechowa wieder mal mit dem Verdacht konfrontierte, ihren Mann (Paul Otto) ermordet zu haben. Grund dafür gäbe es, schließlich hat sie sich in einen jungen Förster (Hans Stüwe) verliebt, mit dem sie sich besser versteht als mit ihrem wesentlich älteren Mann, der verbittert darüber ist, keinen Stammhalter von ihr bekommen zu haben. Als er bei einem Jagdunfall auf der Strecke bleibt, verschwört sich die Umwelt gegen sie. Der zunächst tatverdächtige Bauer kann ein Alibi nachweisen, eine Magd will etwas von einem Komplott erfahren haben. Die Tschechowa wird durch die Mühlen der Justiz getrieben, ihr Försterfreund ist bereit, einen Meineid für sie zu schwören, da wird doch noch der richtige Mörder enttarnt.

Als Märtyrerin in Jürgen von Altens ›Angelika‹ (1940) …

... und als fesche Försterin in dem Film ›Leidenschaft‹ (1940) von Walter Jansen.

Die Dame aus besseren Kreisen, die durch die Niederungen des Lebens geschickt wird, um zuletzt als strahlende Siegerin hervorzugehen: so sah man die edle Olga gern; vielleicht lag es an ihrer aufreizenden Makellosigkeit, die solche Prüfungen provozierte. Dieses Rollenschema wurde jedenfalls so eng mit Olga in Verbindung gebracht, daß 1949 eine Zeitschrift den Vorwurf

gegen sie erhob, während des Krieges für die Sowjetunion spioniert und dafür den Lenin-Orden bekommen zu haben. Eine Unterstellung, die sich selbstverständlich als absurd erwies.
Nein, Olga Tschechowa wußte, wo sie stand.
Nach der Besetzung Frankreichs durch die deutsche Wehrmacht ging sie dort für die Truppenbetreuung auf Tournee, spielte in Paris und der Provinz Revuetheater mit wenig Dekoration und vielen Mitwirkenden. In Lille lernte sie nach einer Vorstellung einen Offizier der Luftwaffe kennen und verliebte sich in ihn. Ein dreiviertel Jahr lang wechselten sie Briefe und sahen sich im Urlaub. Im Dezember 1941 fiel er bei einer Luftschlacht über England. Andere riskierten ihr Leben, um einmal in der Nähe ihres geliebten Idols zu sein. Als sie sich einmal in Brüssel zur Vorstellung fertigmachte, standen ihr im Hotel »zwei verstaubte, unrasierte, übermüdete junge Männer gegenüber. Aus ihren rotumränderten Augen strahlen sie mich so charmant an, daß ich meinen Groll vergesse und ihnen ein Glas Sherry anbiete. Zwischen hastigen Schlucken sprudeln sie ihre Geschichte heraus: Ihre Einheit liegt in Paris. Eines Abends wird dort im Kasino einer meiner Filme gezeigt. Anschließend diskutieren die Offiziere über Handlung und Darsteller, das heißt – sie diskutieren wohl weniger und schwärmen ein wenig, unter anderem über mich.« Die beiden brachen in einer Dienstpause einfach nach Brüssel auf, um Olga Tschechowa zu finden. Vor der Rückkehr grauste es ihnen, denn wären sie erwischt und vor ein Kriegsgericht gestellt worden, hätte ihnen harte Bestrafung wegen unerlaubten Entfernens von der Truppe gedroht. Zum Glück erfreute sich der Star guter Beziehungen zum Stadtkommandanten und vermittelte den beiden Fans einen ordentlichen Marschbefehl.
Die harmlosen Schwänke à la »Verliebtes Abenteuer« oder »Liebe unmodern«, mit denen Olga Tschechowa vor deutschen Truppen tingelte, waren nur die eine Seite ihres Kriegseinsatzes. Von nun an diente sie auch verstärkt für Goebbels' 35mm-Waffe.
Mit *Der Fuchs von Glenarvon* (1940) oder *Menschen im Sturm* (1941) ließ sich die distinguierte Dame in die Feindbild-Produktion des Dritten Reichs einspannen. Diese konnte um so hemmungsloser dreinschlagen, wenn sie den Feind bei der Unterdrückung eines fremden, freiheitsliebenden Volkes vorführte,

mit dem Solidarität geheuchelt wurde. In Wahrheit entsprach dies nur der Vorwärtsverteidigung nach dem Motto: »Haltet den Dieb!« Vorbei waren die Zeiten, in denen – wie in *Die Reiter von Ostafrika* (1934), *Gewitterflug zu Claudia* (1937) oder *Pour le mérite* (1938) deutsch-englische Männerfreundschaften beschworen wurden.

Jetzt waren die Engländer laut Goebbels »ein Volk, dem man alles zumuten kann«, von dem »nur Böses und Schädliches« zu erwarten war. *Der Fuchs von Glenarvon,* ein pro-irischer Film von Max W. Kimmich, richtete sich eigentlich gegen das »perfide Albion«.

Die Iren, heißt es anfangs, kämpfen seit 800 Jahren für ihre Freiheit, »gegen England, das ihnen mit grausamer Gewalt das Recht auf einen eigenen Staat streitig macht«. Gloria Grandison (Olga Tschechowa) ist eine irische Patriotin. Bemerkungen lassen darauf schließen, daß sie aus verarmtem Adel stammt und mehr aus Not denn aus Neigung einen Beamten der englischen Königin geheiratet hat. Ferdinand Marian, der Filmbösewicht des Dritten Reichs, spielt den Friedensrichter Grandison, der ein Doppelspiel betreibt: Er heuchelt Sympathie für die Sache der Iren, um sie besser zu bekämpfen. Gloria spürt, daß er unzuverlässig ist. Sie mahnt: »Eine Frau braucht Klarheit, nicht nur in Geldangelegenheiten.« Die einzige Klarheit aber, die er Gloria geben kann, ist: Wenn der Mann zahlt, hat die Frau zu parieren.

Ob sie eine solche Ehe noch glücklich macht, hat Gloria aufgehört zu fragen. Privates zählt für sie nicht mehr: »Es geht nicht um mein Glück. Ich bin Irin und habe eine Pflicht zu erfüllen.« Wenn sie von der Zukunft ihres Volkes träumt, singt sie schwere, dorische Weisen. Bei allem Unbehagen über ihren Mann gibt sie ihm arglos Informationen der Freiheitskämpfer weiter.

So gelingt es ihm, eine Gruppe von ihnen bei einem Geheimtreffen verhaften zu lassen.

Olga Tschechowa wirkt wie eine brave deutsche Hausfrau, die einem Fiesling anheimgefallen ist. Zum Glück tritt ihr bald ein guter Mensch zur Seite. Der Baron Ennis of Loweland (Karl Ludwig Diehl), groß, blond und die Lauterkeit in Person, kehrt nach langer Abwesenheit in die Heimat zurück, um seinen bedrängten Landsleuten zu helfen. Ihm gelingt es, Grandison als

Kämpfend für Irland: Olga Tschechowa in ›Der Fuchs von Glenarvon‹ (1940).

Verräter zu entlarven und die englischen Truppen ins unwegsame Moor zu locken. Gloria und Ennis werden heiraten.
Trotz des Happy-End beherrscht eine düstere Stimmung den Film, in dem entscheidende Szenen nachts spielen: die Beerdigung zweier Freiheitskämpfer gleich zu Beginn, die vergebliche

Bergung eines in Seenot geratenen Schiffs, dessen gesamte Mannschaft vor den Augen der Retter ertrinkt, das Femegericht am Schluß, bei dem das Todesurteil über den Verräter gesprochen wird. Die Iren sind perfekte Deutsche: gewissenhaft in der Organisation ihrer Aktionen, solidarisch bis zur Aufdringlichkeit, militärisch in Sprache und Haltung. Selbst wenn sie tanzen, wirkt es schwerfällig. Ihre Fröhlichkeit ist plump und dröhnend.
Menschen im Sturm (1941) von Fritz Peter Buch arbeitet noch dreister nach dem Prinzip der Verdrehung. In einer Zeit, in der deutsche Truppen osteuropäische Völker drangsalierten, handelt der Film von einer deutschen Minderheit, die von serbischen Unmenschen brutal unterdrückt wird. *Menschen im Sturm* reichte quasi die Rechtfertigung für den Balkanfeldzug vom Frühjahr 1941 nach. Vom Balkon ihres Zimmers im Belgrader Palace Hotel bekommt Vera Osratic (Olga Tschechowa) mit, wie von serbischen Soldaten Deutsche aus ihren Häusern geholt werden. Sie geht ins Zimmer und läßt die Jalousien herunter, will davon nichts sehen. Mit ihrer Herkunft als Deutsche kann Vera heute nichts mehr anfangen. Ihr Mann (Siegfried Breuer) ist Slowene, der europäisch denkt: »Ich erhebe Anspruch auf ein Rennen in Le Mans, eine Oper in Mailand, eine Messe in Leipzig, einen Stierkampf in Madrid und eine Symphonie in Salzburg«, sagt er in einem Gespräch mit serbischen Offizieren. Mit ihrem Mann zusammen fährt sie auf ihr Gut in der Provinz, um nach dem Rechten zu sehen. Die Aufregung um die deutschstämmige Minderheit ist ihr ziemlich peinlich.
Sie und ihr Mann unterhalten gute Kontakte zu serbischen Militärs, die in ihrem Haus ein und aus gehen. Als Dame von Welt steht sie über solchem Kleinkram, sucht sie die Form zu wahren. Das macht sie in den Augen ihrer Tochter (Hannelore Schroth) zu einer Frau, die nicht weiß, wo sie steht. Die Tochter nämlich ist glühende Patriotin, in einen jungen deutschen Lehrer verliebt und zu allem bereit, was den serbischen Unterdrückern schaden könnte. *Menschen im Sturm* erzählt die Wandlung der Olga Tschechowa von einer Opportunistin zur Heldin.
Denn unter dem Eindruck serbischer Schikanen gegen Deutsche besinnt sich Vera auf ihre eigene Herkunft und hilft heimlich ihren Landsleuten. Von ihrem Mann zur Rede gestellt, meint sie: »Niemand verlangt es von mir, ich muß es einfach tun. Es tut mir leid, daß wir nicht das gleiche Vaterland haben.« Für die

kosmopolitischen Ansichten ihres Mannes hat sie auf einmal kein Verständnis mehr. Er steht als Schwächling da.
Daß inzwischen Krieg herrscht, merkt man Olga Tschechowa auch äußerlich an: Es fehlen die üppigen Kleider und Accessoires. Statt raffinierter Spitzenblusen eine Art schlichtes Uniformhemd mit Krawatte. Statt ausladender Hüte ein Kopftuch. Vera stirbt als Märtyrerin. Nachdem durch ihr Zutun eine Gruppe von Kindern sicher über die Grenze gelangt ist, wird sie als Helfershelferin enttarnt und von einem serbischen Offizier angeschossen. Schwer verletzt, flieht sie mit ihrer Tochter Richtung Deutschland. »Wir fahren in die Heimat«, sind ihre letzten Worte.

Von der Salondame zur Partisanin wandelt Olga Tschechowa sich in Fritz Peter Buchs ›Menschen im Sturm‹ (1941).

Porträt aus ›Andreas Schlüter‹ (1943).

In *Andreas Schlüter* (1942) von Herbert Maisch ist sie noch mal die große, schädliche Verführerin, die eine Krise des Berliner Baumeisters (Heinrich George) ausnützt, um ihn nach Dresden zu locken, fort von seiner Frau und seiner Bestimmung. Erst der Ruf seines Königs läßt Schlüter nach Berlin zurückkehren – und Olga Tschechowa fallen.

Mit den Augen einer Frau (1942) blättert die Lebens- und Liebeschronik einer verwitweten Adligen (Olga Tschechowa) auf:

Als Sängerin Madame Malti in Günther Rittaus ›Der ewige Klang‹ (1943).

Marie-Luises erster Mann war verheiratet und zu feige, sich von Frau und Kindern zu trennen. Der zweite war ein Pedant, den sie nach kurzer Ehe verlor, der dritte ein junger Dichter, den sie mit einer anderen im Bett erwischt, nachdem sie sich um ihren kranken Sohn kümmern mußte. Für den vierten schließlich hat sie nur mehr mütterliche Gefühle übrig und reicht ihn an ihre Tochter weiter, um endlich ihren Frieden zu haben. Die junge Marie-Luise wurde übrigens von Olgas Tochter Ada gespielt.

Nach Oberbayern verschlägt es Olga Tschechowa in Günther Rittaus *Der ewige Klang* (1943). Auf der Reise nach Italien kommt sie als berühmte Gesangsvirtuosin nach Mittenwald. Während sie im Fürstenzimmer des Dorfgasthofes ihre Toilette macht, hat ihr Impresario (O. E. Hasse) ein Ständchen für sie organisiert. Berthold, ein junger Geigenbauer (Rudolf Prack), spielt auf und verliebt sich in sie. Dem Manager kommt das gerade recht. Er lockt den Burschen aus Mittenwald fort und baut ihn neben Madame Malti, der Sängerin, zum Star auf. Aus Berthold Buchner wird Bertini, der, in modische Kleidung gesteckt, auf feinen Gesellschaften herumgereicht wird und bestickte Ziertücher an junge Damen verteilt. Olga Tschechowa, die seine Geliebte geworden ist, gerät ins Hintertreffen. »Es ist sicher nicht sehr klug von Ihnen, mich als Frau zu unterschätzen«, bedeutet sie sarkastisch ihrem Impresario, der sie fallengelassen hat. Doch auch ihre Waffen als Frau helfen der Alternden nicht mehr weiter. Berthold besinnt sich auf seine Wurzeln und kehrt in die Heimat zurück. Wieder verliert der Film die Tschechowa. Obwohl genauso frustriert wie Berthold, gelingt es ihr nicht, aus der faden Welt der Salons auszubrechen und irgendwohin zurückzukehren. Verbittert bleibt sie an der Seite ihres geldgierigen Managers zurück, der sie einmal wissen läßt: »Das Denken ist Ihnen vertraglich verboten.«
Männer, die ihre verflossenen Liebschaften Revue passieren lassen: das ist im Kino ein gängiges Thema. In Fellinis *Stadt der Frauen* etwa flaniert Marcello Mastroianni durch einen Saal voller Frauenbildnisse. Per Knopfdruck kann er jedes einzelne illuminieren und die dazu passenden Liebeslaute vom Band rufen. *Reise in die Vergangenheit* (1943) von Hans Heinz Zerlett dreht den Spieß um: Eine Frau besucht ihre früheren Liebhaber, die mit ihren Lebensplänen mehr oder weniger gescheitert sind, während sie als die ewig Junge, Erfolgreiche dasteht. Das ist kein Zufall, sondern spricht für den Stellenwert der Frau im Kino des Dritten Reichs.
Marianne von der Halden (Olga Tschechowa) lebt mit ihrer erwachsenen Tochter (Margot Hielscher) in gesicherten Verhältnissen. Marianne ist seit langem verwitwet, und Anita ist alt genug, um zu erfahren, daß es vor »Pappi« noch andere Männer für sie gab. Anita wird neugierig. »Du bist jetzt nicht meine Tochter, sondern meine Freundin«, zieht sie Marianne ins Ver-

trauen und öffnet ihre Privatschatulle. Darin finden sich Souvenirs und Fotos von vier Liebhabern. Anita überredet die Mutter nachzusehen, was aus den Männern geworden ist. Auf ihrer Reise durch Deutschland besuchen sie zunächst einen Operntenor (Will Dohm). Er ist dick geworden und läßt sich gerade die grauen Haarspitzen nachtönen, um seinem Image als Frauenliebling gerecht zu werden, das er wie eine anstrengende Pflicht nimmt. Den Kaminsims schmücken Dutzende Fotos seiner Eroberungen. Ein Telegramm ruft ihn angeblich an die Wiener Oper – wer weiß, ob's wahr ist.
Mariannes zweiter Exfreund (Theodor Loos) stand damals gerade vor dem Beginn einer großen Chirurgenlaufbahn. Inzwischen praktiziert er als Kleintierarzt in einer Provinzstadt. Immerhin engagiert er sich für den Bau sozialer Einrichtungen. Er

Sie zieht die Tochter ins Vertrauen: mit Margot Hielscher beim Kramen zwischen alten Liebhaberbriefen. (Aus Hans Heinz Zerletts ›Reise in die Vergangenheit‹, 1943.)

ist hilflos wie ein Junge, schreit nach der Dienstmagd, weil er seine Hemdschleife nicht allein binden kann. Zufällig will er in wenigen Stunden heiraten – eine dümmliche Matrone (die erstaunlicherweise keinen Moment eifersüchtig ist, weil ihr Mann viel mehr Zeit für die schöne Marianne übrig hat).
Von Station zu Station wird der soziale Abstieg größer.
Der dritte von Mariannes Männern (Ferdinand Marian) war einmal der bekannteste von allen. Als Turnierreiter und begnadeter Tänzer feierte er Triumphe, bevor er plötzlich in der Versenkung verschwand. Marianne findet ihn in der Nähe des Güterbahnhofs.
Unrasiert und verlumpt, teilt er sich mit seiner Frau (Hilde Hildebrand) ein ärmliches Zimmer über einer Wirtschaft, in der die

›Schenk mir meine Vergangenheit wieder‹: Olga Tschechowa mit Ferdinand Marian, dem gestürzten Herrenreiter, in ›Reise in die Vergangenheit‹ (1943).

beiden als Küchenhilfen arbeiten. Nach einem Reitunfall lebt er krank und total verarmt in seinen Tagträumen. »Schenk mir meine Vergangenheit wieder«, bittet er die Tschechowa und holt seinen alten Frack aus dem Schrank, das einzige, was er noch besitzt. Wie seine Vorgänger bewundert er Mariannes ungebrochene Jugend. Aus einem Versprechen auf einen gemeinsamen Tanzabend wird nichts: Die Wirtin kommandiert ihn zum Gläserspülen, gleichzeitig läßt ihm Marianne, die seine Misere nicht ertragen kann, eine Absage übermitteln und reist ab. Ein Verrat, der den Gebrochenen nicht mehr erreicht, weil er sich kurz vorher erschossen hat.

Im Film des Dritten Reichs kommt soziales Elend gewöhnlich nicht vor; und wenn, dann allenfalls stilisiert. Um so verblüffender ist der Realismus dieser Außenseitertragödie. Ferdinand Marians präzise, unsentimentale Darstellung geht nicht zuletzt deshalb so unter die Haut, weil *Reise in die Vergangenheit* als harmloser Gesellschaftsfilm beginnt und man nichts Arges erwartet.

Selbst wenn Mutter und Tochter schnell nach Berlin zurückkehren, wo Marianne ihre vierte, entscheidende Wiederbegegnung hat und sich für Anita beste berufliche wie private Perspektiven eröffnen: es bleibt ein bitterer Nachgeschmack.

Auch *Gefährlicher Frühling* (1943) von Hans Deppe berichtet von einem Wiedersehen mit der Vergangenheit, aber alles andere als elegisch. Es geht um einen leicht vereinsamten Chemieprofessor (Siegfried Breuer), der in seine alte Heimatstadt zum Klassentreffen fährt. Die Schulkameraden von einst sind Zahnärzte, Kaufhausbesitzer und Rechtsanwälte geworden, doch eigentlich steckt in jedem von ihnen noch der gleiche Kindskopf wie früher. Die fröhliche Männerkumpanei ist das Gegenbild zum Soldatenalltag an der Front. Während es dort spätestens nach Stalingrad nichts mehr zu lachen gab, schwelgt der Film in Bildern von einer idyllischen Kleinstadtoase (gedreht wurde in Tübingen), wo man in Zivil ging, nach Herzenslust singen und herumblödeln konnte.

Gefährlicher Frühling ist eine Durchhaltekomödie, die noch einmal alle Stereotypen von Olga Tschechowas Rollenfach versammelt: Sie ist alleinstehende Gutsbesitzerin, fährt ein offenes Cabrio, kann sogar Autos reparieren und kennt sich so gut in Chemie aus, daß sie mit dem Professor fachsimpeln kann.

Eine mustergültige Gastgeberin, die Autos reparieren und über Chemie fachsimpeln kann: zwischen Winnie Markus und Siegfried Breuer in der Komödie ›Gefährlicher Frühling‹ (1943).

Durch ihre spitze, ironische Art bringt sie ihre Umgebung auf Trab, hält aber auf vornehme Distanz. Man spricht häufig über sie, obwohl sie sich gerne rar macht. Den ganzen Film über ist sie nur latent da: Aus den Anspielungen von Alfreds Kameraden wird deutlich, daß mal etwas war zwischen den beiden. Durch dumme Zufälle laufen sie jetzt ständig aneinander vorbei. Schon verliebt sich der 50jährige in eine Abiturientin (Winnie Markus), da trifft er ausgerechnet in deren Tante Julchen seine Jugendliebe wieder. Die beiden verstehen sich sofort, und ein kaum noch für möglich gehaltener Traum scheint in Erfüllung zu gehen, doch dann fährt er wieder nach Berlin zurück.
Daß sie ihm folgen wird und ihre Selbständigkeit zugunsten einer Ehe aufgibt, ist eher unwahrscheinlich.

Mit meinen Augen (1945) von Hans Heinz Zerlett war Olga Tschechowas letzter Film für das Dritte Reich und kam erst 1948 in die Kinos.

Mit meinen Augen (oder: *Im Tempel der Venus*) war die Adaptation eines Boulevardstücks von Curt Braun, und das sieht man dem Film auch an. Neben ein paar Außenaufnahmen von südlichen Gegenden, die ziemlich unvermittelt zwischengeschnitten werden, ist alles mit billigsten Mitteln im Atelier gedreht. *Mit meinen Augen* spielt irgendwo in einer Hafenstadt am Mittelmeer, weit weg vom zerstörten Deutschland. Olga Tschechowa

Fluchtpunkt Süden: Olga Tschechowa und Willy Birgel in H. H. Zerletts ›Mit meinen Augen‹ (1945).

ist eine gestürzte Ballettänzerin, die mit einer Tante in einem einfachen Hotel abgestiegen ist und nicht weiß, wie sie die Rechnung bezahlen soll. Weil sie hier einmal eine halbe Liebesnacht mit einem Mann hatte, ist sie hierher zurückgekehrt, in der utopischen Hoffnung, ihn wiederzutreffen. Das Unwahrscheinliche passiert: Cornelius (Willy Birgel) taucht auf und befreit sie aus ihrer Misere. Man sollte die Hoffnung auf Wunder nicht aufgeben im Deutschland des Frühjahrs 1945, auf Männer, die sich besserer Zeiten erinnerten und großzügig die Rechnung beglichen. Olga Tschechowas Nonchalance wirkt arg verkrampft. Man gab sich bei diesem Endzeit-Produkt keine Mühe mehr, die gespreizte Sprache der Vorlage aufzulockern. Die Welt war geschrumpft auf eine exotische Pappkulisse im unzerbombten Winkel eines Filmstudios.

Das Kriegsende erlebte Olga Tschechowa in Berlin. Dort eröffnete sie im Jahr danach ein kleines Theater, wo sie zusammen mit ihrer Tochter Ada auftrat und selbst inszenierte.

1949 gründete sie in München ihre eigene Filmproduktion, die Venus-Film, die nach drei Jahren und einer Reihe von Mißerfolgen pleite ging. Auch ihr Schauspielstudio gab sie bald wieder auf. 1950 wirkte sie in Unterhaltungsfilmen wie *Kein Engel so rein* oder *Maharadscha wider Willen* neben Rudolf Prack und Sonja Ziemann, den neuen Stars. Doch sie merkte, daß sie nicht mehr dazugehörte, und machte aus einem alten Hobby ihre zweite Karriere.

Als Kind schon hatte sie mit der Großmutter gern Kräuter gesammelt und zu Schönheitsmixturen verarbeitet.

In den 30er Jahren hatte sie in Paris ein »Diplome de Beauté« erworben. Jetzt ließ sie sich in München zur Kosmetikerin ausbilden und gründete 1955 eine eigene Firma mit Schönheitssalon. Ihre Cremes und Wässerchen verkauften sich so gut, daß sie bald Filialen in Mailand und Wien aufmachen konnte. Sie ging auf PR-Tourneen und schrieb Bücher über Schönheitspflege (»Mit Mineralwasser waschen und dann nackt turnen ...«). Gelegentlich spielte sie noch Theater, trat hie und da im Fernsehen auf – als augenzwinkernde Reminiszenz an vergangene Zeiten.

Sie lebte im Kreise ihres Clans: mit ihrer Tochter Ada (die 1966 bei einem Flugzeugabsturz starb), ihrer Enkelin Vera und deren Mann Vadim Glowna.

Am 9. März 1980 starb sie in München mit 82 Jahren.
»Wer sich ihr Leben vor Augen hält«, schrieb Joachim Kaiser in einem Nachruf, »der wird auf eines nicht kommen: daß Frau Tschechowa und die Ihren ein glanzvolles Matriarchat verkörperten! Ob gewisse Frauen von Klugheit und Rasse nicht sehr viel mächtiger waren, als es noch kein Feminismus-Gerede gab?«

Die Rätselhafte: Sybille Schmitz

Zu den großen Stars hat sie eigentlich nie gehört, dafür war sie zu scheu. Obwohl sie wie Goebbels aus dem Rheinland stammte, hatte er etwas gegen sie – vielleicht, weil sie sich aus Männern wenig machte. Goebbels mißfielen zwar auch andere Schauspielerinnen – Brigitte Horney etwa nannte er »die Hundeschnauze« –, doch ihren Weg haben sie trotzdem gemacht. Auch Sybille Schmitz wurde beschäftigt. Mehr als zwei Dutzend Filme sind mit ihr entstanden, in etwa der Hälfte davon spielt sie die Hauptrolle. Dennoch fällt auf, daß sie, gemessen an ihren Möglichkeiten, unterfordert war, zuweilen auch fehlbesetzt. Goebbels jedenfalls tat nichts für die Karriere der Sybille Schmitz – im Gegenteil: Ende der 30er Jahre soll er ein Spielverbot über sie verhängt haben, das durch den Einspruch von Gustaf Gründgens rückgängig gemacht wurde. Sybille Schmitz wäre jedenfalls die letzte gewesen, die sich einem wie Goebbels angedient hätte. Sie galt als schwierig, einzelgängerisch, kein Fall für unverbindliche Plauderstunden beim Führer. Das Gegenteil einer so gefälligen Erscheinung wie Olga Tschechowa.
Dennoch gehört Sybille Schmitz hierher. Weniger, weil sie eine der offiziellen Diven war, sondern weil sie zu den interessantesten und am meisten unterschätzten Schauspielerinnen des Dritten Reichs gehört.
Daß sie nicht so recht nach ihren Fähigkeiten eingesetzt wurde, lag auch am favorisierten Genre der Zeit: In den Unterhaltungsfilmen mit der blankpolierten Oberfläche wirkte ihr ernstes, abgründiges Wesen wie ein störender Schatten. Rheinischer Frohsinn war ihre Sache nicht. Selbst wenn sie lächelte, blieb ein bitterer Zug um den Mund. Ihr Blick konnte unendlich traurig sein oder intensiv, daß man innehält. Wo sie auftauchte, änderte sich die Stimmung im Raum. Eine Frau, deren starke Eigenart sich sofort mitteilte: in ihrem herben, schmalen Gesicht, in Gesten, in ihrer Art zu gehen. Sie hat sich weder in geschwätzigen Interviews über Herkunft, Hobbys und Lieblingsspeisen verbreitet noch für die *Home Stories* von Filmzeitschriften hergegeben. *Die Unbekannte* hieß einer ihrer Filme: Stets umgab Sybille Schmitz ein Hauch von Fremdheit und Melancholie.
Die biographischen Fakten passen nicht so recht zu dieser Aura.

›*Die Unbekannte*‹ *von Franz Wysbar (1936).*

Geboren in kleinbürgerlichen Verhältnissen, am 2. Dezember 1909 in Düren, einer Kreisstadt zwischen Köln und Aachen. Der Vater hatte eine Konditorei, die Eltern waren katholisch.
Sybille wurde auf eine Klosterschule der Ursulinerinnen nach Lohr am Main geschickt. Im Schultheater entdeckt sie ihr mimisches Talent. Mit 15 kehrt sie nach den Weihnachtsferien nicht

ins Internat zurück, sondern bewirbt sich nach Köln, auf die Schauspielschule.
Ihre Ausbildung ist ganz kurz. Ein halbes Jahr nach der Aufnahmeprüfung leiht sie sich 100 Mark und fährt nach Berlin, um bei Max Reinhardt am Deutschen Theater vorzusprechen. Er nimmt sie sofort für die Rolle der Titania in Shakespeares »Sommernachtstraum«.
Ihr Kinodebüt gibt sie 1928. In einem Werbefilm der SPD mit dem Titel *Freie Fahrt* zeigt sie den Leidensweg einer Proletarierfrau, die bei der Geburt ihres zweiten Kindes am Arbeitsplatz stirbt. Damals schreibt ein Kritiker über Sybille Schmitz: »Die Darstellung der Frau durch ein achtzehnjähriges Mädchen ohne Filmerfahrung hat zweifellos keinen geringen Anteil an diesem gelungenen Experiment. Ihr Name ist uns entfallen, aber zweifellos steht ihr eine große Zukunft bevor. Wie es ihr gelingt, gleichermaßen Resignation und Kraft auszudrücken, das war einer Asta Nielsen würdig.«
Mit Ernö Metzner, dem Regisseur des SPD-Films, dreht sie 1928 *Der Überfall,* einen Kurzkrimi, der von der Zensur verboten wird. Neben Louise Brooks und Fritz Rasp spielt sie in Georg Wilhelm Pabsts *Tagebuch einer Verlorenen* (1929) die Rolle der Elisabeth: Das junge Dienstmädchen bringt Unruhe ins Haus des Apothekers Henning. Der Witwer glaubt, daß sie sich von seinem Provisor verführen ließ, und schmeißt sie raus; schließlich hat er eine Tochter (Louise Brooks) im gefährlichen Alter von 16.
Doch Elisabeth gibt sich nicht zufrieden, sondern rächt sich auf ihre Weise. Als Henning mit viel Verwandtschaft Thymians Konfirmation feiert, wird die Leiche des Dienstmädchens ins Haus getragen; sie hat sich umgebracht. Die Gesellschaft geht schnell zu anderem über, nur Louise Brooks ist über den Selbstmord Elisabeths wirklich entsetzt. Auch in künftigen Rollen verkörperte Sybille Schmitz häufig Frauen, die in einer geordneten Umgebung Staub aufwirbeln, für Irritation sorgen. Als Nachwuchsschauspielerin machte sie einen Ausflug in die Provinz: 1930 erhält sie ein Engagement ans Hessische Landestheater nach Darmstadt. Dann ist sie eine Spielzeit lang in Wien und bei Otto Falckenberg an den Münchner Kammerspielen. Doch im Jahr darauf kehrt sie nach Berlin zurück. Dazwischen holt sie Carl Theodor Dreyer nach Frankreich, zu den Dreharbeiten seines phantastischen Horrorfilms *Vampir* (1931).

Der Auftritt bei Dreyer bringt ihr den Durchbruch. Mit traumhaften Bildern, in denen die Grenzen zwischen realem und surrealem Geschehen verschwimmen, erzählt *Vampir* von zwei Schwestern, die auf einem entlegenen Schloß leben. Leone (Sybille Schmitz) leidet an einer seltsamen Bluterkrankheit. Gisele pflegt sie. Gray, ein junger Reisender, möchte der Todessüchtigen helfen. Sie verschwindet, wird von Gray und Gisele mit einer offenen Halswunde wiedergefunden und am Selbstmord durch Gift gehindert. Gray spendet sein Blut für Leone, treibt einem Vampir, der die Gegend heimsucht, einen eisernen Pfahl ins Fleisch und rettet das Mädchen. Die wenigen Dialoge des weitgehend stummen Films wurden in drei Sprachen nachsynchronisiert. Die Uraufführung dieser deutschen Produktion fand in Berlin statt. Als einzige Deutsche in der Besetzung wurde Sybille Schmitz mit Lob überschüttet und von der Ufa unter Vertrag genommen.

Ihren ersten Tonfilm dreht sie mit Hans Albers: *F. P. 1 antwortet nicht* (1932) von Karl Hartl. Eine Science-fiction-Geschichte über eine künstliche Ozeaninsel zwischen Europa und Amerika,

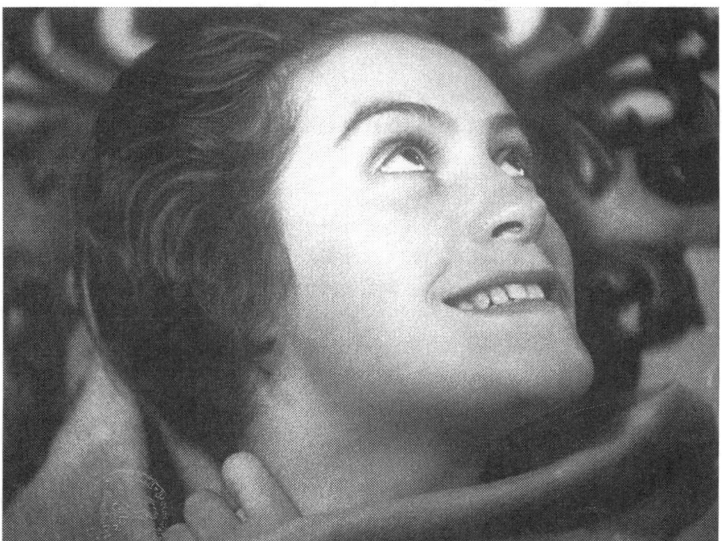

Ihr erster Erfolg: als Leone in Carl Theodor Dreyers ›Vampir‹ (1931).

›Flieger, grüß mir die Sterne …‹

auf der Flugzeuge bei ihren Atlantiküberquerungen zum Auftanken landen können. Sybille Schmitz spielt Claire Lennartz, Mitinhaberin der Werft, die die Schwimmplattform bauen soll. Eine Frau zwischen zwei Männern: Testpilot Ellissen (Hans Albers), den sie liebt, verläßt sie wegen eines neuen Flugzeugtyps, mit dem er die Erde umrunden will. Sie tröstet sich mit seinem Freund Droste (Paul Hartmann), der zwar kein Mann ist wie Albers, doch dafür zuverlässiger. Als Albers von seiner gescheiterten Mission zurückkehrt, möchte er gern wieder bei Claire landen, aber sie hat nur noch Mitleid für ihn übrig. Dann kommen die beiden doch noch zusammen.
Droste, der Ingenieur der Schwimmplattform, wird draußen im Meer von Saboteuren überfallen. Sybille Schmitz und Albers

kommen ihm mit einem Flugzeug zu Hilfe. Nachdem sie anfangs als reiche Werftbesitzerin brokatbesetzte Kleider getragen hat, klettert Sybille Schmitz im Overall mit schwerer Lederjacke und Fliegerkappe aus der Maschine – für die Zeit ziemlich undamenhaft gekleidet, wirkt die androgyne Erscheinung der Schmitz sehr modern.
Neben Albers und dem braven Paul Hartmann ist sie die einzige, die zur futuristischen Szenerie der F. P. 1 paßt: Eine Frau von morgen, die Manns genug ist, auch ohne Männer auszukommen. Daß sie sich für ihren Ingenieur entscheidet, während Albers in den Wolken das Weite sucht und in seiner typischen Mischung aus Wurstigkeit, Melancholie und Selbstironie verzichtet, legt der Film nahe, ohne es zu zeigen. Nach *Vampir* war *F. P. 1 antwortet nicht* der zweite große Erfolg innerhalb eines Jahres für Sybille Schmitz.
Siegfried Kracauer schrieb damals über sie: »Ohne daß ihr Gesicht an sich eine zwingende Form besäße, erlangt es in der Bewegung des Spiels sofort eine Macht, die beinahe magisch genannt werden muß.«
Eine Fliegerin spielte sie auch in Frank Wysbars *Rivalen der Luft* (1934). Von Moskau nach Berlin unterwegs, muß sie wegen eines Propellerschadens auf einem kleinen Flugplatz notlanden und platzt mitten in eine Gruppe junger Segelflieger, unter denen sie vorübergehend für Aufregung sorgt. Denn ihr Können schüchtert die einzige Flugschülerin in der Clique (Hilde Gebühr) dermaßen ein, daß sie während der Prüfung versagt. Zeit für Sybille Schmitz, weiterzuziehen.
Musik im Blut (1934) gehörte ebenfalls zu einer Reihe von Filmen, mit denen der Regisseur Erich Waschneck das Lebensgefühl junger Leute einfangen wollte. Zwei unterschiedliche Musikstudentinnen (Sybille Schmitz: die Introvertierte, Hanna Waag: die Forsche) lieben den gleichen Kommilitonen, einen Dirigenten (Wolfgang Liebeneiner). Die Verwirrung der Gefühle kann erst durch beherztes Eingreifen des Vaters der einen beigelegt werden. Der junge Mann entscheidet sich im Interesse seines Berufs und wählt die Sensible.
Futuristisch geht es dagegen wieder in Harry Piels *Der Herr der Welt* zu. Sybille Schmitz ist die junge Frau eines Maschinenfabrikanten, der an der Entwicklung eines Roboters arbeitet.
Ihr Mann stirbt unter mysteriösen Umständen. Ein harmloser

Betriebsunfall, behauptet sein Mitarbeiter Professor Wolf (Walter Franck). Vilma (Sybille Schmitz) mag es nicht glauben, bekommt aber bald allen Grund dazu. Denn der Mitarbeiter hat den Roboter als bösartiges Maschinenmonster fertiggestellt und möchte ihn jetzt auf die Menschheit loslassen. Zum Glück verliebt sich ein junger Bergwerksingenieur (Siegfried Schürenberg) in Vilma und hilft ihr, die Eigentumsrechte an der Erfindung ihres verstorbenen Mannes zu verteidigen. Dabei wird er von dem irren Professor mit elektrischen Strahlen betäubt.
Todesmutig rettet Vilma ihren Ingenieur aus dem Labor, der Professor stirbt durch seine eigene Erfindung, und die beiden glücklich Vereinten nutzen den Roboter für den Bergbau.
Doch wohin mit den arbeitslosen Kumpels? Hier hatte der Film eine Pointe ganz im Stil der neuen Zeit parat: Von den durch die Roboter erzielten Gewinnen wird Land gekauft, auf dem die Kumpels von einst als Bauern die eigene Scholle bestellen. Die kuriose Melange aus Science-fiction und Blubo-Sozialromantik war ein verirrter Nachfahre aus dem Labor von *Metropolis* und zeigt Sybille Schmitz mit Kurzhaarschnitt als aparte Frau der Avantgarde. In gleicher Konstellation wie *Musik im Blut* entstand, ebenfalls 1934, Geza von Bolvarys *Abschiedswalzer.*
In dem Künstlerfilm um Frédéric Chopin (Wolfgang Liebeneiner) setzt sich Sybille Schmitz als George Sand für den jungen, aus Polen geflohenen Musiker ein. Sie sieht ihn zum erstenmal in einem Konzert in Paris. Er spielt am gleichen Abend, als die Zeitungen vom Ausbruch der polnischen Revolution berichten, die er vorzubereiten half.
Chopin bekommt vernichtende Kritiken, doch George Sand ist als einzige hingerissen. Sie trägt Männerkleidung, als sie Chopin das erstemal trifft. Er erkennt sie nicht, redet abfällig über ihre »düsteren« Romane und erfährt erst hinterher, wer der Mann mit Zylinder und Zigarre war. Sie nimmt ihm seine Ehrlichkeit nicht übel, sondern bringt ihn mit dem erfolgreichen Franz Liszt (Hans Schlenck) zusammen und lanciert einen Auftritt bei einer Soirée der Herzogin von Orleans, wo er endlich seinen Durchbruch schafft. Auch als aus Polen seine alte Liebe (Hanna Waag) auftaucht, bleibt Chopin seiner seelenverwandten Gönnerin George Sand treu. »Die Leute denken schon, ich sei eine Sentimentale, dabei lache ich doch für mein Leben gern«, meinte Sybille Schmitz während der Dreharbeiten zu *Punks kommt aus*

Als George Sand in Geza von Bolvarys ›Abschiedswalzer‹ (1934).

Amerika (1934), einer Ufa-Komödie von Karl Heinz Martin, in der sie die leichtfüßige Cousine eines in die Heimat zurückgekehrten Taugenichts (Attila Hörbiger) spielt, den sie nach einigen Komplikationen bekommt. Ein kleines, harmloses Unterhaltungsstück. Vier Filme in einem Jahr, im darauffolgenden wurden es sogar sechs.

Ein idealer Gatte (1935) von Herbert Selpin war die Adaptation des gleichnamigen Theaterstücks von Oscar Wilde. Sybille Schmitz tritt als Erpresserin auf, die das beschauliche Leben eines englischen Industriellen durcheinanderbringt: Er hatte früher mal was mit ihr, doch seine Frau weiß davon nichts. Das gleiche Muster wie es *Unter Ausschluß der Öffentlichkeit* oder *Angelika* benutzten, doch mit umgekehrten Rollen. Während dort männliche Bösewichter die Unbescholtenheit von Ehefrauen auf die Probe stellten, ist in Herbert Selpins Film Sybille Schmitz die Zwielichtige, die als Gloria Cheveley zur Geburtstagsparty von Lord Chiltern (Carl Ludwig Diehl) kommt, um mit ihm ein Geschäft zu machen: Sie droht mit der Veröffentlichung eines ihn belastenden, intimen Briefes, falls er sich nicht für ein Wirtschaftsprojekt einsetzt, an dem sie beteiligt ist. Erführe seine Frau (Brigitte Helm) vom Inhalt des Briefes, hätte es fatale Folgen für die Ehe: Chiltern galt bisher als idealer Gatte. Sybille Schmitz ist die Fremde, der *Troublemaker:* Man erfährt, daß sie inzwischen in Wien lebt. Sie taucht unvermittelt aus der Vergangenheit auf und bewegt sich selbstbewußt wie ein Mann unter Männern: redet mit in ihren Zirkeln, weiß Bescheid über Geldgeschäfte, Firmenfusionen und Börsenabsprachen. »Ich vertrage Offenheit«, sagt sie, wenn sie hart angegangen wird. Dafür nimmt sie Männern gegenüber kein Blatt vor den Mund. Doch ihre Geldgier entspringt verletztem Gefühl. Das Geschäft mit Lord Chiltern ist nur Vorwand, eigentlich will sie seine Liebe erpressen; soweit ist sie dann doch noch Frau.

Etwas unterscheidet diesen Film von vergleichbaren, in denen Ehefrauen von Männern erpreßt werden: Auch hier ist nicht etwa der Mann der Starke, der offensiv seine Loyalität vertritt und jeden Zweifel seiner Frau im Keim zerstreuen würde. Carl Ludwig Diehl reagiert vielmehr ziemlich kopflos. Obwohl er polternd auf Sybille Schmitz' Vorstoß reagiert, spürt man deutlich, daß sie ihn völlig in der Hand hat. Er bittet seinen Freund Goring (Georg Alexander) um Hilfe, doch der ist genauso überfordert, kann ihm keinen Rat geben. In der entscheidenden Begegnung zwischen ihm, seiner Frau und der Erpresserin kneift er vor der Wahrheit und bleibt seiner Frau eine Antwort schuldig. Statt dessen tritt er als Firmendirektor zurück, was wie ein Schuldbekenntnis wirkt. Es ist die Ehefrau, die alles wieder ins Lot bringt. Sie tritt den Opfergang an, indem sie sich vor ihrer

Rivalin demütigt. Die muß erkennen, daß sie gegen so viel Liebe machtlos ist. Sie zieht sich zurück.
Der tränenumflorte Blick der Verzichtenden will zu Sybille Schmitz nicht so recht passen. Eher würde man ihr zutrauen, daß sie sich mit einem verrückten Coup verabschiedet, als still abzutreten.
Ausgefallen war auch ihre nächste Rolle: In Geza von Bolvarys *Stradivari* spielt sie eine italienische Geigerin, die über den Ersten Weltkrieg hinweg ihre Liebe zu einem ungarischen Leutnant (Gustav Fröhlich) bewahrt, obwohl er totgesagt ist. Die beiden lernen sich im Sommer 1914 kennen. Er hat von einem Onkel eine Geige geerbt, die sich als echte Stradivari herausstellt. Aber ein Fluch liegt auf dem Instrument: Jedem seiner bisherigen Besitzer hat es Unglück gebracht. Maria und Sandor wollen heiraten. Doch der Krieg trennt sie. Sandor kämpft an der italienischen Front, die Geige trägt er immer bei sich. Dann wird er eines Tages schwer verletzt, und das Instrument gerät über einen Zufall an Maria. Sie muß den Geliebten für tot halten, nimmt die Geige an sich und spielt auf ihr. Nach Kriegsende konzertiert sie in einem Lazarett. Dort findet sie Sandor wieder, zum erstenmal hat die Geige ihrem Besitzer Glück gebracht.

Mit Carl Ludwig Diehl in Herbert Selpins ›Ein idealer Gatte‹ (1935).

Sybille Schmitz als Italienerin: Das klingt wie eine Fehlbesetzung. Dem Klischee der temperamentvollen Südländerin entspricht sie freilich nicht. Wenn sie musiziert, tut sie das mit so viel Innigkeit, daß sie mit der Musik völlig zu verschmelzen scheint. Dann ist sie noch unerreichbarer als sonst. Nach *Punks kommt aus Amerika* war Attila Hörbiger in *Das Lied der Liebe* (1935) zum zweitenmal ihr Partner: Nach vielen Rückschlägen

Ihr bringt das Instrument ausnahmsweise Glück. Sybille Schmitz in ›Stradivari‹.

Ihr schönster Film: ›Fährmann Maria‹ (1935) von Frank Wysbar.

schafft ein glückloser Musiker zuletzt den Durchbruch und kann obendrein Sybille Schmitz in die Arme schließen, die mit ihrer Rolle als opferfreudige Künstlergattin schwer zu kämpfen hat.

Ins Jahr 1935 fällt auch Sybille Schmitz' schönster Film: *Fährmann Maria* von Frank Wysbar. Mit spärlichen Dialogen und

suggestiven Bildern einer schweren, nordischen Landschaft erzählt Wysbar seine Legende über die Macht der Liebe.
Fährmann Maria: Eine Frau verrichtet Männerarbeit. Maria, ein heimatloses Mädchen (Sybille Schmitz), ist auf der Suche nach Arbeit ins Dorf gekommen und hat den Fährmannsposten angenommen. Ihr Vorgänger starb auf mysteriöse Weise, als er einen Fremden übersetzte. Seither gilt das Uferstück als verrufen, wollte niemand die Nachfolge des alten Fährmanns antreten. »Wer bist du? Wo kommst du her, wo gehst du hin?« wird sie gefragt. Sie läßt es unbeantwortet.
Schon in der ersten Nacht, in der sie Dienst tut, erlebt Maria etwas Seltsames: Sie findet am anderen Ufer einen verletzten Mann (Aribert Mog), der im Delirium behauptet, von den Sendboten des Todes verfolgt zu werden. Maria nimmt ihn in ihre Hütte auf und pflegt ihn. Am folgenden Abend wird Maria erneut ans jenseitige Ufer gerufen. Ein großer, dunkler Fremder (Peter Voß) erwartet sie. Maria erkennt in ihm den Tod. Er sucht den Mann in ihrer Hütte, in den sie sich inzwischen verliebt hat. Maria führt den Tod ins Dorf, tanzt mit ihm und bittet in der Kirche um Beistand. Doch der Tod ist unbeeindruckt: »Mit Beten zwingst du mich nicht.« Da beschließt Maria, sich für den Geliebten zu opfern. Sie läuft ins Moor, das zwischen Dorf und Fluß liegt. Und da geschieht ein Wunder: Die Moordecke trägt das leichte Gewicht des Mädchens, der Tod aber versinkt.
Maria und der Gerettete setzen ein letztes Mal über den Fluß und gehen der gemeinsamen Zukunft entgegen. *Fährmann Maria* steht unter den Filmen des Dritten Reichs einmalig da, weil er eigentlich in eine andere Zeit gehört. Er setzt einen Schlußpunkt hinter die Tradition phantastischer (Stumm-)Filme, wie *Der Student von Prag, Nosferatu* oder *Der müde Tod.*
Fährmann Maria beschränkt die gesprochene Sprache auf ein Minimum. Dafür entfalten Geräusche (etwa der durch den Wind herübergetragene Klang der Pflugschar am anderen Flußufer, mit dem der Fährmann gerufen wird), die Musik Herbert Winds und die verschleierten Bilder Franz Weihmayrs ihre Magie. Gedreht wurde in verlassenen Gegenden der Lüneburger Heide – einer Landschaft, die ohne viel Zutun verwunschen wirkt.
Goebbels soll den Film nicht gemocht haben, weil er ihm zu mystisch war und keine eindeutige Botschaft besaß. Denn der Tod in *Fährmann Maria* hat durchaus sympathische Züge.

Läßt sich mit dem Tod ein, um den Geliebten zu retten: Sybille Schmitz und Aribert Mog in ›Fährmann Maria‹.

Vielleicht mißfiel ihm auch Sybille Schmitz. Sie ist kein naives Landmädel, wie es ihre Tracht und der Haarschmuck auf den ersten Blick vermuten lassen, sondern eben eine Heimatlose, deren »melancholische Insichgekehrtheit der Augen unendliche Sehnsucht« vermittelt, wie der *Filmkurier* schrieb. Eine andere Zeitschrift bedauerte, daß der Film dem »rassischen Aspekt wenig Beachtung geschenkt habe«.

Immerhin erhielt *Fährmann Maria* das Prädikat »Kulturell wertvoll«, wurde aber nur klein gestartet und verschwand bald wieder aus den Kinos.

»Eine große, dunkle, gefährliche Frau, eine Russin«, so stellt der *Illustrierte Filmkurier* Sybille Schmitz in Karl Hartls *Die Leuchter des Kaisers* (1935/36) vor.

Auf einem Opernball im Wien der Kaiserzeit wird der russische Zarensohn von einer Bande maskierter polnischer Verschwörer gekidnappt, die einen ihrer in Sibirien inhaftierten Landsleute freipressen wollen. Den Brief mit der entsprechenden Forderung an den Zaren verstecken sie in einem von zwei Leuchtern, die als Geschenk an den russischen Hof gehen sollen. Zufällig

... aus der Seine.

gelangen die Leuchter in die Hände der Anna Demidow (Sybille Schmitz), werden ihr aber wieder gestohlen. Aus ihrem Gegner (Karl Ludwig Diehl) wird ein Komplize wider Willen und schließlich der Ehemann, der sich mit ihr daran erinnert, wie sie den Leuchtern des Kaisers nachjagten, die jetzt als Souvenir auf dem Kaminsims stehen.

Mäßig spannend, dafür um so verwirrender ist dieser historische Polit-Thriller, in dem Sybille Schmitz als obskure Dame der Gesellschaft reichlich verloren wirkt. Nicht viel besser erging es ihr mit Frank Wysbars *Die Unbekannte* (1936). Der Titel dieses Melos spielt auf die Unbekannte aus der Seine an und erzählt in Rückblenden das Leben einer jungen Frau, die eines Abends tot aus dem Wasser gezogen wird, mit einem zu überirdischer Schönheit verklärten Gesichtsausdruck.
Madeleine tingelt als Sängerin in Tanzbars, und man merkt, daß sie dort eigentlich nicht hingehört, vielleicht, weil sie zu klug und schön ist für dieses Gewerbe. Ihre flüchtigen Affären mit Männern verliefen bisher enttäuschend. Jetzt singt sie traurig lä-

Verpaßte Chance: mit Jean Galland in Frank Wysbars ›Die Unbekannte‹ (1936).

chelnd »Die große Liebe ist nur ein schönes Märchen, ich glaube nicht an sie, jetzt nicht und nie«. Doch eines Tages wird sie an der Côte d'Azur engagiert und lernt dort einen bekannten Forscher kennen. Sie verschweigt ihren Beruf, sagt ihren Auftritt ab und folgt Thomas Bentick (Jean Galland) nach Paris zurück, wo er ihr helfen will, eine neue Existenz aufzubauen. Die Unnahbare taut langsam auf, entdeckt, daß sie der Liebe ihres Lebens begegnet ist. Doch kaum, daß es ihr bewußt wird, ist der Traum vorbei, Madeleine geht ins Wasser. So gekonnt Frank Wysbar in *Fährmann Maria* Gesichter, Landschaften und die Musik zu einer Einheit verschmolz, sowenig Glück hatte er mit dem anderen Genre und den ungewohnten Schauplätzen, mit denen er nichts anzufangen weiß. Im Grunde nimmt man der Geschichte nicht ab, daß sie in Frankreich spielt. Französische Namen, Uniformen und ein französischer Hauptdarsteller können nichts daran ändern, daß Wysbar ungelenk in einem unvertrauten Milieu inszeniert. Und Sybille Schmitz? Immerhin lag ihr die Rolle der Problemfrau, die durch Selbstmord endet, anstatt, wie es der damalige Kanon nahegelegt hätte, an der Seite eines vorbildlichen Mannes zu künstlerischer Vollendung zu gelangen. Schon weil der Schluß alles andere als optimistisch war (und übrigens das Ende der Sybille Schmitz, 20 Jahre später, vorwegnahm), tat sich ein Film wie *Die Unbekannte* schwer.

Es war ihr letzter Film mit Frank Wysbar, der 1938 in die USA emigrierte, nachdem er in Deutschland wegen seiner jüdischen Frau Arbeitsverbot bekommen hatte. In Hollywood änderte er seinen Namen in Wisbar und drehte C-Pictures und Billigserien fürs Fernsehen. Erst 1955 kam er nach Deutschland zurück, wo er in einigen realistisch inszenierten Kriegsfilmen den Niedergang des Dritten Reichs aufarbeitete, so in *Hunde, wollt ihr ewig leben* (1958) oder *Nacht fiel über Gotenhafen* (1959).

Ziemlich deplaziert ist Sybille Schmitz in Georg Jacobys *Die Kronzeugin* (1936). Ein Film, der sich nicht entscheiden kann zwischen Krimi, Klamotte und Melodram. Es geht um einen berühmten Komponisten (Ivan Petrovich), der den Erpresser seiner bei einem Unfall getöteten Frau ermordet haben soll. Sybille Schmitz taucht als russische Opernsängerin auf, die den Angeklagten vor Gericht entlastet.

Doch dann gesteht sie, daß sie ihn liebt, und gerät selbst unter Mordverdacht. Ein plump chargierender Gustav Waldau führt

Hat sie seine Frau auf dem Gewissen? (Sybille Schmitz und Ivan Petrovich in ›Die Kronzeugin‹, 1936.)

als Kriminalrat die Ermittlungen, wenn er nicht gerade Goethe zitiert. Sybille Schmitz und Ivan Petrovich stehen sich stocksteif gegenüber, als sie im Gebirge ihr junges Liebesglück feiern wollen.
Und man sieht ihr die Überwindung an, wenn es zwischen beiden zur unvermeidlichen Umarmung kommt. Durch selbstbe-

Sie erklärt sich nicht, das macht sie verdächtig. Sybille Schmitz in ›Signal in der Nacht‹ (1937).

zichtigende Andeutungen und ihre in sich gekehrten Blicke in Großaufnahme wird Sybille Schmitz als Mörderin aufgebaut, ehe kurz vor Schluß die wahre Täterin aus dem Hut gezaubert wird. Ein schwacher Film, der die geheimnisvolle Ausstrahlung der Sybille Schmitz wie ein Versatzstück unter anderen disparaten Versatzstücken benutzt.

Zwischen ihrer vielen Arbeit ging ihre Hochzeit mit dem Drehbuchautor Harald Petersson beinahe unter. Die beiden hatten sich bei der Ufa kennengelernt und heirateten im Sommer 1936 ohne viel Aufsehen.

Daß Liebhaberinnen nicht zu ihren bevorzugten Rollen gehörten und sie es mit Männern statt dessen anders aufnahm, zeigt Sybille Schmitz in *Signal in der Nacht* (1937) von Richard Schneider-Edenkoben.

Als österreichische Adlige gerät sie während des Ersten Weltkriegs zwischen die Fronten. Ihr Mann, ein italienischer Graf, ist früh gefallen, doch schon auf ihrem Hochzeitsfest kurz vor

Kriegsausbruch wurde klar, daß sie eigentlich den Falschen geheiratet hat. Mit ihrer Schwägerin (Inge List) hält sie auf dem kleinen Castello der Familie ihres Mannes aus. Es liegt im Kampfgebiet, Österreicher und Italiener sind gleichermaßen präsent: Die einen halten das Schloß offiziell besetzt, von den anderen verbirgt sich ein Sprengtrupp heimlich im Weinkeller. Beide mißtrauen ihr: die Österreicher, weil die jetzige Gräfin Bernini früher eine von ihnen war; die Italiener, weil sie eine Eingeheiratete ist.
Eine Frau im Dilemma. Wie in *Die Kronzeugin* fällt auch diesmal Verdacht auf sie, weil sie sich nicht erklärt und in ihrer verhuschten Art zu sprechen nur vage Andeutungen macht. Die Österreicher weisen sie und die Schwägerin vom Schloß, sie kehrt aber einfach zurück. Will sie die italienischen Soldaten im Keller decken oder den österreichischen Leutnant Auersberg (Hansgeorg Laubenthal) wiedersehen, den sie angeblich liebt? Ihre Worte, ihre Mimik verraten es nicht.
Noch vor dem Standgericht, das sie als Verräterin aburteilen soll, scheint sie ohne Chance, als im letzten Moment die Entlastung kommt: Sie war und ist eine österreichische Patriotin, bescheinigt ihr der Leutnant. Doch statt ihren Retter und angeblichen Geliebten zu umarmen, werden ein paar unterkühlte Worte gewechselt. Er freut sich, daß die Gräfin den Weg in die Heimat zurückgefunden hat. Und die Gräfin wird im nächsten Moment von einem Soldaten verdeckt, der für die Zukunft den Fall der Grenzen zwischen Österreich und Italien voraussagt: *Signal in der Nacht* startete im Jahr vor dem Anschluß an Österreich.
Der Film ist ziemlich umständlich inszeniert. Ohne Rücksicht auf Bilddramaturgie werden die brav der Reihenfolge nach erzählten Szenen von Anfang bis Ende ausgespielt. Sein mangelnder Schnittrhythmus treibt dem Film zwar die Spannung aus, gibt andererseits aber auch Sybille Schmitz die Möglichkeit, sich in einigen langen Einstellungen zu entfalten.
Die Umwege des schönen Karl (1937) brachte Sybille Schmitz ein einziges Mal mit Heinz Rühmann zusammen.
Carl Froelichs Komödie läßt Rühmann als kleinen Provinzkellner nach Berlin kommen, wo er Karriere machen will. Seine Verlobte (Karin Hardt) hat er zu Hause gelassen. In Berlin lernt er Lu Donon (Sybille Schmitz), die Tochter eines Reichstagsab-

geordneten, kennen und wird von ihr in die besseren Kreise eingeführt. Der Luxus hat das Mädchen verwöhnt, aber auch müde und einsam gemacht. Karl kommt ihr wie ein Retter. Doch Karls Ausflug in die große Welt kostet mehr, als er sich leisten kann. Er beginnt, auf Pferde zu setzen, macht Wettschulden und landet im Knast. Als er wieder freikommt, weist Lu ihn ab. Sie hat inzwischen gemerkt, daß er nur ein kleiner Kellner und nicht der feine Herr ist, für den sie ihn hielt.
Reumütig kehrt er in das kleine Ostseebad zurück, wo seine Braut auf ihn wartet.
In *Tanz auf dem Vulkan* (1938) von Hans Steinhoff wurde Sybille Schmitz als vornehme Gräfin im postnapoleonischen Paris besetzt. Wahrscheinlich auf Betreiben von Gustaf Gründgens, der sie schätzte und in dem Film den Mimen Debureau spielt, einen Volkshelden, der mit beißendem Spott gegen die Unterdrükkung des Königs Karl angeht und ihn sich, durch die Liebe zur gleichen Frau, zum Rivalen macht. Héloise (Sybille Schmitz) ist eine schöne, undurchdringliche Erscheinung. Sie mag sich nicht entscheiden, ob ihre Neigung der Kunst oder der Politik gehört; eine Femme fatale. Den Schlagabtausch zwischen König und Komödiant verfolgt sie halb befremdet, halb mit Verachtung. Als ob sie die Aufregung der Männer um sie nicht verstehen könne. Der König (Ralph Arthur Roberts) jedenfalls versteht keinen Spaß und sorgt dafür, daß Debureaus Weg vom Théâtre Funambules aufs Schafott führt. Am Tag seiner Hinrichtung beginnt das Volk zu revoltieren.
Tanz auf dem Vulkan machte aus seiner sarkastischen Ablehnung gegenüber eitlen Herrschern und Polizeistaatsmethoden keinen Hehl, die Verwandtschaft zwischen Debureau und seinem Darsteller Gustaf Gründgens war unübersehbar. Hitler sah den Film vor der Premiere und lästerte. Freilich ohne zu verhindern, daß *Tanz auf dem Vulkan* in die Kinos kam und sogar das Prädikat »Künstlerisch wertvoll« erhielt.
»Wir wollen darauf trinken, daß das neue Jahr alles löse, was uns heute noch dunkel und verworren erscheint«, sagt Sybille Schmitz zu Willy Birgel in *Hotel Sacher* (1939). Es ist Silvester 1914, und eine halbe Stunde später ist Birgel tot. Der Schuß, den er auf sich abfeuerte, ging unter im Lärm der Böller. »Da macht einer Feuerwerk auf seinem Zimmer«, kommentiert übermütig Elfie Mayerhofer.

Schätzten sich: Gustaf Gründgens und Sybille Schmitz in ›Tanz auf dem Vulkan‹ (1938).

Nichts ist gelöst, alles bleibt verworren, und das neue Jahr beginnt gleich mit einem Toten: ein schlechtes Omen. Erich Engels' Film handelt von offenen Rechnungen und düsteren Vorahnungen. Denkwürdig genug, daß *Hotel Sacher* im Frühling jenes Jahres in die Kinos kam, in dem der Zweite Weltkrieg begann.

Die Ausgelassenheit auf dem Opernball, wo die Spitzen der Gesellschaft zusammenkommen, täuscht nicht darüber hinweg, daß es im Vielvölkerstaat kriselt. Fraktionen bilden sich, obskure Gestalten sind unterwegs, Spitzel, Geheimpolizei. Und dazwischen die Ahnungslosen, die feuchtfröhlich feiern; süße Mäderl, die anbandeln wollen. Nadja Woroneff (Sybille Schmitz) gehört nicht zu denen, die sich in dieser Nacht amüsieren. In der Oper entdeckt die russische Spionin ihre alte Liebe wieder. Kein Grund zur Freude, denn Stefan Schefczuk (Willy Birgel) weiß

Ist ihre Zuneigung nur Kalkül? (Mit Willy Birgel in Erich Engels' ›Hotel Sacher‹, 1939.)

um ihren Beruf und kann sie hochgehen lassen. Als Sybille Schmitz ihn das erstemal in der gegenüberliegenden Loge sieht, weicht sie zurück und hält dann wie ein Schutzschild ihr Opernglas vors Gesicht; gleich darauf fällt es ihr runter. Nachdem er wegen ihr ins Gefängnis gekommen war, hatte sie ihn verlassen. Jetzt plagen den österreichischen Beamten, der wie sie aus Ruthenien stammt, Zweifel, ob sie ihn je geliebt hat oder ob sie nur auf ihn angesetzt war.

Die Antwort bleibt sie ihm schuldig. Obwohl man spürt, daß für ihn viel davon abhängt, denn sonst würde er nicht so drängen. Doch Sybille Schmitz lehnt sich lasziv zurück und träumt den schwermütigen russischen Gesängen nach, in der Hand die Eigenkreation eines Cocktails namens »Putsch«. Sie ist die Frau, die nichts zu verlieren hat, die wieder völlig selbstverständlich al-

lein unter lauter Männern sitzt. In ihrem Gesicht spiegelt sich das Kommende: Krieg, Umbruch. Sie hat keine Angst davor. Sie könnte als Kommissarin eine wichtige Rolle in der Revolution spielen.
Für die Zuschauer 1939 war das alles ziemlich weit weg. Und doch wieder nicht. Denn als stärkster Eindruck von *Hotel Sacher* bleibt das Nebeneinander von düsteren und überdrehten Stimmungen, die ausweglosen Bewegungen und das Gesicht der Sybille Schmitz, auf dem sich die künftigen Katastrophen bereits widerspiegeln. Geschickt wurde ihre geheimnisvolle Aura in *Die Frau ohne Vergangenheit*(1939) von Nunzio Malasomma eingesetzt. Ein Film eher biederen Zuschnitts, in Buch und Inszenierung vordergründig wie ein billiges Fernsehspiel. Eine junge Frau (Sybille Schmitz) verliert bei einem Verkehrsunfall ihr Erinnerungsvermögen. Sie weiß weder, wie sie heißt, noch, wo

Nadja Woroneff. Die russische Agentin unterstützt die Revolution. (Aus ›Hotel Sacher‹.)

sie wohnt. Der Arzt Dr. Entrupp (Albrecht Schoenhals) nimmt sich des Falles an, der auch die Polizei beschäftigt, denn in der Handtasche der Verunglückten wurde ein Revolver gefunden. Die Unbekannte stellt sich als intelligent und in medizinischen Dingen bewandert heraus. Entrupp beschäftigt sie als Assistentin.

Das läßt seine Verlobte (Maria von Tasnady) eifersüchtig werden und heftig intrigieren. »Sie ist viel zu mysteriös, um angenehm zu sein«, meint auch der künftige Schwiegerpapa. Doch der junge Arzt hat sich schon entschieden: *gegen* die affektierte Tochter aus gutem Haus, *für* seine Mitarbeiterin und künftige Gefährtin, deren komplizierte Vergangenheit er großzügig übersieht, bis sie schließlich erhellt wird. Mit einem Knall rastet die verlorene Erinnerung wieder ein, und Sybille Schmitz verliert ihren bekümmerten Gesichtsausdruck, den die Kamera wiederholt in Großaufnahme zeigte.

Ein weiteres Mal neben Hans Albers spielte Sybille Schmitz in *Trenck, der Pandur* (1940) von Herbert Selpin. Eine Hosenrolle in einem historischen Film, der im Österreich Maria Theresias spielt. Albers als Baron von Trenck ist ein Haudegen, dem es in der Heimat zu eng geworden ist und der sich für fremde Länder herumschlägt, bevor er, vom Vater zur Raison gebracht, ein Pandurenregiment aufstellt und damit für Maria Theresia kämpft. Er begegnet der jungen Prinzessin Deinhartstein (Sybille Schmitz). Sie ist auf der Flucht vor der Wiener Polizei und bittet ihn um seinen persönlichen Schutz: »Ich bin ausgerückt, weil ich einen Mann heiraten soll, den ich nicht liebe.« Trenck befiehlt ihr, die Uniform eines Kornetts anzuziehen, und versteckt sie in seiner Truppe. Aber der Schwindel fliegt auf, und Maria Theresia arrangiert für die Prinzessin die Hochzeit mit dem Fürsten Solojew. Sie willigt ein, wird aber von Trenck am Vorabend ihrer Trauung entführt, weil er erfahren hat, daß Solojew ein Verräter ist. Erneut schlüpft sie, als Kornett verkleidet, bei Trenck unter. Eine Frau nach seinem Stil. »Wenn du nicht mein Kornett wärst, könnte ich mich vergessen«, sagt er, will sie umarmen und verkneift es sich im selben Moment. So ist sie: Irgendwie kommt man ihr nicht nahe. Und als er siegreich von einer Spionagemission aus Frankreich zurückkehrt und sie zur Belohnung heiraten darf, endet der Film nicht etwa am Traualtar, sondern kurz vorher, mit Trencks Ritterschlag durch

Als kesser Kornett in Herbert Selpins ›Trenck, der Pandur‹ (1940).

Maria Theresia; Sybille Schmitz, noch immer als Kornett verkleidet, in gebührlichem Abstand.

Trenck, der Pandur lebt von Albers' forschem Optimismus, von dem sich ein wenig auf Sybille Schmitz überträgt. Jedenfalls ist er ihr fröhlichster Film. In ihrer Uniform mit Albers flachsend, verliert sie ihre Verzagtheit und riskiert schon mal ein schalkhaftes Lächeln. Außerdem war er ihr erfolgreichster Film, der auch im europäischen Ausland gut lief.

Um so spröder ging es dafür in Gerhard Lamprechts *Clarissa*

Ihr fröhlichster, ihr erfolgreichster Film: neben Hans Albers in ›Trenck, der Pandur‹.

(1941) zu. Als Bankangestellte in höherer Position gibt Sybille Schmitz ein Vorbild an Korrektheit und Fleiß ab. Freilich: Weil sie so unnahbar ist, hat sie bei den Kollegen den Spitznamen »Hoheit« weg. Einer von ihnen (Gustav Fröhlich) setzt seinen Ehrgeiz daran, das Eis zu brechen. Mit seiner unbekümmerten Direktheit erreicht er schließlich, daß Clarissa ihre Zurückhaltung aufgibt.

Doch kaum hat er ihr Vertrauen gewonnen, droht er es schon wieder zu verlieren. Sein Schwager, der ebenfalls bei der Bank arbeitet, hat Gelder veruntreut und versucht, ihn bei Clarissa anzuschwärzen. *Clarissa* ist eine bescheidene Produktion, ein

»Problemfilm«, wie es damals hieß. Schnörkellos erzählt, doch mit feinem Gespür für die Psychologie seiner Figuren, zeigt der Film für damalige Verhältnisse ungewöhnlich realistisch die Arbeitswelt im Angestelltenmilieu. Ein Beispiel dafür, wie gerade kleine Produktionen ihr Handicap der Nichtbeachtung nutzten: Sie konnten sich mehr Freiheiten herausnehmen als die großen, deren Entstehung Goebbels kontrollierte.

Einblick ins Angestelltenmilieu: Gerhard Lamprechts ›Clarissa‹ (1941).

Nach Kriegsbeginn hielt es Sybille Schmitz nicht länger in Deutschland. Sie verließ Berlin und zog sich mit ihrem Mann in ein österreichisches Dorf (Krimml im Pinzgau) zurück, nahm von dort aus aber weiterhin Engagements an. Nicht weit zu reisen hatte sie für ihren nächsten Film. *Wetterleuchten um Barbara* (1941) spielt in den Tiroler Alpen und wurde an Originalschauplätzen gedreht. Werner Klinglers *Wetterleuchten um Barbara* ist die Verfilmung eines Heimatromans mit stark propagandistischem Einschlag. Es geht um eine junge Frau aus der Ebene (Sybille Schmitz), die ins Bergdorf eingeheiratet hat und sich erst mal bewähren muß: bei den Dorfbewohnern, vor allem aber bei der neuen Schwiegermutter (Maria Koppenhöfer), die keinen Schritt weichen will, um der »Hergelaufenen« Platz zu machen. Darüber hinaus ist aber auch Politik im Spiel. Denn während die Alten dumpf nur ihre eigenen Belange sehen, kämpfen die Jungen im Dorf gegen die morschen Strukturen einer »volksfremden« Regierung und für nationale Erneuerung. Als Barbara von ihrem Mann (Attila Hörbiger) getrennt wird, erträgt sie geduldig die Anfeindungen der alten Stammerin. Doch so brüchig sind die alten Mächte denn doch wieder nicht: Überall sind ihre Verfolger da und schikanieren. Aber sie können nicht verhindern, daß die NS-Bewegung täglich Anhänger gewinnt. Ein Machwerk, das alpine Blut-und-Boden-Ideologie mit großdeutschen Phrasen untermischt und etwa in der Schweiz – neben Filmen wie *Feldzug in Polen* oder *Sieg im Westen* – verboten wurde.
Vom Hochgebirge in die Niederungen eines in den römischen Cinecittà-Studios nachgebauten Dschungels wechselte Sybille Schmitz für Nunzio Malasommas *Vom Schicksal verweht* (1942). Eine Romanze zwischen Albrecht Schoenhals (er spielt einen Urwaldarzt) und Sybille Schmitz, inmitten wild bemalter Eingeborener, die sich nach viel gutem Zureden gegen Malaria impfen lassen und dafür zu Verbündeten im Kampf gegen falsche Verdächtigungen werden.
Als nächstes stand wieder ein Propagandafilm an. Goebbels plante, den Untergang der Titanic als Beweis für britischen Schlendrian auf die Leinwand zu bringen: 1500 Menschen müssen sterben, nur weil ein rekordwütiger Engländer die Sicherheitsvorschriften ignoriert. Als Regisseur für *Titanic* wurde im Frühjahr 1942 Herbert Selpin beauftragt, der sich mit Schiffsfil-

Die Liebe zu Zeiten der Malaria: mit Rudolf Fernau in Nunzio Malasommas ›Vom Schicksal verweht‹ (1942).

men wie *Spiel an Bord* (1936) und *Geheimakte WB 1* (1941) einschlägig empfohlen hatte.
Selpin stammte aus Berlin, hatte dort Medizin studiert und sich in so unterschiedlichen Berufen wie Antiquar, Boxer und Börsenmakler versucht, ehe er zum Film stieß.
Das Drehbuch zu *Titanic* schrieb Walter Zerlett-Olfenius, ein fa-

natischer Nazi, der den Stoff nach Goebbels' Wünschen aufbereitete. Die Innenaufnahmen entstanden in Berlin, die Außendrehs waren auf dem Luxusdampfer Cap Arcona in Gotenhafen (Gdingen) vorgesehen. Während Selpin in den Babelsberger Studios mit der Arbeit begann, schickte er Zerlett-Olfenius mit einem zweiten Team an die Ostsee, um die dortigen Szenen vorzubereiten. Als Selpin einige Wochen später nachkam, mußte er feststellen, daß Zerlett-Olfenius noch nichts getan hatte. Statt dessen vergnügten sich die vom Propagandaministerium als Statisten abkommandierten Marineoffiziere bei Trinkgelagen mit der weiblichen Komparserie. Von Selpin zur Rede gestellt, verteidigte Zerlett-Olfenius, selbst Leutnant, seine Männer. Selpin, der ohnehin in Zeitnot war, explodierte: »Ach du mit deinen Scheißsoldaten! Du Scheißleutnant, überhaupt mit deiner Scheißwehrmacht!« brüllte er Zerlett-Olfenius an. Der reiste am nächsten Morgen ab und denunzierte Selpin bei seinem Freund, dem SS-Obergruppenführer Hinkel. So kam der Vorfall Goebbels zu Gehör, der Selpin sofort zu sich kommen ließ, wo er seine »defätistischen« Äußerungen widerrufen sollte. Doch Selpin blieb dabei, wurde verhaftet und in der folgenden Nacht erhängt in seiner Zelle aufgefunden. Ob er sich in einer verzweifelten Anwandlung selbst die Hosenträger um den Hals gelegt oder ob die SS nachgeholfen hat (wie Eingeweihte wissen wollten), blieb ungeklärt.
Goebbels jedenfalls wird einen als Selbstmord getarnten Mord kaum angeordnet haben. Denn erst wenige Wochen zuvor hatte ein anderer Freitod die Branche in Aufruhr versetzt: Joachim Gottschalk, einer der populärsten Leinwandstars des Dritten Reichs, brachte sich mit seiner Familie um, weil Goebbels die Scheidung von seiner jüdischen Frau verlangte. Ein zweiter Skandal innerhalb so kurzer Zeit mußte Goebbels ungelegen kommen. Mit drastischen Mitteln wurde für Ruhe gesorgt: Auf dem Set verbot ein Aushang die Erwähnung des Namens Herbert Selpin, die Fertigstellung des Films wurde eilig dem Regisseur Werner Klingler übertragen. Nach dem Krieg kam der Fall Selpin vor Gericht. Walter Zerlett-Olfenius stritt jede Schuld ab. Die Zeugen, unter ihnen Sybille Schmitz, waren anderer Meinung. Zerlett-Olfenius mußte fünf Jahre ins Arbeitslager, sein Vermögen wurde beschlagnahmt.
Während Herbert Selpin den Untergang der Titanic als realisti-

sches Spektakel erzählen wollte, verpaßte Walter Zerlett-Olfenius dem Drehbuch eine propagandistische Botschaft. Danach war am schlimmsten Unglück der modernen Seefahrt der Präsident der englischen White-Star-Linie schuld, der die Firmenaktien durch den Gewinn des Blauen Bandes hochtreiben wollte und dafür die Sicherheit der Passagiere aufs Spiel setzte: ein Be-

Ein Weihnachtsgruß 1942.

weis für die Skrupellosigkeit der englischen Plutokratie. Die unterschiedlichsten Menschen kommen bei der Jungfernfahrt der Titanic zusammen: wohlhabende und bankrotte Lords, Hochstapler, ein kleines Maniküfräulein, arme Auswanderer im Unterdeck, ein aufrechter Erster Offizier (nicht von ungefähr Deutscher) und eine sagenhaft reiche Baltin, »20 Millionen schwer«, wie Sybille Schmitz als Sigrid Oole eingeführt wird. Nicht recht zu ihrer baltischen Herkunft will ihre eher ägyptisch anmutende, schwarze Haartracht passen. Doch die unterstreicht nur ihre Extravaganz. »Sie ist allein an Bord, reist immer in der Welt umher«, weiß der Kapitän über sie. Der Film wechselt ständig Schauplätze und Personen, doch wo immer Sybille Schmitz auf-

Einsame Aristokratin: Sybille Schmitz in Herbert Selpins ›Titanic‹ (1942).

›Eine Frau, die man lieben könnte ...‹ (Aus ›Titanic‹.)

tritt, beherrscht sie magisch die Szene. Petersen, den Ersten Offizier (Hans Nielsen), kennt sie bereits; vielleicht von früheren Fahrten.

Und irgendwas muß zwischen beiden gewesen sein, sonst würden sie sich nicht so distanziert begegnen. Ismay, der Boß der White-Star-Linie (Ernst Fürbringer), ist interessiert an ihrem Geld, doch das hat sie eben einschließlich ihrer Güter verloren. Das Telegramm mit der Hiobsbotschaft stimmt sie noch depressiver, als sie ohnehin schon ist. Anderen sagt sie davon selbstverständlich nichts.

Als Eisberge auftauchen und als die Fahrt immer riskanter wird,

redet Petersen auf sie ein: Sie sei die einzige, auf die Ismay höre. Folglich könne nur sie ihn dazu bringen, das Tempo zu drosseln. Sie lehnt ab, ihre Zukunft ist ihr egal geworden.
Heimlich spricht sie doch mit Ismay, vergeblich.
Dann gesteht ihr Petersen, daß er sie mal für eine Frau gehalten habe, die man lieben könnte. Der Satz trifft sie wie ein Schlag. »Eine Frau, die man lieben könnte«, wiederholt sie nachdenklich und lauscht ihren Worten nach. Eine Saite in ihr ist zum Klingen gebracht worden. Später wird sie ihre Reserviertheit verlieren und Frauen und Kindern in die Rettungsboote helfen. Petersen hat ihr seinen Offiziersmantel umgehängt, so kämpfen die beiden heroisch inmitten panischer Passagiere. Es waren diese Szenen vom Chaos an Bord des sinkenden Dampfers, die Goebbels *Titanic* verbieten ließen. Denn der Anblick von kopflos umherirrenden Menschen, die verzweifelt ihr Leben zu retten versuchten, wirkte nicht gerade beruhigend auf ein Publikum, das ähnliche Szenen fast täglich im Bombenkrieg des Jahres 1943 erleben konnte.
Um wenigstens einen Teil der immensen Herstellungskosten einzuspielen, wurde *Titanic* im November 1943 in Paris gestartet – mit großem Erfolg. Nach Deutschland kam der Film erst 1950, bevor ihn die Westalliierten erneut verboten.
Die Hochstaplerin hieß der nächste Film von Sybille Schmitz, eine Komödie, mehr seicht als leicht, um eine kapriziöse Komteß auf Durchreise, die ihre Hotelrechnung nicht bezahlen kann und deshalb vom Direktor in einen Werbegag eingespannt wird: Um sein Haus in die Schlagzeilen zu bringen, soll sie sich als Hochstaplerin ausgeben. Ein junger Hotelboy (Will Dohm) hat es auf sie abgesehen. Seinem dreisten Charme begegnet sie herablassend. Was sie nicht hindert, sein Auto für ihre Flucht zu benutzen. Unterwegs begegnet sie einem Rechtsanwalt (Karl Ludwig Diehl) und gerät mit ihm in eine andere Welt: Alles ist vom Feinsten, die Puppen beginnen zu tanzen. Auch wenn ihr Ruf als Hochstaplerin sie vorübergehend in Bedrängnis bringt: ihr neuer, väterlicher Freund hilft ihr aus der Patsche.
Karl Anton, der *Die Hochstaplerin* inszenierte, hielt den Film selbst für seine schwächste Komödie.
Kaum anspruchsvoller war Arthur Maria Rabenalts *Das Leben ruft* (1944), der zum letzten Aufgebot von Blubo-Filmen des Dritten Reichs gehört.

Nach Motiven von Max Halbes »Mutter Erde« verirrt sich Sybille Schmitz als mondäne Großstädterin aufs Land: Ihr Mann (Paul Klinger) hat sie überredet, mit in seine westpreußische Heimat zu fahren, wo sein Vater gestorben ist. Frau Doktor ist Redakteurin bei der Zeitung ihres Mannes. Früher war er Großbauer. Wegen ihr hat er seinen Beruf aufgegeben und ist Verleger geworden. In der Firma kehrt er den strengen Chef raus. Doch sobald seine Frau erscheint, wird er kleinlaut, läßt sich von ihr beherrschen.
Widerwillig begleitet sie ihn nach Gut Ellernhof. Seinen Verwandten begegnet sie mit zickiger Arroganz, drängt ständig darauf, nach Berlin zurückzufahren. Paul Klinger erbt das väterli-

Männer können sie nicht einschüchtern: ›Die Hochstaplerin‹ (1943) von Karl Anton.

Starker Auftritt in einer schwachen Komödie: Sybille Schmitz als Hochstaplerin.

che Gut, doch die Spekulanten warten schon darauf, daß er verkauft oder verpachtet. Schließlich, so meinen sie, ist er an die Stadt gebunden.

Doch er bleibt. Weder Geld, Macht und Erfolg noch seine Frau bringen ihn hier wieder weg. Sie reist alleine ab, kehrt nach einiger Zeit noch mal zurück und versucht es mit Charme, was ihr sichtlich schwerfällt.

Es hilft alles nichts: Paul möchte bleiben und ein Kind von ihr. Jetzt gesteht sie ihm, daß sie unfruchtbar ist. Das erleichtert seinen Entschluß, sich von ihr zu trennen.

Mit einer wiederentdeckten Liebe (Gerhild Weber) wird er glücklich und »fruchtbar sein wie das Land«.

Sybille Schmitz als Antityp des Nazi-Frauenbilds: egoistisch, intellektuell, frigide. So tritt sie aus dem Kino des Dritten Reichs ab. Kein Wunder, daß Goebbels sie nicht mochte.
Doch obwohl Sybille Schmitz nicht zu den öffentlich gehätschelten Stars gehörte, hatte auch sie es nach Kriegsende schwer. Die Alliierten verhängten ein Arbeitsverbot gegen sie, das erst 1947 aufgehoben wurde. Wie viele Filmschaffende zog sie nach München. Auf dem unzerstörten Gelände der Bavaria entstanden jetzt die wichtigen Produktionen. Aber für Sybille Schmitz fiel wenig ab. Immerhin waren es einige der anspruchsvollen Nachkriegsfilme, für die sie engagiert wurde: Harald Brauns *Zwischen gestern und morgen* (1947), Eduard von Borsodys *Sensation im Savoy* (1950) oder Rudolf Jungerts *Illusion in Moll* (1955). Als die Trümmerfilme von Heimatschnulzen und spießiger Unterhaltung abgelöst wurden, gab es für das rätselhafte Gesicht der Sybille Schmitz keine Verwendung mehr. 1953 sieht man sie ein letztes Mal in einer Nebenrolle des jugoslawischen Films *Das Haus an der Küste.* Sie beginnt zu trinken, wird drogenabhängig und trennt sich von ihrem Mann.
Sie zieht mit ihren kurzgeschnittenen rötlichen Haaren durch Schwabinger Kneipen, meist in Gesellschaft anderer Frauen oder allein.
Einmal begegnet sie Olga Tschechowa, die ihr anbietet, sie kosmetisch zu behandeln. Sybille Schmitz lehnt dankend ab, sie hat nur noch 1,50 Mark in der Tasche.
Am nächsten Tag schickt sie der Tschechowa ein paar Blumen und die Notiz: »Danke Dir, daß Du mir helfen wolltest. Aber mir ist nicht mehr zu helfen.«
Sie unternimmt einen Selbstmordversuch und kommt in eine Nervenklinik. Eine Freundin holt sie raus, versucht, ihr Arbeit zu vermitteln. Robert Siodmak, der in Berlin *Die Ratten* dreht, bietet ihr die Rolle einer Barfrau an. Doch sie erscheint nie am Set, vergräbt sich in ihrem Zimmer bei einer Münchner Ärztin, die sie mit Drogen versorgt.
Am Ostermontag, dem 12. April 1955, schluckt sie eine Überdosis Luminal-Tabletten. Als sie am folgenden Tag gefunden wird, atmet sie noch. Kurz nach der Einlieferung in ein Krankenhaus ist sie tot. In ihrem Abschiedsbrief heißt es: »Ich habe mich so bemüht, wieder Anschluß zu finden, aber man kann mich nicht verwenden.«

Eines der letzten Fotos.

In den 30er Jahren, während ihrer erfolgreichsten Zeit bei der Ufa, hatte sie einmal mit rotem Lippenstift quer über die Wand ihrer Garderobe geschrieben: »Wer vom Film nascht, stirbt daran.«
Ein Denkmal gesetzt hat ihr R. W. Fassbinder mit seinem Film *Die Sehnsucht der Veronika Voss* (1982).

Die Mega-Frau: Zarah Leander

Sie war der Superstar, das Renommierobjekt der Ufa, Inbegriff einer Diva: eine gemachte Kunstfigur, die aus Frisuren, Schminke und dem richtigen Licht bestand, in das man sie tauchte. Denn im Urzustand war sie korpulent, kurzsichtig und voller Sommersprossen. Ihren eigentlichen Zauber entfaltete sie vor allem auf Glamourfotos und den Schallplattenaufnahmen. In ihren Filmen wirkt sie dagegen unbeholfen, besteht sie mehr aus Posen als aus Spiel.

Wo sie es versucht, bleibt es angestrengt. Selten hat man den Eindruck, sie spiele sich frei. Hinzu kommen die Schwierigkeiten mit der Aussprache, die Geschmeidigkeit und Flüssigkeit verhindern.

Ein Kritiker schrieb über sie, daß sie in ihren Filmen eigentlich nie verschiedene Rollen, sondern nur verschiedene Toiletten gespielt habe. Dem hätte sie wahrscheinlich zugestimmt, fand sie doch die meisten ihrer Filme schlecht, wie sie sich auch nie für eine Schauspielerin hielt. Dennoch bekam sie mit Abstand die höchste Gage, die damals an einen Filmschaffenden gezahlt wurde. Sie war »eine Persönlichkeit, in die sich damals einfach alle verliebt hatten«, meint ihr Regisseur Rolf Hansen. Eine Membran, die zum Schwingen brachte, was Millionen von Müttern, Ehefrauen und Freundinnen zur Kriegszeit empfanden: den Schmerz des Getrenntseins. Für ihn fand sie mit ihrem unglücklich-schmachtenden Blick und der umwölkten Stimme nicht nur den passenden Ausdruck, sie veredelte ihn auch. »Zarah Leander stand für die Schönheit des Leidens, jede Entbehrung schien sie noch schöner, noch entrückter zu machen.« (Georg Seeßlen) Einer ihrer (Nachkriegs-)Filme hieß: *Ave Maria.*

Sie ist die Verratene, die von den Männern (Vätern) Mißverstandene, Verlassene, die trotzig den Kopf oben behält. Sie ist unglücklich, aber das braucht sie zum Leben. Ihre »ungestillte Sehnsucht« (man könnte auch sagen: ihr Selbstmitleid) ist das Beste, was sie hat und niemals preisgibt. Ihr Markenzeichen wurde der in unbestimmte Ferne gerichtete Blick. Damit und mit ihren traurigen Liedern flieht sie immer wieder die Gesellschaft der Menschen: Überall ist es besser, wo wir nicht sind. Ein

Starpostkarte aus den frühen 40er Jahren.

romantischer Zug, der deutsche Lust am Eskapismus bedient. Sie stand für Flucht aus einer unentrinnbaren Wirklichkeit, mit ihr konnte man ungestraft tun, was sonst nicht ging: sich absetzen, in entfernte Länder reisen. Unter den Diven des Dritten

Reichs war sie diejenige, die das Fremdartige am stärksten betonte. Ihr Part, den sie bis zur unfreiwilligen Komik steigern konnte, war die mit ihren Gefühlen allein gelassene, unverstandene Frau. Ihre sentimentale Botschaft, anders zu sein als die anderen, machte sie nicht nur zur Trösterin zahlreicher weiblicher Leidensgenossen, sondern auch zur Tuntengöttin, deren Mythos fortwirkt: Noch heute gibt es etwa in Paris einen Zarah-Leander-Fanclub. Sie war sinnlich und durfte – besonders in ihren Liedern – frivol sein; ihre Erhabenheit entschuldigte das.
Sie war die einzige erklärte Außenseiterin des Dritten Reichs, die nicht verfolgt wurde (und die sich, ohne Konsequenzen fürchten zu müssen, zu ihren schwulen Freunden bekannte). Als Zarah Stina Hedberg wurde sie am 15. März 1907 im schwedischen Karlstad geboren, einer Hafenstadt am Vänern, dem größten See des Landes. Der Vater war Immobilienmakler, die Mutter Hausfrau.

Beide Eltern lebten nach protestantischer Ethik, die Mutter mehr, der Vater weitaus weniger. Er hatte sein Büro im eigenen Haus, konnte also viel bei der Familie sein. Neben vier Brüdern war Zarah das einzige Mädchen und »mangels weiblicher Konkurrenz Papas Liebling«.

Die Mutter wollte sie streng erziehen – zu Ordnung und Hilfe im Haushalt. Der Vater verwöhnte sie, indem er ihr bedeutete: Du brauchst nicht, wenn du nicht willst. Ein sanftmütiger Koloß von einem Mann, der Flöte spielte, während Zarah ihn am Klavier begleitete. Dabei »glitt sein Blick weit fort«.

Bereits mit vier Jahren bekam sie Musikunterricht und erfuhr auf dem Weg dorthin, daß selbst ihre puritanische Mutter ein Laster hatte: Sie ging gern ins Kino. Nach dem Besuch einer Klosterschule lebt sie anderthalb Jahre als Gesellschafterin bei »Tante Rut«, der besten Freundin ihrer Mutter in Riga. Mit ihr geht sie viel ins Theater, in Konzerte und entdeckt darstellerische Ambitionen bei sich, die von der Nenntante gefördert werden.

Nach Schweden zurückgekehrt, arbeitet sie für kurze Zeit als Verlagssekretärin und versucht 1926 die Aufnahmeprüfung an der Schauspielschule in Stockholm. Sie fällt durch, spricht aber bei John Forsell, dem Chef der königlichen Bühnen, vor. Auch er gibt ihr einen Korb. 1927 heiratet sie den jungen Schauspieler Nils Leander und zieht mit ihm zu dessen Eltern in die Provinz

nach Risinge. Im Jahr darauf bringt sie eine Tochter, Boel, zur Welt, zwei Jahre später ihren Sohn Göran. Die Ehe geht schnell schief: Ihr Mann stellt sich als Quartalsäufer heraus, der neben Zarah ständig wechselnde Frauen hat und meist durch Abwesenheit glänzt. Im Herbst 1929 trennt sie sich von ihm.
(Die Parallelen mit Olga Tschechowas Biographie springen ins Auge. Beide entstammen einem gutbürgerlichen Elternhaus mit einer distanzierten Mutter und einem vertrauten, musischen Vater. Es gibt die mütterliche Förderin, den frühern Fauxpas mit dem falschen Ehemann – in beiden Fällen gutaussehende Schauspieler, die bei Frauen leichte Hand, aber um so größere Probleme mit dem Alkohol hatten. Und es gibt den Befreiungsschlag mit dem Ziel einer eigenen Karriere. Kinder und sonstiges Privatleben werden von nun an vernachlässigt; künftige Ehen gehen meist erneut in die Brüche.)
Kurz nachdem sie mit den Kindern ihren Mann verlassen hat, bekommt Zarah Leander in Norrköping ihr erstes Engagement. In einer Unterhaltungsrevue singt sie kurze Couplets. Mit ihrer dunklen Stimme, einem Kontra-Alt, macht sie bald von sich reden. Bereits im Februar 1930 erscheint ihre erste Platte mit dem Titel »Ich weiß nicht, warum ich es tue«.
Die nächsten fünf Jahre reist Zarah Leander mit Tourneetheatern durch Skandinavien und tritt in Revuen, Lustspielen und Operetten auf. Sie heißen »Das heitere Stockholm«, »Die Schule der Kokotten«, aber auch »Die lustige Witwe«, für die sie Gösta Ekman verpflichtet.
1930 bekommt sie ihr erstes Filmangebot: die Rolle einer jungen Hexe, die auf einem Besen reitet und dazu singt. *Dantes Mysterien* hieß das Werk. Etwas gewichtiger war ihr Auftritt in *Der falsche Millionär* (1931), einer Verwechslungskomödie, in der sie einen mondänen Vamp spielt. Der Film floppte ebenso wie sein Vorgänger, und Zarah wartete lange bis zur nächsten Produktion.
Für *Ehereigen* (1935) schienen die Voraussetzungen besser. Das Drehbuch über den Machtkampf eines Bildhauerehepaares, der zugunsten des Mannes entschieden wird, nachdem die Frau ihre künstlerisch-erotischen Interessen aufgibt, stammte von Karl Gerhard, einem Autor und Schauspieler, mit dem Zarah seit fünf Jahren erfolgreich zusammenarbeitete. Doch obwohl sie mehr oder weniger sich selbst spielte und zwei Lieder mit dem

In ›Der Weg ins Freie‹ (1941) von Rolf Hansen.

für sie bereits typisch schräg nach oben gerichteten Blick sang, wurde der Film ein Reinfall. Inzwischen hatte Zarah 1932 den Journalisten Vidar Forsell geheiratet. Er gab seinen Redakteursberuf auf und wurde ihr Manager. Darüber hinaus scheint er für sie wenig Bedeutung gehabt zu haben. In ihrer Autobiographie ist ihm eines der kürzesten Kapitel gewidmet, und auch sonst taucht sein Name kaum auf. Zu seinen herausragenden Fähigkeiten zählte sie, daß er das Kleingedruckte in ihren Verträgen gut zu lesen verstand.
Ziemlich schnell war Zarah Leander in den skandinavischen Ländern zur lokalen Bühnengröße aufgestiegen; ihre Filmversuche galten als Ausrutscher und wurden rasch vergessen.

Daß sie Mitte der 30er Jahre mal hier in Göteborg, mal dort in Kopenhagen gastierte, konnte aber nicht darüber hinwegtäuschen, daß ihre Karriere stagnierte. Da kam im Sommer 1936 ein Angebot aus Wien. Ihr dänischer Kollege Max Hansen hatte sie als seine Partnerin in einer neuen Operette von Ralph Benatzky vorgeschlagen: »Axel an der Himmelstür«. In der Melange aus Lustspiel, Krimi und Melodram ging es um einen gefeierten Hollywood-Star (Ähnlichkeiten mit der Garbo waren *nicht* zufällig), der von einem Reporter belästigt wird. Sie weist ihn ab, er kehrt als Greis verkleidet zurück, erhält erneut eine Abfuhr von ihr, bis eine mitleidige Regung sie plötzlich umstimmt, woraufhin er seine Maske fallen läßt und die beiden ein Happy-End feiern.
Am 1. September 1936 wurde das Stück im Theater an der Wien uraufgeführt, und es brachte Zarah den Durchbruch. Kritik und Publikum schwärmten einhellig über ihre dunkle, »unweibliche« Stimme. Unter den Premierengästen saß der damalige Bundeskanzler Schuschnigg ebenso wie Bruno Walter, Chefdirigent der Wiener Staatsoper, der bedauerte, daß Zarah wegen ihrer ausgefallenen Stimmlage nicht bei ihm auftreten konnte.
Über Nacht wurde Zarah in Wien zum Stadtgespräch, das Stück wurde mehr als hundertmal gespielt.
Daneben drehte sie wieder einen Film: *Premiere* von Geza von Bolvary war die Verlängerung von Zarahs plötzlichem Bühnenruhm mit anderen Mitteln. Sie spielt den Star einer großen Revue, deren Uraufführung von einem Mord im Zuschauerraum überschattet wird. Das Opfer wurde von der Bühne aus erschossen, die Vorstellung läuft weiter, Polizeikommissar Helder (Attila Hörbiger) ermittelt hinter den Kulissen. Zarah wird verhört, ebenso wie der Theaterdirektor (Walter Steinbeck) und ihr Freund (Karl Martell). Nach einigen Verwicklungen wird pünktlich zum Finale der Show der Täter präsentiert.
So belanglos der Plot, so ausgiebig konnte Zarah Leander ihre Garderobe vorführen, die so üppig geraten war, daß sie ihre Korpulenz betonte, statt zu verdecken. Ihr rötliches Haar trug sie nicht mehr an den Kopf geklatscht wie in *Ehereigen,* sondern zu dem für sie typischen, nach hinten gekämmten Lockenschopf onduliert, was ihrem Aussehen bei der Ufa schon ziemlich nahe kam. Vor allem aber sang sie, und das wirkte am stärksten: »Merci, mon ami ...« und »Ich hab' vielleicht noch nie geliebt« kamen auf Schallplatten raus und wurden Verkaufshits.

Ein Star stellt sich vor: ›Premiere‹ (1936) von Geza von Bolvary.

Zur gleichen Zeit wurde die Ufa auf sie aufmerksam.
Seit Marlene Dietrich im Frühjahr 1930 nach Hollywood emigriert war, fehlte im deutschen Kino eine weibliche Galionsfigur. Hitler verehrte die Dietrich, und es soll Versuche gegeben haben, sie zurückzukaufen. Sie lehnte kategorisch ab, obwohl sie Drehbücher und die Höhe ihrer Gage selbst hätte bestimmen dürfen.
Goebbels suchte also nach Ersatz, wobei er an eine junge, noch unbekannte Schauspielerin dachte, die man systematisch zur *leading lady* des deutschen Films aufbauen konnte.
Zarahs Entdeckung glich einer Staatsaktion. Neugierig geworden durch den Erfolg von *Axel an der Himmelstür* und einen Tip von Carl Froelich, reiste der Vizepräsident der Reichsfilmkammer, Hans Weidemann, nach Wien, um sich das Talent näher anzusehen und ihm ein Angebot zu machen. Zarah hatte nichts dagegen. Es folgte Ernst Hugo Corell, Produktionschef der Ufa, der mit ihr einen Vertrag aushandelte – zu Bedingungen, die sich sehen lassen konnten. Danach sollte Zarah für zwei Filme innerhalb eines knappen Jahres 400.000 Reichsmark bekommen, wobei 53 % der Gage in Kronen auf ein schwedisches Bankkonto zu überweisen waren.
Obwohl sich inzwischen auch englische und amerikanische Produzenten für sie interessierten, unterschrieb Zarah bei der Ufa. Statt Marlene Dietrichs Heimkehr ins Reich zu feiern – wie es Goebbels vorgeschwebt hatte –, wurde Zarah Leanders Ankunft in Deutschland von einem großen Werbefeldzug begleitet.
Carl Opitz, der Werbechef der Ufa, »hatte jedes Bild, das von mir aufgenommen wurde, auf dem Schreibtisch und hatte die Macht zu sagen, das wird publiziert, das wird nicht publiziert, das wird für ein Plakat gebraucht. Ich weiß noch, ich fuhr zu einer sogenannten Verbeugungstournee nach Holland. Da hat mir die Ufa eine Liste gegeben, was ich anzuziehen hatte, welche Schuhe, welche Schmucksachen, welche Frisur, ja sogar, was ich sagen sollte«, erinnerte sich Zarah Leander.
Zu neuen Ufern hieß bezeichnenderweise ihr erster Film, den sie mit Detlef Sierck für die Ufa drehte. Man könnte annehmen, daß die Ufa bei einem so hohen Einsatz kein Risiko eingehen wollte und einen erfahrenen, womöglich linientreuen Regisseur für diese Aufgabe verpflichtet hätte. Fehlannahme: Sierck war jung, machte aus seiner Ablehnung für die Nazis keinen Hehl

und hatte erst wenige, allerdings erfolgreiche, Filme abgeliefert. Jahrzehnte später erinnerte er sich in einem Interview an die erste Zusammenarbeit mit Zarah Leander: »Ich hatte das Gefühl, daß hier etwas Merkwürdiges war. Eigentlich blieb dieses merkwürdige Gesicht in jedem Licht dasselbe. Es hatte nämlich jene Flächigkeit, die ja auch das Gesicht der Garbo gehabt hat und die gut für den Film ist, auch jene Ruhe des Gesichts, nicht

›Das Kuhgesicht‹. (›Zu neuen Ufern‹, 1937, von Detlev Sierck.)

die Nervosität. Nun ist Nervosität ungeheuer interessant in einem Gesicht. Das Gegenteil, die Ruhe, die Flächigkeit des Gesichts, ist filmisch außerordentlich schön. Solche Gesichter wie bei der Garbo und auch bei der Ingrid Bergman wurden von uns jungen Filmemachern ›das Kuhgesicht‹ genannt. Die stillen Augen, die ja schön sind bei den Kühen, dazu die Ruhe, die eine merkwürdige Faszination für die Kamera ausübte.«
Sierck war 36, als er *Zu neuen Ufern* drehte, sein Kameramann Franz Weihmayr sogar erst 33 und schon einer der besten in Deutschland. Alle zehn von Zarahs Ufa-Filmen hat er mit ihr gestaltet und es verstanden, ihre unvorteilhaften Proportionen optisch geschickt zu kaschieren. Doch auch Kollegen machte Zarah mit ihrer Größe von 1,72 Meter Schwierigkeiten. Willy Birgel, der in drei Filmen ihr Partner war, war deutlich kleiner als sie. Sierck und Weihmayr lösten das Problem, indem sie eine Reihe Kästen nebeneinanderlegten, auf denen er sich bewegen konnte.
Zu neuen Ufern ist ein beispielhafter Film, weil er bereits alle dramaturgischen Zutaten enthält, die in den meisten der folgenden Zarah-Filme wiederkehren:

1. Sie spielt sich selbst, einen gefeierten Gesangsstar.
2. Sie führt betörend ausladende Kostüme vor.
3. Sie wird ins Ausland verschlagen.
4. Sie leidet. Ein Schicksalsschlag folgt dem nächsten, einer härter als der andere.

Zu neuen Ufern beginnt im London des Jahres 1846 und endet ein paar Jahre später irgendwo in der australischen Wüste. Dazwischen liegen Skandale, Trennungen, sozialer Absturz, eine Zuchthausstrafe, der Selbstmord des Geliebten, Exil. Doch sie trägt es irgendwie gefaßt, die große Dulderin.
Eingeführt wird sie als Skandalnudel, die die Öffentlichkeit spaltet: Bigotte Bürger erregen sich an der Speakers Corner des Hyde Park über die leichtbekleideten Auftritte der Gloria Vane in einem Revuetheater. Dort kocht jeden Abend die Stimmung hoch, wenn sie ihre lasziven Couplets vorträgt. Birgel mimt den Liebhaber – man nimmt es ihm nur nicht ab. Sie schwört ihm ewige Treue – und schaut dabei von ihm weg. Was Wunder, daß die beiden schon nach einer Viertelstunde des Films getrennt werden. Er geht als Siedler nach Australien, verspricht, sie in

Sieben Jahre Arbeitslager für eine Notlüge. (Zarah Leander in ›Zu neuen Ufern‹.)

einem Jahr nachzuholen. Kaum ist er weg, kommt heraus, daß er einen Wechsel gefälscht hat.
Sie nimmt es auf sich. Warum sie ihn, den Kalten, Geschäftsmäßigen, deckt, ist nur mit ihrer Verblendung zu erklären. Jedenfalls bedeutet es das Ende ihrer Karriere, und sie reist ihm gezwungenermaßen nach: als Gefangene einer Sträflingskolonie. »Sie war eine Frau mit einem großen Namen«, forscht Birgel bei der Lagerleiterin nach ihr. »Sie hat die Nummer 218«, bekommt er zur Antwort. Als Nummer interessiert sie ihn aber nicht mehr, außerdem würde es seiner Karriere schaden, mit einer Strafgefangenen in Verbindung gebracht zu werden. Lauter himmelschreiende Fakten: sieben Jahre Zwangsarbeit für ein kleines Versehen! Die Geliebten im fernen Land quasi Nachbarn, und er, der sie einfach links liegenläßt. Sie, die ihn mit einer fremden Frau im Arm tanzen sieht, und noch mal sie, die während der

Brautschau im Zuchthaus von einem versifften Schnapsbruder angemacht wird. Schließlich Birgel, der sich erschießt, nachdem seine Reue zu spät kam. Um Wahrscheinlichkeit geht es dabei freilich weniger als um die Passion einer modernen Heiligen, die ihren eigentlichen Glanz erst entfalten kann, wenn sie am Boden zerstört ist. Und es ging um die Logik des Melos, für die Sierck schon hier viel Gespür zeigt.
Den Gipfel der Selbsterniedrigung erreicht Gloria, wenn sie freiwillig ins Zuchthaus zurückkehrt, weil sie sonst keine Heimat mehr hat. Dann die Erlösung durch Henry, den schlichten Farmer (Victor Staal), und die Hochzeit, zu der ein Chor »Gloria in excelsis deo« anstimmt.
Franz Weihmayr filmte ihr Gesicht bevorzugt von schräg oben und konturierte die breiten Flächen gern mit Schattenmustern. Dennoch wirkt Zarah in ihrem ersten deutschen Film hausbakken, hatte ihr Styling noch nicht den rechten Schliff.
Mit gewaltigem Pomp ging am 31. August 1937 die Premiere des Films über die Bühne. *Zu neuen Ufern* wurde ein durchschlagender Erfolg. Die Presse, die sich sonst auf öde Kunstbetrachtungen beschränkte, rühmte besonders Zarahs Stimme: »Sie ist so berauschend wie schwerer, dunkler Wein. Sie kann so wuchtig klingen wie der Ton einer Orgel. So durchsichtig scheinen wie Glas, so tief wie Metall. In dieser Stimme ist alles: der Jubel, das Glück, des Lebens trunkene Melodie und sein wilder Schmerz.«
Und noch einen Film drehte Zarah Leander mit Detlev Sierck, bevor er über Paris in die Vereinigten Staaten emigrierte, sich dort in Douglas Sirk umbenannte und Spezialist für Melodramen wurde.
La Habanera (1937) spielt in Puerto Rico. Zarah besucht als schwedische Touristin die Insel. Mit dabei hat sie ihre Tante Ana (Julia Serda), der es hier überhaupt nicht gefällt: Es ist heiß, die Einheimischen sind schmutzig, die Hotels ohne Komfort. Astrée aber, die etwa 40 Jahre jünger ist, fühlt sich wie im Paradies. Etwas Verruchtes, Ungestümes bricht in ihr durch, als sie sich für den Stierkampf begeistert: »Hast du gesehen, wie er ihn getroffen hat: mit einem einzigen Stoß, mitten ins Herz!« So schwärmt sie ihrer Anstandsdame vor, die das alles als gesittete Nordeuropäerin nur abgeschmackt findet. »Du benimmst dich wie eine Wilde«, bescheinigt ihr mit strafendem Blick die Tante. Zarah nimmt es wie ein Kompliment. Vernunft und Zivilisation

hat sie satt, sie will verrückt sein, tausendmal lieber die Frau eines hiesigen Dorftoreros werden als Bankiersgattin in Stockholm. Sie erwischt es sogar noch etwas besser und heiratet Don Pedro de Avila, einen reichen Gutsbesitzer (Ferdinand Marian). Die Tante schickt sie allein nach Schweden zurück. Soweit die Einleitung. Dann darf sie den größten Teil des Films wieder lei-

Eine Schwedin mit südlichem Temperament: ›La Habanera‹ (1937) von Detlev Sierck.

Leidet maßlos unter ihrem Mann: Zarah Leander und Ferdinand Marian in ›La Habanera‹.

den. Denn Don Pedro, der anfangs so verführerisch war, entpuppt sich als eifersüchtiger Macho. Eigentlich ist sie gar nicht wegen ihm, sondern eines Liedes wegen geblieben, das sie am Tag der Abfahrt im Hafen hörte: die Habanera.

Nach zehn Jahren Ehe kommt die Abrechnung: Das Land ist ihr fremd geblieben, der Mann ist ihr fremd geblieben, und ohne ihren Jungen wäre sie völlig allein. Mit dem kleinen flachsblonden Juan kultiviert sie ihr Heimweh. Der Junge hat Europa nie gesehen, und doch findet er dort alles viel schöner. Wie Verschwörer fahren Mutter und Sohn zusammen, als Don Pedro sie dabei ertappt, daß sie laut vom Schnee träumen.

Bis zur Penetranz steigern die beiden sich in ihre Heimwehorgien. Hier gilt, was Frieda Grafe über die Melos des späteren Douglas Sirk schrieb: Entweder man heult oder man kotzt. Zum Glück naht Rettung aus dem Norden. Dr. Sven Nagel (Karl Martell) ist der Typ des guten Ariers: tüchtig, geradeheraus und sehr korrekt. Er möchte auf der Insel ein bösartiges Fieber bekämpfen, das jährlich Hunderte von Menschen das Leben kostet.

Zufällig war er mit Astrée einmal verlobt. Doch davon will sie nichts mehr wissen, will lieber weiter leiden. Nicht lange zuvor hat sie ihren Mann gefragt: »Was wirst du noch alles erfinden, um mich zu quälen?« Man belauert einander, intrigiert. Die Einheimischen lassen lieber ihre eigenen Leute verrecken, als sich von fremder Hand helfen zu lassen; Don Pedro mischt kräftig mit.

Bei einer Fiesta in seinem Haus kommt es zum Showdown. Zarah singt »Der Wind hat mir ein Lied erzählt«, Marian wird vom Tropenfieber dahingerafft, und Dr. Nagel, der dem Rivalen helfen wollte, kann nichts tun, weil das Opfer sein rettendes Serum vernichten ließ.

Gedreht wurde zwar nicht an Originalschauplätzen, sondern nur auf Teneriffa, aber auch das tat's für das nötige Maß an Exotik. Eine ganze Palette unterschiedlicher Kostüme und Hüte passierten Revue, anfangs sieht man Zarah im Tropenhelm, in der letzten Einstellung nimmt sie in einem sagenhaften Trauerkleid an der Seite ihres Arztes Abschied von der Insel. Ungewöhnlich ist auch wieder Franz Weihmayrs Kameraarbeit. In der zentralen Aussprache zwischen Zarah und Ferdinand Marian filmt er die beiden in einem Zimmer mit Wänden aus diagonalen Holzstreben, durch die streifenförmig das Licht fällt und den Schatten eines Gitters auf ihr Gesicht wirft: Diese Ehe ist ein Gefängnis.

Ähnlich beengend ging es in *Heimat* zu, dem ersten von drei Filmen, die Zarah unter Carl Froelich drehte, und – aus gutem Grund – einer ihrer Lieblingsfilme. *Heimat* (1938) spielt erneut in der Fremde: in einer für Zarah fremd gewordenen Umgebung, in die sie nach achtjähriger Abwesenheit aus den USA zurückkehrt. Für die Bewohner ihrer Vaterstadt ist sie eine Ausländerin, und damit hat sie bei den Ilmingern einen schweren Stand. »Bach muß eine Deutsche singen«, wird gegen sie eingewandt, als sie bei einem großen Festkonzert auftreten soll. Doch dann stellt sich heraus, daß die Sängerin Maddalena dall'Orto ei-

Ihr Markenzeichen: der schmachtend nach oben gerichtete Blick. (›Heimat‹, 1938, von Carl Froelich.)

gentlich Magda von Schwartze heißt und die Tochter eines in der Stadt angesehenen Oberst (Heinrich George) ist, der sie nach einem Streit verstieß. »Es ist leichter, fortzugehen als wiederzukommen«, stellt sie betrübt fest. Ihren Vater meidet sie, um nicht alte Wunden wieder aufzureißen. Und obwohl auch der

alte Oberst sie gerne wiedersehen würde, verschanzt er sich hinter Vorbehalten gegen Magda, aus der in seinen Augen eine Amerikanerin geworden ist. »Aber 'ne Negerin ist sie nicht, Herr Oberst«, beschwichtigt ihn ein Bekannter. Amerika, das ist für den preußischen Haudegen wie für die meisten Ilminger Bürger der Ort loser Sitten.
»Eine Frau wird erst schön durch die Liebe«, singt Zarah im tief ausgeschnittenen Dekolleté, und auf den Gesichtern ihrer altmodisch gekleideten Zuhörerinnen spiegelt sich gleichermaßen Entsetzen und Faszination.
Dann kommt es doch zur Versöhnung zwischen Vater und Tochter.
Und wenn sie ihren müden Kopf in Heinrich Georges Schoß legt, schweift der Blick einmal nicht wie sonst in die Ferne, son-

Lange meidet sie die Begegnung mit dem Vater …

… dann brechen Dämme. (Mit Heinrich George in ›Heimat‹.)

dern sie erträgt die Nähe, darf einfach nur dasein und ist selig wie ein Kind; daddy's girl.

Das häusliche Glück wird jäh zerstört, als sie ihrem Ex-Freund von Keller (Franz Schafheitlin) wiederbegegnet, der sie damals verließ, als sie ein Kind von ihm bekam. Er ist inzwischen Bankier, einer der reichsten Leute am Ort und fordert Magda und ihr Geld, von ihrem gemeinsamen Kind will er dagegen nichts wissen.

Von einem Kind Magdas weiß auch ihr Vater nichts und erfährt es erst bei einer Aussprache mit von Keller. Jetzt versucht der Oberst, seine Tochter zur Heirat mit dem verhaßten von Keller zu zwingen.

Zarah widersetzt sich, ihre Selbstverwirklichung steht gegen den bürgerlichen Ehrenkodex des starrköpfigen Vaters, die Muse gegen den Militär. Als er ihr mit Selbstmord (also Liebesentzug) droht, gibt sie klein bei. Die souveräne Frau von Welt bildet sich zum hilflosen Geschöpf zurück, das willig die Bedingungen akzeptiert; Papa arrangiert die Hochzeit. Zarah findet Trost in der Musik. Und bei Heffterdinck, dem Domorganisten (Paul Hörbiger), der die acht Jahre auf sie gewartet hat. Im letzten Moment bewahrt er sie vor einer zweiten Flucht, ehe von Keller als Betrüger entlarvt wird und sich umbringt. Heffterdinck wird für sein langes Warten belohnt. »Buß und Reu' bricht das Sündenherz entzwei«, singt Zarah zum Schluß aus Bachs Matthäuspassion, begleitet vom stets dienenden Paul Hörbiger: die perfekte Künstlerehe.

Nach einem Drama von Hermann Sudermann erzählt *Heimat* die Geschichte einer versuchten Entmündigung. Carl Froelich karikiert die deutschtümelnd-bornierten Provinzler, macht aber auch die Nöte eines Mannes nachvollziehbar, der aus dem Korsett seiner Konventionen nicht ausbrechen kann. Neben einheimischen Auszeichnungen (darunter der Nationale Filmpreis) gewann *Heimat* 1938 bei den Filmfestspielen von Venedig den Preis für die beste Regie. Das machte den Film auch im Ausland populär, wo er erfolgreich lief. Dabei sang Zarah Leander etwa in Frankreich ihre Lieder in der Landessprache. Überhaupt die Lieder. Wie bei Ilse Werner vermehrten Zarahs Schallplattenaufnahmen ihren Ruhm im In- und Ausland.

Und es ließ sich darüber streiten, was sie nun wirklich war: eine schauspielernde Sängerin oder eine singende Schauspielerin. Nach der Schwere ihrer vergangenen Filme versuchte sich Zarah Leander mal in einem anderen Rollenfach: *Der Blaufuchs* von Victor Tourjansky entstand ebenfalls 1938 und wurde Zarahs einzige Komödie.

Daß sie einmal nicht die Leidende war, verübelten ihr die Zuschauer: Der Film wurde ein Flop und gilt auch heute noch als einer ihrer schwächsten. Dabei liegen seine Qualitäten gerade darin, daß sie sich von erfrischend untypischer Seite zeigt: als lebenslustige Ungarin, die, wenn sie nicht gerade ihre modische Sonnenbrille trägt, ihren Silberblick und ihr Lachen voll ausspielen kann. Stellenweise ironisiert sie sogar die von ihr gewohnten »tragischen« Posen. Auf einer Landpartie begegnet ihr Willy Birgel, der sich sofort in sie verliebt. Weil Tibor als Pilot ein Jahr im Ausland verbracht hat, kann er nicht wissen, daß er der Frau seines besten Freundes (Paul Hörbiger) nachläuft. Stephan ist

Biologe und hat nur Augen für seine Süßwasserfische, über die er forscht.
Warum die weltläufige Ilona einen solchen Fachidioten wie ihn geheiratet hat, bleibt schleierhaft. Weil er mit seiner Arbeit verheiratet ist, überrascht es nicht, daß er den Hochzeitstag vergißt. Ebensowenig registriert er, was sich zwischen seiner Frau und seinem Freund anbahnt. Seinen weißen Arbeitskittel legt er erst ab, wenn er abends zu Bett geht.
Zarah kommentiert: »Mir träumte, ein Mann käme ins Zimmer.«
Ein Rivale (Karl Schönböck) taucht auf, der Ilona »Gesangsstunden« erteilen will und Tibors Eifersucht entfacht. Zarahs vertrottelter Mann entdeckt dafür die Qualitäten seiner penetrant servilen Assistentin (Jane Tilden), und nachdem einige Verwicklungen gelöst sind, kommt es zuletzt zu einer Doppelhochzeit.
Stoff und Größenordnung des Films waren dem Status von Zarah Leander nicht angemessen. *Der Blaufuchs* war ein Irrläufer, und doch hat er aufschlußreiche Momente. Keiner der

›Von der Puszta will ich träumen‹ (Willy Birgel und Zarah Leander in ›Der Blauchfuchs‹).

Besser als ihr Ruf: ›Der Blaufuchs‹ (1938), Zarahs einzige Komödie.

Zarah umgebenden Männer kann ihr nämlich nur annähernd das Wasser reichen. Weder Hörbiger, der Kindskopf, noch Birgel, der kauzige Frauenheld, noch Schönböck, der säuselnde Opernbuffo. Sie alle sind lächerliche Figuren, irgendwo in der Frühpubertät steckengeblieben: Als Stephan und Tibor sich nach einjähriger Trennung wieder begegnen, imitieren sie blödelnd ihre alten Indianerspiele. Die Frauen sind erst recht keine Konkurrenz für Zarah: weder die dummlaute, in Phrasen à la »Die Frau sei dem Manne untertan« herumblökende Assistentin noch das Dienstmädel. Nicht zuletzt wegen zweier berühmter Lieder (geschrieben von Lothar Brühne) sollte *Der Blaufuchs* nicht verachtet werden: »Von der Puszta will ich träumen« und »Kann denn Liebe Sünde sein«.

Ihr nächster Film war noch weiter östlich, im zaristischen Rußland, angesiedelt. Seine Handlung war »in loser Anlehnung an die wirklichen Begebenheiten frei gestaltet«. *Es war eine rauschende Ballnacht* (1939) ist die Hommage an eine Romanze zwischen Peter Illjitsch Tschaikowsky und Katharina Murakina, die es nie gegeben hat. Denn bekanntlich interessierte sich der Komponist für Frauen herzlich wenig. Carl Froelichs Film darf also nicht an der Wahrscheinlichkeit des Dargestellten gemessen werden. Er muß vielmehr als Parabel für das Los des einsamen Genies gesehen werden, das sein Leben der Kunst weiht: ein Thema, das im Film des Dritten Reichs häufig auftaucht. *Es war eine rauschende Ballnacht* ist Zarah Leanders schönstes Melodram, durchtränkt von Tschaikowskys Musik und den düsteren Bildern Franz Weihmayrs.

Eine beständige Schwermut liegt über dem Film, der am 15. August 1939, fünf Tage vor Kriegsbeginn, uraufgeführt wurde. Sie entsteht zunächst durch einen Hauptdarsteller, dessen Seelenzustand sich ebenso durch seine müden Sätze wie durch lähmende Pausen zwischen diesen Sätzen ausdrückt.

Wenn der Film inmitten einer rauschenden Ballnacht des Moskauer Adelsclubs beginnt, wird die vergangene Liebe zwischen Katharina und Tschaikowsky von ihnen als verpaßte Chance betrauert.

Im allgemeinen Trubel finden sich die beiden, verbringen zusammen ein paar selige Stunden und verlieren sich wieder: Sie ist unglücklich mit einem Großindustriellen (Aribert Wäscher) verheiratet, er möchte die alten Qualen nicht wieder aufleben lassen und beschwört sie, ihn rasch zu vergessen. Immerhin hat die Liebesnacht seine Schaffenskrise beendet. Der Vorsatz nützt aber nichts, denn Katharinas Mann hat von dem Treffen erfahren und setzt sie mit sadistischer Häme der Gegenwart Tschaikowskys aus, um ihre Gefühle zu testen. So gut es geht versucht sie, sich nichts anmerken zu lassen. Heimlich fördert sie den mittellosen Tschaikowsky, dessen Musik noch erfolglos ist. Sie bleibt auch die ferne Geliebte, denn als er sie bittet, zu ihm zu kommen, verzichtet sie, um ihn mit dem Geld ihres Mannes wei-

Eine Romanze, die es so nie gegeben hat – sei's drum: Zarah in Carl Froelichs ›Es war eine rauschende Ballnacht‹ (1939).

ter unterstützen zu können. Tschaikowsky, der nichts davon weiß, wendet sich enttäuscht ab. »Das Genie kennt nur eine Geliebte, die Kunst. Willst du deine Kunst verraten?« redet ihm ein Freund ins Gewissen. Also widmet er sich nur noch seiner Musik. Mit Erfolg. Denn zehn Jahre später hat Tschaikowsky den Durchbruch geschafft. Katharina, die sich inzwischen von ihrem Mann getrennt hat, kommt zur Uraufführung seiner 6. Sinfonie nach Moskau.
Doch in der Stadt herrscht die Cholera, Tschaikowsky bricht während des Konzerts zusammen und stirbt im Künstlerzimmer in den Armen Katharinas, während draußen die »Pathétique« ausklingt. »Gott nimmt dir den Lebendigen und gibt ihn dir un-

Ein schwieriger Fall, sie tut ihr Bestes. Mit Hans Stüwe als Tschaikowsky in ›Es war eine rauschende Ballnacht‹.

Ehekrieg am Mittagstisch (links: Aribert Wäscher).

sterblich wieder«, tröstet zum Schluß eine Stimme aus dem Off: Das klingt wie eine Einstimmung auf kommende Entbehrungen deutscher Soldatenfrauen. Man mag gegen dieses Melodram einwenden, daß es ein Schmachtfetzen ist, der sich in üppig ausgestatteten Tanzdarbietungen (mit der unvermeidlichen Marika Rökk) und gefühlsschwangeren Aussprachen gefällt. Das wäre aber so, als würde man einem Krimi die Spannung vorwerfen, einem Liebesfilm die Erotik. *Es war eine rauschende Ballnacht* trifft exakt das larmoyante Pathos von Tschaikowskys Musik. Dazu passen die Darsteller: neben Zarah Aribert Wäscher als zynisches Monster von einem Ehemann und Hans Stüwe als depressiver Geist zwischen Genie und Wahnsinn. In einer der

Singende Wunderwaffe: Zarah in ›Das Lied der Wüste‹ (1939).

stärksten Szenen signalisiert Katharina ihrem Mann die Trennung durch ein Lied: »Nur nicht aus Liebe weinen, es gibt auf Erden nicht nur den einen …«, singt sie am Zarenhof, und nur sie und ihr anwesender Mann wissen um die Bedeutung. Die Bildführung schneidet zwischen Zarah und Aribert Wäscher hin und her. Während sie sich immer mehr in ihren Gesang hinein-

steigert und zuletzt in Tränen ausbricht, bleibt Aribert Wäschers Mine versteinert, dann wendet er sich ab.
Schlechter kommt Zarahs nächster Film weg, der nur drei Monate später, im November 1939, Premiere hatte.
Das Lied der Wüste sieht sie als Wunderwaffe im Krieg gegen einen englischen Stiefvater (Friedrich Domin), der sich in Nordafrika auf kriminelle Art die Schürfrechte an einer Kupfermine sichern will.
Sie erscheint als Sängerin in einem kleinen Städtchen am Rande der Sahara und lernt Nic Brenten (Gustav Knuth), den schwedischen Ingenieur der Mine, kennen – einen Idealisten, der mit der lauteren Absicht nach Afrika gekommen ist, den Einheimischen zu helfen und sie reicher zu machen. Das englische Großkapital,

Sie kämpft gegen den bösen, englischen Stiefvater (Friedrich Domin).

vertreten durch Sir Collins (Friedrich Domin), versucht Brenten einzukaufen, doch der läßt sich nicht bestechen. Zumal ihm Zarah, die sich in ihn verliebt hat, den Rücken stärkt. Es kommt zum Krieg zwischen Beduinen (unter Brentens Führung) und den Engländern. Brenten wird gefangengenommen und soll erschossen werden. Da greift Zarah mit ihrer Stimme ein: Sie singt vor den englischen Truppen und zögert den Tod des Geliebten so lange hinaus, bis Rettung durch die Beduinen kommt.
Gemessen an ihren bisherigen Filmen tritt Zarah den Umständen entsprechend bescheiden auf. In Beduinentracht reitet sie – selten exotisch – auf einem Kamel durch die Wüste. Und als sie die englischen Soldaten durch ihren Gesang abzulenken versucht, tut es diesmal eine einfache Gitarre, auf der sie sich im schmucklosen Mantel selbst begleitet. Die Lieder verfingen ebensowenig wie die ganze Szenerie des Films. Trotz eines großen Werbefeldzugs wurde *Das Lied der Wüste* zum Flop. In der Meinung, es sei ein antibritischer Tendenzfilm, wurde *Das Lied der Wüste* von den Alliierten nach Kriegsende vorübergehend verboten. Doch seine einzige »Tendenz« waren hölzerne Dialoge und eine auf jung getrimmte Zarah, die schwülstige Lieder darbot.
Auf Exotik sollte wieder Historie folgen. Schon 1938 hatte Gerhard Menzel im Auftrag der Ufa das Drehbuch zu einem aufwendigen Kostümfilm geschrieben, der das Leben der Mona Lisa behandelte. Und Carl Froelich wollte Zarah als Hauptdarstellerin für einen Film über die Gräfin Aurora von Königsmark (1662–1728), die sich von der Adelsmätresse zur Pröpstin eines Klosters wandelte. Doch wegen des Krieges wurden beide Pläne fallengelassen.
Statt dessen entschied man sich bei der Ufa für ein Projekt mit propagandistischem Einschlag: *Das Herz der Königin* (1940) reduziert die Lebensgeschichte der Maria Stuart (Zarah Leander) auf ihre Rivalität mit der englischen Königin Elisabeth (Maria Koppenhöfer), die sie am Ende hinrichten läßt.
In einer Arrestzelle auf ihren Tod wartend, ziehen noch mal die letzten Jahre an Maria Stuart vorbei. Nach langer Abwesenheit ist sie aus Frankreich in ihre Heimat zurückgekehrt, wo sie bei den schottischen Lords, die keine Frau als Herrscher akzeptieren, auf eisige Ablehnung stößt. »Ich weiß, Schottland liebt mich nicht, aber ich liebe Schottland«, seufzt sie, bringt es dann aber

Taugt nicht zur Machtpolitikerin: als Mary Stuart gegen Willy Birgel in ›Das Herz der Königin‹ (1940).

doch fertig, den Widerstand gegen sie zu ersticken. Sogar ihren größten Feind, Lord Bothwell (Willy Birgel), läßt sie verhaften. »Es ist ein Vergnügen, der Gefangene einer so schönen Frau zu sein«, sagt er zu Zarah, deren Blick eher verzagt als streng ist. Selbstquälerisch wie sie ist, paßt sie überhaupt nicht in die Rolle der Königin. Unpolitisch wie sie ist, nicht in die Rolle der Machtpolitikerin. Sie wirkt in diesem Film ziemlich matronenhaft, ein grobmaschiger Schleier verleiht ihrem Gesicht die nötige Kontur. Immerhin gibt sie einen guten Kontrast zu Maria Koppenhöfer, ihrer Gegenspielerin, ab. Eiskalt erscheint die als Elisabeth von England, die ihr einen Aufpasser, Prinz Henry Darnley (Axel von Ambesser), an den Hof schickt. Doch der vergißt über Zarahs Schönheit seinen Auftrag und verliebt sich in sie. Um

›Ich bin nur meinem Herzen gefolgt, das war meine Schuld.‹

einer drohenden Rebellion im Land Herr zu werden, nimmt sie Darnley zum Mann. Jetzt treiben die Aufständischen einen Keil zwischen sie und den König. Weil sie eine Affäre mit ihrem italienischen Sekretär haben soll, läßt ihn der König ermorden. Er selbst wird von Lord Bothwell ermordet – sie duldet es, weil er sich als Versager entpuppte. Ihr Söhnchen stirbt, der treueste Diener stirbt, und ihr Herz bleibt einsam mit einem neuen Mann (Bothwell/Birgel), dem sie sich unterworfen hat. Die ganzen langen 111 Minuten des Films bleiben Zarahs Gefühle unbeantwortet: Die Männer sind Waschlappen, Verräter oder Vergewaltiger. Trost findet sie bei den einfachen Menschen, den Lakaien, aber hier trennt wieder der Standesunterschied.

»Ich bin nur meinem Herz gefolgt, das war meine Schuld«, bekennt sie zuletzt.

Der Film ist Stückwerk. Nachdem die Dreharbeiten im August

1939 begonnen hatten, wurden sie schon vier Wochen später, angeblich infolge kriegsbedingten Arbeits- und Materialmangels, abgebrochen und erst 1940 beendet. Man merkt es. Die Szenen wirken zusammengestückelt, und dramaturgische Mängel werden durch eine fast durchgehende Musikuntermalung zu kitten versucht.

Es war der bisher aufwendigste Film für Zarah Leander, die man in pompöse Kostüme gepackt hat, und er wurde nur ein mäßiger Erfolg.

Danach soll Zarah von der Ufa einen neuen Regisseur verlangt haben. Sie schlug Rolf Hansen vor, und weder die Ufa noch Carl Froelich hatten etwas dagegen. Hansen war Froelichs Assistent und hatte mit Zarah in ihren drei Froelich-Filmen die Dialoge erarbeitet. Außerdem hatte er bereits eigene Dreherfahrung: Sein von Goebbels verbotenes Debüt *Das Leben kann so schön sein* (1938) oder die Komödie *Sommer, Sonne, Erika* (1939) stammten von ihm. Froelich war mittlerweile 65, und die Ufa wollte mit Hansen einen jungen Regisseur ausprobieren. Das erwies sich als Glücksfall. Denn für die verbleibenden drei Filme, die Zarah bis zum Kriegsende noch in Deutschland drehte, war Hansen »ihr« Regisseur, mit dem sie sich am besten verstand. Und er hob sie nicht nur auf den Höhepunkt ihrer Karriere in Deutschland, sondern bescherte auch der Ufa die lange erhofften Zahlen.

Der Weg ins Freie (1941), nach einem Drehbuch von Harald Braun und Jacob Geis, handelt von einer bekannten Opernsängerin (Zarah Leander), die die Chance ihres Lebens verpaßt – indem sie nicht ihren Beruf sausen läßt und Ehefrau eines mecklenburgischen Gutsbesitzers wird: weibliche Selbstverwirklichung gegen Dienst an Scholle und Herd. Es war der erste Film, in dem Zarah nicht erhobenen Hauptes ihre Misere meisterte, sondern scheiterte. Aus gutem Grund. Denn ihr Untergang kommt wie zur Strafe dafür, daß sie den Erfordernissen der Zeit nicht gehorchte. Der Film spielt zwar um die Mitte des 19. Jahrhunderts, nicht von ungefähr wurde aber 1941 im Kino gezeigt, daß weibliche Selbstverwirklichung über den sozialen Abstieg ins Verderben führt.

Antonia Corvelli (Zarah Leander) wird an der Wiener Oper als Star gefeiert. Ihr Mann Detlev (Hans Stüwe) sitzt als gewöhnlicher Zuschauer im Schatten einer Loge. Daß sie für alle da ist,

Ihre Selbstverwirklichung endet in Selbstzerstörung. (›Der Weg ins Freie‹, 1941, von Rolf Hansen.)

quält ihn. Nach der Vorstellung bittet er sie zum wiederholten Mal, das rastlose Leben aufzugeben und mit ihm auf sein Gut nach Pommern zu kommen. Da erfährt er, daß sie gerade ihren nächsten Vertrag unterschrieben hat – ohne mit ihm gesprochen zu haben. Verletzt reist Detlev nach Hause ab. Bald darauf bricht in Wien die Revolution aus, und Antonia wird in die Machenschaften ihres früheren Liebhabers Oginski (Siegfried Breuer) hineingezogen, eines Geschäftspartners Metternichs, der kurz vor dem Ruin steht und sich vor dem Volkszorn zu ihr gerettet hat. Um ihn loszuwerden, täuscht sie Selbstmord vor. Nachdem Detlev vom angeblichen Tod Antonias erfahren hat, heiratet er seine Cousine Luise (Eva Immermann).

Doch Antonia lebt, und während eines Schweizurlaubs packt sie plötzlich die Reue und fährt nach Pommern. Unerkannt begegnet sie Detlevs Frau und Kind. Sie flieht daraufhin deprimiert nach Italien, taucht in kleinen Ensembles unter und landet zuletzt in einer Kaschemme als Sängerin.
Noch einmal kehrt sie nach Pommern zurück, doch jetzt erfährt sie von Luise, daß sie ihr Recht auf Detlev verwirkt hat: »Ich war hier und habe an seiner Seite gearbeitet, habe ihn groß gemacht und ihm den Jungen geboren.«
Verzicht ist bei Zarah nichts Neues. Diesmal nur ist er selbstzerstörerisch: Sie zieht sich in ein Hotel zurück und vergiftet sich. Detlev findet sie gerade noch bei Bewußtsein. Um ihm und seiner Familie keinen Ärger zu machen, nötigt sie ihm sterbend noch ab, sie zu verleugnen. Dann öffnet ein Windstoß das Fenster, und ihre Seele kann den Weg ins Freie antreten. Von Rolf Hansen geführt, wirkt Zarah weniger statisch und unbeholfen als sonst. Eingebettet in ein Darsteller-Ensemble, das Hansen ausgewählt hatte, konnte sie sich besser entfalten.
Nach dieser Erfahrung, so erzählt Rolf Hansen, »wollte sie mit keinem anderen mehr arbeiten«. *Der Weg ins Freie* kam im Mai 1941 in die Kinos, wurde zwar mehr gelobt und besucht als die vorangegangenen Filme Zarahs, brachte es aber, was die Zuschauerzahlen angeht, nur zu einem Achtungserfolg. Jedenfalls fehlt er auf der Liste der 30 meistbesuchten Filme der Jahre 1940 bis '42, hatte also weniger als zehn Millionen Zuschauer, was damals schon Titel wie *Der verkaufte Großvater* oder *Wir bitten zum Tanz* mühelos erreichten.
Dennoch hielt man es im Propagandaministerium für an der Zeit, Hitler Zarahs Ernennung zur Staatsschauspielerin vorzuschlagen. Doch der lehnte ab, obwohl sie an erster Stelle der Empfehlungsliste stand. Im Jahr darauf, nach dem Erfolg von *Die große Liebe,* wurde ein neuer Antrag mit der Begründung gestellt, die Auszeichnung würde sie noch fester mit dem deutschen Filmschaffen verbinden. Doch wieder wurde nichts daraus: Der Führer, so wurde lakonisch vermerkt, wünsche nicht, »daß Zarah Leander den Titel Staatsschauspielerin erhält«. Bei der Ufa jedenfalls bestand kein Zweifel darüber, daß Rolf Hansen auch für das nächste Projekt mit der Leander verpflichtet werden sollte.
Die große Liebe war Zarahs erster deutscher Film, der nicht an

fernen Schauplätzen oder in vergangenen Zeiten spielte, sondern im Hier und Jetzt. Warb *Der Weg ins Freie* nur unterschwellig für die rechte weibliche Gesinnung im Krieg, so tat es *Die große Liebe* ganz offen. Der Krieg selbst ist das eigentliche Thema des Films. Er bestimmt seinen Ablauf, die Konflikte und die Dialoge. Und Zarah ist diesmal nur bedingt die entrückte Kunstfigur.

Zwar posiert und singt sie so schön wie eh und je, doch das nur bei ihren Auftritten, quasi auf einer zweiten Ebene. Auf der ersten lernen wir eine Frau in Alltagskleidung kennen, die in einer ganz normalen Berliner Mietswohnung lebt und die U-Bahn benutzt. Zarah war aus den Tempeln des schönen Scheins herabgestiegen und hatte sich unters Volk gemischt. Die Geschichte ist einfach: Ein Leutnant der Luftwaffe (Victor Staal) verliebt sich in eine bekannte Sängerin (Zarah Leander).

Doch leben können sie ihre Liebe nicht: Er wird immer wieder an die Front gerufen, sie reist für die Truppenbetreuung quer durch Europa. Zeit füreinander finden sie erst, nachdem er abgeschossen wurde und sie den Verletzten im Lazarett betreut.

Idol zum Anfassen. Zarah Leander unterwegs zu Dreharbeiten.

Die Diva fährt U-Bahn: das ›Gebot der Stunde‹ im zweiten Kriegsjahr. (Mit Victor Staal in ›Die große Liebe‹, 1941/42.)

Paul Wendlandt ist auf Fronturlaub in Berlin. Zusammen mit seinem Kameraden Alfred (Hans Schwarz) besucht er abends die Skala, ein Varieté-Theater, in dem die gefeierte Sängerin Hanna Holberg (Zarah Leander) auftritt.
Auch Paul und Alfred schwärmen für sie. Paul möchte sein Idol kennenlernen. Zarah als militärisches Objekt: »Willste ran?« fragt Alfred seinen Kameraden. »Klar, erste Aufklärung«, antwortet Paul vergnügt. Und beim Anblick der vielen Fans meint Alfred: »Keine Chance. Starke überlegene Kräfte.«
Doch Victor Staal gelingt es trotzdem. In der U-Bahn spricht er sie an. Daß ein Filmstar wie Zarah nach der Vorstellung nicht in eine wartende Limousine steigt, sondern die U-Bahn benutzt,

war nicht etwa ein kurioser Regie-Einfall Rolf Hansens, sondern entsprach der damaligen Realität: Benzin war rationiert, und einen Privatwagen durfte nur fahren, wer eine Sondererlaubnis hatte. »Schauspieler gehorchen dem Gebot der Stunde«, hieß die Überschrift zu einer Fotoreportage, die in der Illustrierten *Stern* vom Oktober 1939 erschien. Darin konnte man Prominente wie Paul Kemp, Gustav Knuth oder Lil Dagover sehen, die mit gutem Beispiel vorangingen und öffentliche Verkehrsmittel oder das Fahrrad benutzten.

Paul verfolgt Hanna, und als sie ihn vor ihrem Haus endlich abhängen will, kommt Bombenalarm, weshalb sie ihn mit in ihren Luftschutzkeller nehmen muß. Heulende Sirenen, Hausbewohner, die mit Decken und Notgepäck in den Bunker gehen – es ist das einzige Mal, daß in einem Spielfilm des Dritten Reichs die Wirklichkeit der Heimatfront so unmittelbar vorkommt. Freilich stark geschönt: Die schutzsuchenden Hausbewohner haben nicht etwa Angst, sondern sitzen vergnügt wie auf einer Kellerparty mit Kaffee-Ausschank beisammen. »Wollen wir das Schießen vornehm ignorieren«, lautet die Parole der Hausbewohner, die sich auf diese Art endlich näher kennenlernen: ein Plauderstündchen als amüsante Abwechslung, dessen unvermeidliche Begleiterscheinungen Detonationen und rieselnder Kalk sind. Ein fröhliches Stelldichein, das viel zu früh vorbei ist: »Oh, gerade jetzt!« klagt ein spielender Junge, als die Entwarnung kommt. Paul verbringt die Nacht bei Hanna. Am nächsten Morgen ist er fort.

Weil er in Zivil war und ihre Frage nach seinem Beruf ausweichend beantwortete, weiß sie nicht, daß er Soldat ist.

Ein Umstand, der u. a. dazu führte, daß das Oberkommando der Wehrmacht den Film nicht freigeben wollte. Ein deutscher Fliegerleutnant tausche während eines Kurzurlaubs seine Uniform nicht gegen Zivil und schlafe auch nicht gleich in der ersten Nacht mit einer Damenbekanntschaft, hieß es zur Begründung. Goebbels schaltete Göring ein – mit Erfolg. Denn der war mit ihm der Meinung, daß »wenn ein Fliegerleutnant eine solche Gelegenheit nicht ausnütze, er kein Fliegerleutnant sei«. Dann taucht Paul wieder bei Hanna Holberg auf. Als sie ihm sein plötzliches Verschwinden vorwirft, nennt er seinen Beruf. Sofort verzeiht sie ihm. Aber zusammenbleiben können die beiden nicht.

Bei ihren Tourneen durch Europa ist Alexander Rudnitzky (Paul Hörbiger), ihr Komponist und Begleiter, immer dabei. Auch er liebt Hanna, hat aber keine Chance bei ihr. Denn sie läßt keinen Zweifel daran, daß sie ihn nur als Vertrauten will, dem sie alles von ihrem Fliegerleutnant erzählen und selbst seine Briefe vorlesen kann.
Es kann ihr nicht entgangen sein, daß auch Alexander sie liebt. So ist es ziemlich sadistisch von ihr, wie sie ihn mit ihren ständigen Berichten über Paul foltert. In gequälter Selbstverleugnung hört Paul Hörbiger zu und sublimiert sein Gefühl in neuen Liedern, die er für sie schreibt.

Quält ihn mit ihrer Liebe, die einem anderen gilt: Attila Hörbiger als brüderlicher Freund.

»Davon geht die Welt nicht unter«, singt Zarah und meint ihre unglückliche Liebe. Die deutschen Soldaten in Paris schunkeln und stimmen begeistert in den Refrain ein, den sie, wie die Kinobesucher des Jahres 1942, auch ganz anders verstehen durften: »Davon geht die Welt nicht unter, sieht man sie manchmal auch grau, einmal wird sie wieder bunter, einmal wird sie wieder himmelblau, geht's mal drüber und mal drunter, wenn uns der Schädel auch raucht, davon geht die Welt nicht unter, sie wird ja noch gebraucht!« Es ist schon gekonnt, wie hier politische Durchhalteparolen in private Liebeslieder verpackt werden. Bei »Ich weiß, es wird einmal ein Wunder gescheh'n« wandert Zarahs Blick zum Himmel, über den eine deutsche Fliegerstaffel zieht. Man versteht, daß Göring den Film »großartig« fand.
Nach einigen Versuchen zusammenzukommen (er möchte sie in Berlin besuchen, sie singt gerade in Paris), vereinbaren Paul und Hanna einen Hochzeitstermin. Zum Polterabend in Hannas Wohnung werden Gäste geladen, auch – als Anspielung auf Zarahs Herkunft – Hannas »schwedische Mutter«. Während unten auf der Straße jubelnde Nachbarn Geschirr zerschlagen, liest oben Paul ein Telegramm, das ihn sofort an die Front zurückbeordert: der Polterabend als Interruptus. Immer wieder nährt Rolf Hansen die Glückserwartung und enttäuscht sie kurz vor der Erfüllung brutal.
Zarahs Antwort auf den neuen Fehlschlag: Arbeit.
In Rom sehen sich die beiden wieder, wo sie gerade gastiert und er Urlaub machen möchte. Doch ehe sie noch richtig zusammenkommen, muß Paul schon wieder weg. Diesmal mit einer völlig diffusen Erklärung: Ein Kamerad habe »angedeutet«, daß er jetzt besser auf seinem Posten wäre. Zarah ist am Ende. Alexander spielt den Therapeuten, doch seine Chancen bei ihr steigen deshalb noch lange nicht. Später stellt sich heraus, daß Victor Staal in geheimer Mission nach Berlin zurückbeordert wurde, weil der Rußlandfeldzug bevorstand. Staal spielt den Liebhaber, der sich nicht vermittelt. Trotz seiner markigen Sprüche verdrückt er sich ständig ohne Erklärung; als hätte er ein schlechtes Gewissen. Ein blasser, konturloser Mann, scheint er ohne Herkunft und Geschichte. Nie lernen wir seine Wohnung kennen, alles passiert bei Zarah oder in anonymen Hotels. Während Zarah ihr Leiden auslebt, drückt Staal es weg.
Als guter Soldat darf er keine Gefühle zeigen. Sein Frust schlägt

Ein Telegramm kommt, der Krieg hat Vorrang vor der Hochzeitsnacht.

in selbstzerstörerische Neigungen um: Wenn er Zarah schon nicht bekommt, will er sich wenigstens fürs Vaterland zu Tode kämpfen.

Soviel jedenfalls steht fest: Die Liebe ist der größte Feind des Krieges – und umgekehrt.

Daß sie sich dann doch noch wenigstens für ein paar Wochen finden, haben sie wieder dem Krieg zu verdanken: Er wird abgeschossen und leicht verwundet, sie besucht ihn in einem Sanatorium. Zarah hat gelernt, daß persönliches Glück hinter Kriegspflicht zurückstehen muß. Rund drei Millionen Reichsmark kostete *Die große Liebe.* Rund acht Millionen hatte der Film bis

1943 eingespielt, das entspricht etwa 27 Millionen Zuschauern. Der Film erhielt die Prädikate »Staatspolitisch, künstlerisch und volkstümlich wertvoll« und lief auch im europäischen Ausland (sogar in der nichtbesetzten Schweiz) mit »sensationellem« Erfolg.
Auch nach dem Krieg hielt er sich in den Kinos, gekürzt um die Bunkerszene und Zarahs Pariser Auftritt vor den Wehrmachtssoldaten.
Kurz nach der Premiere von *Die große Liebe* arbeitet sie mit Rolf Hansen bereits an *Damals,* ihrem neunten Film für die Ufa. Häufig Schauplätze und Zeiten wechselnd, handelt der Film von einer Frau, die durch ein paar ungeschickte Schnitzer immer mehr Schuld auf sich lädt, bis sie schließlich für eine Mörderin gehalten wird.
Zarah spielt eine deutsche Ärztin, die unter englischem Namen in Südamerika lebt und verhaftet wird, weil sie in einem Hotelzimmer einen Versicherungsagenten umgebracht haben soll. In Rückblenden, leitmotivisch eingeführt durch das Wort »damals«, wird die Vergangenheit von Gloria O'Connor aufgerollt. Eigentlich heißt sie Vera Meiners. Zehn Jahre zuvor lebte sie noch in Deutschland und war mit einem Lübecker Rechtsanwalt (Hans Stüwe) verheiratet. Der krankhaft Eifersüchtige setzt sie vor die Tür, nachdem er rausfindet, daß Vera sich heimlich mit ihrem früheren Freund Frank Douglas (Karl Martell) getroffen hat: um sich endgültig von ihm loszusagen – was ihr Mann nicht glaubt. In einer Schweizer Klinik versucht sie sich als Ärztin eine neue Existenz aufzubauen, doch wieder sabotiert sie sich selbst: Weil sie eigenmächtig die Operation an einem schwerkranken Kind veranlaßt, wird ihr gekündigt. Um sich über Wasser zu halten, singt sie in einer Varieté-Show lockere Lieder (»Jede Nacht ein neues Glück«). In der Spelunke, wo sie sich nur mit Mühe einen Clownskollegen vom Leibe halten kann, trifft sie ihren alten Freund Frank wieder. Er vermittelt ihr eine Stelle als Krankenpflegerin nach Südamerika, die sie unter falschem Namen antritt. Hier findet sie ihr geläuterter Exmann und befreit sie mit Hilfe der gemeinsamen Tochter von dem Mordverdacht.
Drei kleine Lügen sind es, die in *Damals* für Zarah fatale Folgen haben: Erst erzählt sie ihrem Mann, sie sei mit dem Sechs-Uhr-Zug aus Kopenhagen gekommen (er ist entgleist), dann gibt sie (im nie erteilten Auftrag des Chefarztes) Befehl, das Kind zu

operieren (es droht zu sterben); schließlich belügt sie die südamerikanische Polizei über ihre Identität. Eigentlich ist sie ja gut, will ihren Mitmenschen nur Unangenehmes ersparen – und landet zum Dank nur tiefer im Schlamassel. Exil, Varieté, Quarantänelager und südamerikanischer Knast: Zarah erduldet die ihr auferlegten Prüfungen mit bewährter Unerschütterlichkeit. Schließlich ist sie von ihrer Unschuld überzeugt. Auch ihr Mann, der zuletzt einsieht, daß er sie zu Unrecht verstoßen hat. *Damals* kann auch als ein Appell an die Frontsoldaten gesehen werden, ihren in der Heimat gebliebenen Frauen zu vertrauen. Von der darstellerischen Leistung ist es Zarahs bester Film.
Dem Bündel unterschiedlicher Situationen, die sie durchläuft,

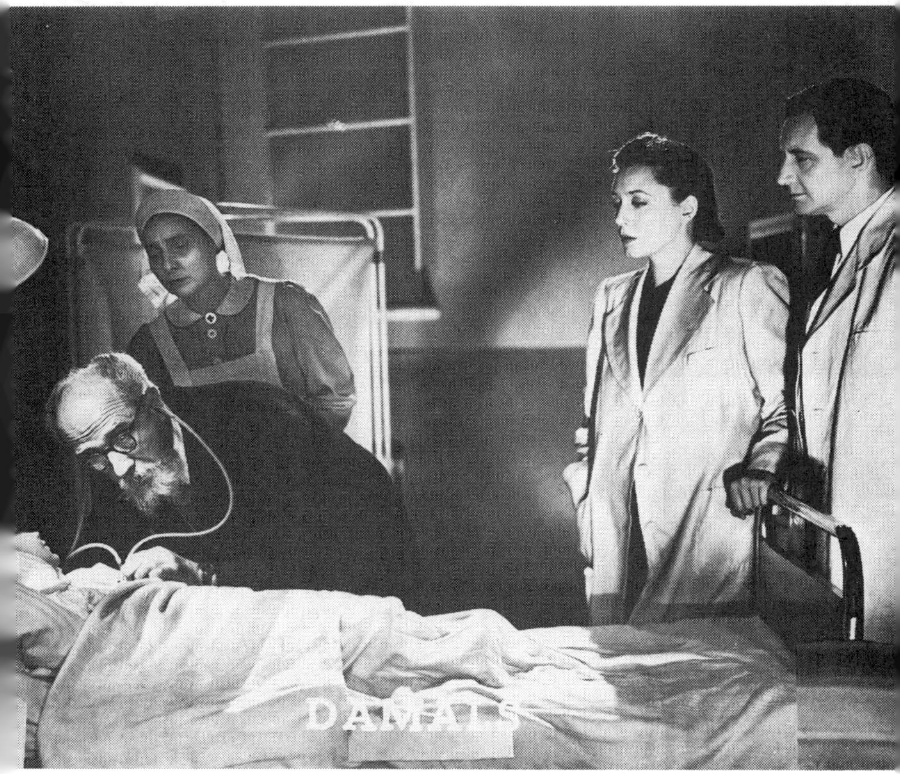

Sabotiert sich selbst: Zarah Leander in Rolf Hansens ›Damals‹ (1942).

Und wieder wandert sie unschuldig ins Gefängnis (›Damals‹).

entspricht ihr facettenreiches Spiel; in jeder Szene wirkt sie neu. Franz Weihmayr setzt wie in einem *Film noir* spärlich hartes Licht, läßt häufig ihr Gesicht aus dem Dunkel auftauchen und bringt durch (bewegte) Schatten eine abgründige Atmosphäre in die Bilder. Uraufführung von *Damals* war am 3. März 1943 in Berlin. Zarah, die teilweise schon auf ihrem schwedischen Gut Lönö wohnte, kam eigens nach Deutschland, um sich nach der Vorstellung zu zeigen.
Rolf Hansen erzählt: »Als ob sie ahnten, daß es für lange Zeit Zarahs letzter Auftritt war, schrien und trampelten die Leute 40 Minuten lang wie verrückt. Sprechchöre: ›Zarah! Zarah! Hansen! Hansen!‹, ein solches Geschrei hatte ich noch nie er-

lebt. Als gegen halb zwölf endlich alles vorbei war, fuhren wir nach Babelsberg raus, wo die Ufa ein Fest gab. Es wurden Getränke und Delikatessen aufgefahren, daß man dachte, man sieht nicht recht: mitten im Krieg!
Später kam Zarah zu mir und lud mich und ein paar Freunde in ihre Grunewalder Villa, um dort im engsten Kreis weiter zu feiern.
Wir fahren also los, nichtsahnend, daß Berlin inzwischen bombardiert worden war. Wie wir zu Zarahs Haus kommen, ein langgestreckter Bungalow, brannte der Küchenflügel lichterloh. Wohn- und Schlafzimmer waren noch intakt. Aber man wußte nicht, ob irgendwann Feuerwehr kommen würde, es brannte ja halb Berlin.
Niedergeschlagen wollte sich die Gruppe auflösen. Da sagte Karl Martell, der im Film Zarahs alten Freund Frank Douglas spielt: ›Bitte kommt doch zu uns, wir wohnen ja gleich in der Nähe, daß wir so, wie wir hier sind, noch zusammen sein können und das nicht die letzte Erinnerung an die Premiere wird.‹
Als wir bei den Martells waren, nahm mich Zarah zur Seite und eröffnete mir, daß sie morgen für immer nach Schweden zurückkehren werde. Angeblich auf Geheiß der schwedischen Regierung, die ihr die Weiterarbeit in Deutschland verbot. ›Sag aber niemand etwas davon, damit es jetzt keine Abschiedstragödie gibt.‹ So verschwand sie. Erst zehn Jahre später habe ich sie wiedergesehen, während einer Konzerttournee in Kassel. Wir gingen zusammen abendessen, und sie hatte auch gleich ein Drehbuch dabei.
Aber ich konnte innerlich einfach nicht mehr, sie sah nicht nur zehn Jahre älter aus, es war auch sonst vorbei.« Nach der überstürzten Abreise aus Deutschland im Frühjahr 1943 zog sich Zarah Leander auf ihr Gut Lönö zurück, das sie 1939 gekauft hatte und von ihrem Mann bewirtschaftet wurde.
Es folgten Jahre der Isolation. In Schweden schlug ihr eisige Verachtung entgegen, weil sie mit den Nazis paktiert hatte.
Geplante Schallplatten oder Theaterauftritte schlugen fehl.
In Deutschland wurde, auf Goebbels' Geheiß, ihr Name totgeschwiegen.
Und seit ihr Mann nichts mehr zu managen hatte, sondern nur noch ein depressives Geschöpf erlebte, das tagelang im Bett verblieb, gab es Eheprobleme, die bald zur Scheidung führten.

Nach der deutschen Kapitulation wurde von den Alliierten bis 1948 ein Auftrittsverbot über sie verhängt. Dann begann sie zaghaft, erst in Saarbrücken, später in Berlin, mit Chansonabenden. Die Erfahrungen waren so ermutigend, daß sie es auch mit dem Kino wieder versuchen wollte.
Ihr erster Nachkriegsfilm hieß *Gabriela* (1950) und ist ein gutes Beispiel dafür, wie deutsche Produzenten im alten Stil weitermachten, als wäre nichts geschehen. Eine Runde altgedienter Ufa-Kräfte fand sich zusammen, um die Geschichte einer Nachtclubsängerin zu erzählen, die spät erkennt, daß sie sich zuwenig um ihre inzwischen erwachsene Tochter gekümmert hat: Regie führte Geza von Cziffra, die Musik schrieb Michael Jary. Grethe Weiser, Käthe Haack und Carl Raddatz waren mit von der Partie. Doch was sieben Jahre zuvor noch die Massen angelockt hätte, wurde 1950 (trotz unbestreitbarer Qualitäten des Films) einfach übersehen. Der Zauber wirkte nicht mehr, der Mythos war dahin.
In den meisten der sechs Filme, die sie bis 1966 dreht, arbeitet sie in Nachtclubs, wo sie zuweilen vergangene Schuld abarbeiten muß: der angemessene Platz für die gefallene Diva. In anderen Filmen ist sie nur noch Selbstzitat, das die alten Nummern wieder anstimmt (so in *Bei dir war es immer so schön*).
Mehr Glück hatte sie auf der Bühne, wo ihr die Beschwörung ihrer großen Zeit besser gelang. In Wien, wo ihre deutsche Karriere begonnen hatte, gelang ihr 1958 mit Peter Kreuders Musical *Madame Scandaleuse* das Comeback als Revuestar. Es folgten *Eine Frau, die weiß, was sie will* (1960) und *Lady aus Paris* (1964).
Und es folgte die lange Zeit des Abgesangs. Zusammen mit ihrem dritten Mann und musikalischen Begleiter Arne Hülphers bestritt sie zahlreiche »Abschiedstourneen«, die – bei ihrer matronenhaften Figur und dem zerfurchten Gesicht – zunehmend zu Selbstparodien gerieten. Sie konnte einfach nicht aufhören. Ihre Selbstdarstellungssucht war so groß, daß sie sich als Entertainerin für Kaffeefahrten nicht zu schade war. Die Gesundheit bewahrte sie vor Schlimmerem. Nach dem Tod ihres Mannes erlitt sie im Herbst 1978 einen Schlaganfall, der sie an den Rollstuhl band. Zweieinhalb Jahre später, am 23. Juni 1981, starb sie in einer Stockholmer Klinik. Ihr eigentlich letzter Auftritt folgte ein halbes Jahr später in Berlin, wo ihr Nachlaß versteigert

wurde. Zu den vom Tonband eingespielten Liedern Zarahs führten Transvestiten ihre Kostüme, Perücken und Schmuckstücke vor: Zubehörteile, die wie bei keinem anderen Ufa-Star unmittelbar zu ihr gehört, ihre Aura geprägt hatten.
Angetan mit ihren Sachen, konnte sich jedes der Models als Zarah fühlen, wie zuvor auf den notorischen Tuntenbällen, wo es von Zarahs nur so wimmelte. Auch das belegt: sie war eine Idee, das Inbild weiblicher Verheißung.

Die Kindfrau: Kristina Söderbaum

Ist von den Diven des Dritten Reichs die Rede, fällt ihr Name meist zuerst; freilich mit negativem Unterton. Für viele bleibt sie der Prototyp des arischen Weibchens, wie es sich die Nazis wünschten: flachsblond, blauäugig und dem Manne bedingungslos untertan.

Tatsächlich spielt sie in den meisten ihrer Rollen Frauen mit typisch deutschen Primärtugenden: Sie ist treu (statt lasziv), gewissenhaft (statt leichtfertig), einfältig (statt raffiniert) und unendlich opferbereit (statt egoistisch). Zuweilen opfert sie auch sich selbst. Daß sie sich in dreien ihrer elf Filme ertränkte, trug ihr den Titel »Reichswasserleiche« ein.

Läßt man diese Klischees beiseite, eröffnen sich andere Perspektiven. Obwohl sie in ihren Filmen gerne reitet und schwimmt, verkörpert sie keineswegs den Typ des gesunden, kraftstrotzenden »Vollweibs«. So vital sie auftritt, so gefährdet ist ihre überempfindliche Seele, die dem harten Leben mit seinen von Männern gemachten Gesetzen oft nicht gewachsen scheint. Bei aller äußeren Robustheit: Kristina Söderbaum ist die »femme fragile« im Film des Dritten Reichs.

Daß auch sie überhaupt nicht aus Deutschland kommt, versteht man noch weniger als bei der exotischen Zarah Leander.

In Stockholm wird Kristina Söderbaum am 5. September 1912 geboren. Die Familie zählt zu den ersten der Stadt. Der Vater ist Chemieprofessor und zeitweilig Präsident der Schwedischen Akademie der Wissenschaften, die den Nobelpreis verleiht. Es gibt ein Foto von ihm, wie er 1929 die Laudatio auf die hinter ihm aufgereihten Nobelpreisträger des Jahres hält (unter ihnen Thomas Mann): ein großer, schlanker Mann mit eisgrauem Kinnbart und Halbglatze.

Der Vater ist 23 Jahre älter als die Mutter und erscheint als gütig, aber in seinen Prinzipien unerbittlich streng: Als Kristina einmal zu spät zum Essen kommt, nimmt er sie in ein Nebenzimmer, verprügelt sie wortlos und sperrt sie danach ins Klo. Er ist der Typ des unnahbaren Übervaters, der sie tagelang durch Schweigen bestrafen konnte. Anders die Mutter: Sie ist warmherzig, musisch veranlagt und offenbar alles andere als autoritär. Mit den (insgesamt vier) Kindern führt sie selbstverfaßte Theater-

Starporträt, Anfang der 40er Jahre.

stücke auf. Kristina beginnt, sich für die Schauspielerei zu interessieren.
Im Rahmen der Schule besucht sie Theatervorstellungen, mit 16 beginnt sie fürs Kino zu schwärmen. Sie liebt Willy Fritsch und Lilian Harvey, Greta Garbo und Elisabeth Bergner; das Übli-

Der Mann ihres Lebens: Veit Harlan (1899–1964).

che. Ihre Kinoleidenschaft verstärkt sich, als sie für zwei Jahre auf ein Internat nach Paris geschickt wird.
Über jeden Film, den sie sieht, legt sie eine Karteikarte mit ihrer Bewertung an. Nach dem rasch aufeinanderfolgenden Tod der Eltern zieht Kristina 1933 nach Berlin, um Kunstgeschichte zu studieren, bricht aber nach wenigen Semestern ab und nimmt Schauspielunterricht.

Über einen Ufa-Nachwuchswettbewerb debütiert sie in Erich Waschnecks *Onkel Bräsig* (1936): der Geschichte eines leichtsinnigen, jungen Grafen (Harry Hardt), der sein ererbtes Rittergut in den Ruin zu treiben droht, aber von seinem gutmütigen Onkel (Otto Wernicke) gerettet wird. Kristina tritt zusammen mit Hildegard Barko als Zwillingspaar auf, das von dem alten Bräsig am gleichen Tag verheiratet wird. Sie verdient ihre erste Gage, doch ist die Rolle so unbedeutend, daß keine weiteren Angebote folgen.

Über eine Freundin wird Veit Harlan auf sie aufmerksam, die entscheidende Begegnung in ihrem Leben.

Harlan war damals 38 und in zweiter Ehe mit der Schauspielerin Hilde Körber verheiratet, hatte sich mit ihr aber auch schon wieder auseinandergelebt.

Der Sohn des Berliner Schriftstellers und Dramaturgen Walter Harlan hatte selbst als Schauspieler begonnen: erst am Theater, dann, ab 1926, beim Film, wo er meist in unterhaltenden Rollen auftrat. Als Darsteller findet er wenig Beachtung. 1934 inszeniert er am Theater am Schiffbauerdamm sein erstes Stück. Mit *Krach im Hinterhaus,* einem Berliner Schwank, gelingt ihm bald darauf der Durchbruch als Regisseur. Das Stück läuft so gut, daß ihm angeboten wird, es zu verfilmen.

In wenigen Wochen für knapp 200.000 Reichsmark gedreht, wird *Krach im Hinterhaus* in kürzester Zeit ein Millionenerfolg.

Es folgen etliche Komödien, die Harlan den Ruf des »Schnellregisseurs« eintragen. Sie heißen *Kater Lampe* (1935), *Der müde Theodor* (1936, mit Weiß-Ferdl) oder *Fräulein Veronika* (1936, mit Hans Moser und Theo Lingen).

Dann bearbeitet Harlan Gerhart Hauptmanns *Vor Sonnenaufgang* – mit Emil Jannings, Marianne Hoppe und Harald Paulsen. Der Film kommt 1936 unter dem Titel *Der Herrscher* ins Kino und ist eine offene Huldigung an die nationalsozialistische Führeridee, die durch einen mächtigen Industriemagnaten (als Vorbild diente Krupp) verkörpert wird; von Hauptmanns Vorlage war so gut wie nichts übriggeblieben.

Später versuchte Harlan, seinen Anteil bei der Entstehung des Films herunterzuspielen. Demnach war er mehr oder weniger Erfüllungsgehilfe seines Hauptdarstellers und Co-Regisseurs Emil Jannings, der, zusammen mit einem »Aufpasser« des Propagandaministeriums, für den rechten Stil des Films sorgte. Wie auch immer: *Der Herrscher* wurde von den Nazis mit Lob und Auszeichnungen überschüttet, Hitler und Goebbels gratulierten den Machern »zu dieser Deutschland Ehre bringenden Leistung«.

In Kristina Söderbaums Bewertungskartei war *Der Herrscher* ebenfalls mit einem Plus verzeichnet, als sie Veit Harlan aus einem Dutzend anderer Bewerberinnen für die Hauptrolle seines neuen Films *Jugend* auswählte. Nach dem naturalistischen Drama von Max Halbe schildert der Film den Konflikt einer jungen Frau, die an ihrer als Fluch empfundenen unehelichen Geburt zugrunde geht.

Annchen, eine 17jährige Waise (Kristina Söderbaum), lebt im Pfarrhaus ihres Onkels Hoppe (Eugen Klöpfer). Eines Tages kommt ihr Cousin Hans (Hermann Braun) zu Besuch. Eifersüchtig verfolgt der ebenfalls im Haus wohnende Kaplan Gregor (Werner Hinz), wie sich Annchen und Hans ineinander verlieben. Als die beiden miteinander schlafen, verpetzt er sie bei Hoppe. Aus Angst, schwanger zu sein und ihren Onkel zu enttäuschen, geht Annchen ins Wasser.

Hans fährt zum Studium nach Heidelberg.

Ein grausamer Film, weil er von der ersten Szene an mit unerbittlicher Logik aufs schlimme Ende zusteuert. Als Annchen zum erstenmal erscheint, liegt sie morgens noch im Bett, während alle anderen schon auf sind.

Das wäre nicht weiter schlimm, hätte sie nicht die Seelenmesse ihrer verstorbenen Mutter verschlafen. Der junge Kaplan Gregor redet ihr deswegen entsprechend ins Gewissen. Er ist der Inbegriff des bigotten Eiferers, der jeden ihrer Schritte überwacht und mit inquisitorischer Strenge in sie dringt.

Sie liefert sich ihm ans Messer, indem sie kindlich-naiv ihre Gefühle preisgibt. Vom ersten Moment an ist sie *das Opfer*. Da hilft auch ihr gutmütiger Onkel, der Pfarrer, nichts, der vergeblich versucht, den fanatischen Kollegen in die Schranken zu weisen. Annchen steckt wegen ihrer unehelichen Herkunft voller Schuldgefühle, und weil sie sie ausspricht, liefert sie dem perfiden Kaplan ständig Munition für seine moralischen Standpauken.

Die Vergangenheit lastet dermaßen auf ihr, daß sie alles Neue ängstigt. Als Hans auftaucht, ist sie zunächst so verliebt, daß die Altlast vergessen scheint: Er ist der Schlüssel zu einem anderen,

Eine Erbschuld lastet auf ihr: Kristina Söderbaum in ›Jugend‹ (1938).

befreiten Leben. Doch dann brechen in ihr die alten Vorbehalte wieder durch, sie denkt an ihren Onkel, an den Kaplan, an ihre Schuld und, vor lauter Rücksichtnahme, nicht an sich selbst. »Bringen Sie sich als Opfer dar«, ermahnt sie der Kaplan und möchte sie ins Kloster schaffen, damit sie dort für etwas büße, wofür sie nichts kann.

Der Inquisitor (Werner Hinz) hat leichtes Spiel.

Sie ist das wandelnde schlechte Gewissen. Und die Liebe – besser: die Hörigkeit gegenüber Hans – wird selbstzerstörerisch. »Drück mich tot!« sagt sie einmal, während sie ihn umarmt. Es kommt, wie es kommen muß: Sie steht unter Erfüllungszwang. Der Kaplan sieht sie nachts zum Zimmer von Hans schleichen. Und morgens verschläft sie prompt wieder die Messe.

Jetzt brechen alle Dämme in ihr: »Laß sie mich totschlagen, es ist mir alles egal«, und: »Zertreten Sie mich, dann bin ich aus der Welt!«

Als ihr niemand den Gefallen tut, erledigt sie es selbst und ertränkt sich im nahen See.

Die drei Männer bleiben ratlos zurück. Jeder von ihnen ist an ihrem Tod mitschuldig. Am meisten der sadistische Kaplan, aber auch Hans, der sie nach der Liebesnacht in Richtung Uni verlassen möchte, und nicht zuletzt der Onkel mit seiner alles begütigenden Art, durch die er sich Annas Problem vom Leibe hält.

Veit Harlan schneidet wenig, läßt die Schauspieler in langen Einstellungen eine enorme Intensität entwickeln, die auf ausgedehntes Proben zurückgeht, was Harlan vom Theater gewohnt war.

Weil der Schluß des Films nach Meinung des damaligen Führerstellvertreters Rudolf Heß eine »empörende katholische Werbewirkung« hatte, wurde *Jugend* zunächst nicht freigegeben. Harlan mußte ein neues Ende drehen. Als Regisseur, auf den die Führung setzte, genoß Harlan nicht nur deren wohlwollende, sondern auch kritische Aufmerksamkeit.

Außer *Immensee* sollen laut Harlan sämtliche seiner während des Krieges gedrehten Filme von Goebbels mit Änderungswünschen bedacht worden sein. Ein Kuhhandel: Goebbels baute Harlan – mit allen materiellen Vorteilen – zum Staatsregisseur

›Drück mich tot!‹ (Mit Hermann Braun.)

auf, dafür hatte er zu parieren. Ständige Konflikte waren die Folge. Ähnliches gilt für Harlans Verhältnis zu Kristina Söderbaum. Er war ein Despot – dafür sicherte er ihr (zuweilen gegen Goebbels' Widerstand) in jedem seiner Filme die weibliche Hauptrolle.
Seit den Dreharbeiten zu *Jugend* waren die beiden ein Paar. Seine erste körperliche Begegnung mit ihr kam einer Vergewaltigung gleich. Nachdem es bereits seit einer ganzen Weile zwischen ihnen funkte, muß sie ihn während der Aufnahmen zu einer Tanzszene mit Werner Hinz (dem Kaplan) dermaßen eifersüchtig gemacht haben, daß er nachher einfach in ihrer Garderobe erschien und sie sich nahm. Und als er sie längst duzte, redete sie den 13 Jahre Älteren respektvoll mit »Sie« an. Immer wieder berichtet sie von dem Gefühl, weder von Harlan noch den Schauspielerkollegen ernst genommen zu werden. Sie war das Nesthäkchen, ohne daß sie mit ihren 25 Jahren Grund für dieses Gefühl hatte. Harlan schirmte sie nach außen total ab. »Er war sogar auf die Blicke anderer eifersüchtig. Obgleich wir nicht verheiratet waren, hütete er mich als seinen ausschließlichen Besitz, der in seiner Reinheit nicht durch die Einflüsse der Welt ringsum beschmutzt werden sollte. So jedenfalls drückte er sich aus.«
Ihr zweiter gemeinsamer Film hieß *Verwehte Spuren* (1938) und spielte in Paris während der Weltausstellung im Jahre 1867. Kristina kommt mit ihrer Mutter (Charlotte Schultz) aus Kanada in die völlig überfüllte Stadt. Mutter und Tochter müssen in zwei verschiedenen Hotels absteigen. Als Séraphine ihre Mutter am nächsten Morgen in deren Hotel abholen will, ist sie verschwunden, ihr Zimmer geräumt, und niemand will sich mehr an die Dame erinnern.
Allein irrt Séraphine durch die fremde Stadt. Was gestern daran faszinierend war, ist plötzlich nur noch bedrohlich. Die Umzüge, das fröhliche Treiben: eine einzige Verschwörung. Wie ein böses Omen erscheint der große aufgeblasene Globus, der am Abend zuvor von einem Festwagen in die Menge gerollt war. »Die Welt fällt runter«, rief Séraphine erschrocken zur Mutter.
Wie in *Jugend* ist sie auch hier einer Situation ausgesetzt, die sie völlig überfordert. In *Jugend* war es der innere Konflikt einer unbewältigten Vergangenheit, der sie untergehen ließ, in *Verwehte Spuren* hat sie klare Gegner: den Hotelier, das Reisebüro, die

Allein gelassen in einer großen Stadt: in ›Verwehte Spuren‹ (1938).

Behörden. Doch möglicherweise – Harlan spielt damit – ist sie das Opfer ihrer eigenen Psychose. Demnach wäre sie gar nicht mit der Mutter hierher gekommen, hätte sich alles nur eingebildet. Je sturer sie gegenüber der Umwelt die Existenz ihrer Mutter verteidigt, desto mehr wachsen die Zweifel. Denn wie können sie so viele Menschen unabhängig voneinander belügen? Da entdeckt Séraphine an einer jungen Frau den Schmuck ihrer Mutter. Sie zerrt die Unbekannte zum Polizeipräfekten und stellt ihn zur Rede. Jetzt muß er ihr die Wahrheit sagen. Um zu verhindern, daß in der Stadt eine Massenpanik ausbricht, verschwieg man ihr, daß ihre Mutter in der Nacht ihrer Ankunft an der Pest gestorben ist. Ein Stoff, den auch Hitchcock hätte verfilmen können.

Kristina Söderbaum ist nur äußerlich die erwachsene Tochter. Ihre Desorientiertheit ist die eines Kindes, das die Bezugsperson verloren hat: Vor lauter Panik nimmt es Hilfsangebote anderer nicht mehr wahr, versteift sich nur noch auf die Vorstellung der verlorenen Mutter.

Zur Premiere des Films im August 1938 war das nächste gemeinsame Projekt bereits in Arbeit: *Das unsterbliche Herz* entstand nach einem Theaterstück von Harlans Vater weitgehend an Originalschauplätzen in Nürnberg. Der Film erzählt die Erfindung der ersten Taschenuhr durch den Schlossermeister Peter Henlein (Heinrich George) im Jahre 1517. Er ist mit einer wesentlich jüngeren Frau (Kristina Söderbaum) verheiratet, die ihn abgöttisch liebt – und seine Arbeit haßt, weil sie weiß, daß diese Arbeit ihn zerstören, also ihn ihr nehmen wird.

Es beginnt mit einem dramatischen Sturm auf offener See. Henleins Freund, der Geograph Martin Behaim (Michael Bohnen), ist auf einer Kogge unterwegs. Weil durch den Seegang alle Uhren ausfallen, verliert er die Orientierung, das Schiff sinkt.

Der Erfinder des Globus wird später vor Gericht gestellt. Peter Henlein, der bei der Verhandlung anwesend ist, springt dem Freund bei. Um künftig Unglücksfälle dieser Art zu verhindern, macht er sich daran, eine Uhr zu entwickeln, die ohne Gewichte funktioniert.

In dem Moment, wo er sich an die Arbeit macht, hat er keine Augen mehr für seine junge Frau Ev. Gleichzeitig reagiert er auf ihre selbständigen Schritte eifersüchtig. »Meine Frau reitet nicht mit Grafen, zieh den Fummel aus«, raunzt er sie an, als sie von einem Ausflug mit einem jungen Adeligen nach Hause kommt. Dabei läßt sie keinen ihrer Verehrer im unklaren darüber, daß sie nur ihren Mann liebt. Verzweifelt hält sie an dieser Vorstellung fest, die die Wirklichkeit längst nicht mehr einlöst: Henlein sitzt Tag und Nacht über seiner Uhr, dem »Spielzeug«, wie sie es nennt. Er ist nur noch der Vater, der Ev begütigend mahnt, Hausschuhe anzuziehen, als sie ihn barfuß im Nachthemd ins Bett locken will. Auch als sie stärkere Kaliber auffährt und sich vor ihm auszieht, nützt es nichts. Nacktszenen waren im Film des Dritten Reichs ja nicht gerade alltäglich. Die Silhouetten unbekleideter Körper im starken Gegenlicht (etwa in Riefenstahls *Olympia*) mochten durchgehen, erotische Anspielungen aber blieben die Ausnahme. Harlan löste das Problem, indem er Kristina von hinten zeigt, während sie ihren Pelzmantel fallen läßt. Dann tritt sie so geschickt hinter den über seiner Uhr sitzenden Heinrich George, daß man allenfalls ihre entblößte Schulter sieht.

Verführen kann sie: Mit ihrem Silberblick und dem aufreizenden Lächeln wirkt sie wie eine durchtriebene Lolita.

Ohne Erfolg. Als er sich einmal eingeschlossen hat, ist er unfähig, ihr Rütteln an der Türklinke als verzweifeltes Signal zu begreifen. Statt dessen holt er sich daraus den entscheidenden Dreh für seine Erfindung: »Was hebt, kann auch ziehen«, sagt er mit Blick auf die Türfeder. Und baut eine Feder in seine Uhr. Jetzt steigert sich ihre Eifersucht auf seine Arbeit zur Hysterie. In Rage nimmt sie das halbfertige Stück und zerschlägt es in

Ihre Verführungskünste nützen nichts, ihr Mann denkt nur an seine Erfindung. (Heinrich George und Kristina Söderbaum in ›Das unsterbliche Herz‹, 1938.)

einem Mörser. Henlein ist gebrochen, aber nicht zerstört, weil sie seine Idee nicht kaputtmachen konnte. »Du bist mein Feind, aus Liebe, aber du bist mein Feind«, sagt er und weist ihr die Tür. Er folgt seiner Bestimmung. Denn: »Es schadet mir, wenn ich etwas tue, woran ich nicht glaube.«
Natürlich ist er für ihre Schönheit und ihre Liebe nicht blind. »Für dich würde es sich lohnen zu leben«, hat er ihr einmal gesagt, »aber ein Mann, der etwas Großes wagen will, darf seine Frau nicht fragen, ob er es wagen darf.« Der Konflikt ist: Sie sieht das Übergeordnete nicht, möchte ihn hier und jetzt haben, er aber schafft für die Ewigkeit. Seit sein Lehrling ihn bei einem Schießexperiment verletzt hat, trägt er eine Kugel im Leib, tickt eine Zeitbombe: Wird er das Werk vor seinem Tod vollenden? Er wird: Nach fünf Jahren Arbeit ist die Uhr fertig, er kann in Ruhe sterben. Doch auch Ev geht nicht leer aus: Ehe er abtritt,

Der Lehrling (Raimund Schelcher) wirbt um sie. Noch wehrt sie sich.

Sommer 1938, während der Dreharbeiten zu ›Das unsterbliche Herz‹.

gibt er sie seinem Gesellen zur Frau. Das Kind wird erwachsen: An die Stelle ihrer abstrakten Liebe zum »Vater« Henlein tritt die Ehe zu Konrad (Raimund Schelcher). Er hat sie schon die ganze Zeit über begehrt, und sie braucht es jetzt nicht mehr fürchten.

Um für die Außenaufnahmen ein authentisches Bild des mittelalterlichen Nürnberg zu bekommen, hatte Harlan Verkehrszei-

chen abmontieren und Straßen mit Sand bestreuen lassen. Für die Massenszenen am Schluß erschienen Tausende von Nürnbergern, die sich, durch Radioaufrufe mobilisiert, unentgeltlich in alten Zunfttrachten als Statisten zur Verfügung stellten.
Quasi als Dank dafür fand die Premiere von *Das unsterbliche Herz* in Nürnberg statt. Der Film wurde hervorragend aufgenommen und kam auch bald ins Ausland.
Als er im Oktober 1939 in New York anlief, überschlugen sich die Kritiker. Es war für lange Zeit das letzte Mal, daß eine deutsche Produktion in den USA gelobt wurde.
Ende 1938, nach Fertigstellung von *Das unsterbliche Herz,* hatte Harlan sich von Hilde Körber scheiden lassen. Im Frühjahr darauf heiratete er die 26jährige Kristina Söderbaum. Zu diesem Zeitpunkt war sie bereits im dritten Monat schwanger. Doch ihr Regisseur gönnte ihr keine Schonung. »Stillstand ist Rückstand«, war seine Devise. *Die Reise nach Tilsit* wurde begonnen, ein Film, dessen entscheidende Szene für Kristina auf und im Wasser spielt. Weil es dabei naß und kalt zuging, bekam sie während der ersten Drehtage eine Nierenbeckenentzündung, die nur schwer ausheilte. Doch Harlan ließ sich weder von Schwangerschaft noch von Krankheit abhalten und drehte mit ihr stundenlang Wasseraufnahmen – sie hatte 38 Grad Fieber.
Weil sie die Autorität Harlans von ihrem Vater gewohnt gewesen sei, habe sie ihm blind gehorcht, schreibt Kristina Söderbaum.
Die Reise nach Tilsit basiert auf der Novelle von Hermann Sudermann und war 1927 von F. W. Murnau unter dem Titel *Sunrise* schon mal fürs Kino bearbeitet worden: einer der schönsten Filme überhaupt. Doch Harlans Remake braucht den Vergleich nicht zu scheuen.
Endrik (Frits van Dongen) und seine Frau Elske (Kristina Söderbaum) leben mit ihrem vierjährigen Sohn auf der Kurischen Nehrung. Endrik besitzt einen Fischereibetrieb und gehört damit zu den wohlhabenden Bewohnern des Dorfes. Er kann sich ein Leben außerhalb der provinziellen Enge ohne weiteres vorstellen. Anders seine Frau. Elske ist jung und sehr bodenständig, was sich schon in ihrer trachtenhaften Kleidung ausdrückt (während er in seinem schwarzen Rollkragenpulli ebensogut in ein Berliner Literatencafé passen würde). Elske hört es über eine Nachbarin: Die Polnische ist wieder da. Madlyn (Anna

Damman), eine Sommerfrischlerin »irgendwo aus Rußland oder von der polnischen Grenze«, hat sich Endrik geschnappt. Wo sie auftritt, fordert sie nur: eine Frau, die kompromißlos (Lust-)Gewinnmaximierung betreibt. Wahrscheinlich projiziert sie nur ihre Bedürfnisse auf ihn. Denn Endrik ist ein verschlossener, weicher Mann, einer, dem beide Frauen vorhalten werden, er wisse nicht, was er eigentlich wolle. Sein Schwiegervater (Eduard von Winterstein) dagegen weiß genau, was er will, und zeigt es der fremden Dame auch: sie raushaben aus dem Dorf. Dafür zieht er ihr auf offener Straße die Reitgerte übers Gesicht. »Endlich ein Mann«, bemerkt eine Nachbarin anerkennend. Mehr

Mit einem starken Vater (Eduard von Winterstein) gegen ihren labilen Mann (Frits van Dongen): Kristina Söderbaum in ›Die Reise nach Tilsit‹ (1939).

dem Drängen Madlyns gehorchend, beschließt Endrik, seine Frau loszuwerden. Elske merkt es, hält aber unbeirrt an ihrem Mann fest: »Ich hab' mein' Endrik lieb, da muß man eben was aushalten können«, gesteht sie einem Vertrauten. Und als die Situation immer unerträglicher wird, übernimmt sie die Verantwortung dafür, daß ihr Mann fremdgeht: »Ich trage ja die Schuld, daß alles so gekommen ist, ich hätte es ja verhindern können.«
Draußen im Haff gibt es eine gefährliche Strömung, vor der eine Klingelboje warnt. Einmal müssen die Fischer des Dorfes ausrücken und ein paar Burschen retten, die draußen mit ihrem Boot verunglückt sind. Man ahnt, daß dieser bedrohliche Ort noch eine Rolle spielen wird. Auch Elske ahnt es. Als ihr Mann sie einlädt, mit nach Tilsit zu kommen, um ein Pferd zu verkaufen, wehrt sie sich nicht lange dagegen, daß ihr Junge zurückbleiben soll. »Ich will nur alles zu Ende gehen, es hat ja keinen Sinn, daß man sich drückt. Irgendein Ende muß ja sein, so oder so«, sagt sie fatalistisch, bevor sie ins Boot steigt. Endrik nimmt Kurs

Elske und Endrik auf dem Weg zur gefährlichen Strömung: ›Ich will nur alles zu Ende gehen‹.

Versöhnung am Kinderbett: Frau Goebbels ging schon vorher.

auf die Strömung, doch als er sie erreicht hat, verläßt ihn plötzlich der Mut, Elske zu ertränken: Ihre völlige Todesergebenheit lähmt ihn. Doch dieser Umschwung löst bei Harlan – im Gegensatz zu Murnau – keinen Überschwang aus: Endrik bleibt auch in Tilsit ziemlich verschlossen. Kirmes, Lokal und Pelzkauf werden eher absolviert, als daß sich die beiden darin verlören. Den Nerzmantel für 7000 Mark tauscht Endrik, kühl rechnender Kopf, der er ist, für einen Biberpelz: Etwas Einfacheres tut's auch.

Das Finale kommt nicht überraschend: Endrik und Elske, beide leicht beduselt, steuern geradewegs in den Sturm, der in Tilsit bereits die Kirmes leerfegte. Statt sich dort eine schöne Nacht im Hotel zu machen, geht es mit dem unverkauften Roß wieder zurück durch die Nacht. Sowenig Elske zuvor die unterschwellige Gefahr ängstigte, sowenig realisiert sie jetzt die konkrete Bedrohung. War sie erst dem Schicksal ergeben, so ist sie es nun ihrem Endrik. Er hat sie wieder zu sich genommen, es kann ihr nichts mehr passieren.

Als das Boot kentert und die beiden auseinandergerissen werden, ist es das Pferd, das Elske rettet, nicht ihr Mann. In einer anrührenden Szene trabt es aus dem Wasser und lädt die bewußtlose Elske am Strand ab. Ihren erneuerten Bund werden Endrik und Elske über dem Bett ihres schlafenden Jungen schließen.

So weit dürfte Magda Goebbels *Die Reise nach Tilsit* nicht mehr gesehen haben. Weil sie in der Dreiecksgeschichte sich, ihren Mann und Lida Baarova wiederzuerkennen glaubte, verließ sie wütend die Privatvorführung bei Goebbels, zu der eine Reihe Prominenter geladen war. Auch Goebbels fühlte sich getroffen. Er bestellte Harlan zu sich und machte ihm eine seiner üblichen Szenen. Nach einem ersten Verbot wurde der Film im Herbst 1939 freigegeben und am 2. November in Tilsit uraufgeführt.

Harlans nächster Film entstand auf Befehl von Goebbels. Am 30. Januar 1939 hatte Hitler in einer Reichstagsrede erstmals von der »Endlösung der Judenfrage« gesprochen.

Ein halbes Jahr später, kurz nach Kriegsbeginn, wurden Juden in Deutschland durch den gelben Davidstern gebrandmarkt, begannen die ersten Deportationen Richtung Osten, leiteten Sondereinheiten der SS die ersten Massenerschießungen polnischer Juden.

Im gleichen Jahr starteten mit *Robert und Bertram* und *Leinen aus Irland* die beiden ersten antisemitischen Filme des Dritten Reichs, die den Krieg gegen die Juden propagandistisch begleiteten. 1940 folgten *Die Rothschilds,* ein Hetzwerk über die angeblichen Machenschaften der Frankfurter Bankiersfamilie, die in der ersten Hälfte des 19. Jahrhunderts in ganz Europa ihr Finanzimperium aufbaute (Motto: Die Juden sind überall).

1941 schließlich sollte es *Jud Süß* sein, der den Deutschen eine Lektion in Judenhaß erteilen sollte. Joseph Süß Oppenheimer war von 1732 bis 1737 Finanzminister beim Herzog von Württemberg und wurde nach dessen Tod gehenkt, weil er wegen seiner rigorosen Steuerpolitik das Volk gegen sich aufgebracht hatte.

Wilhelm Hauff und Lion Feuchtwanger hatten den Stoff literarisch bearbeitet. 1934 inszenierte Lothar Mendes in England *Jew Süss* nach Feuchtwangers Vorlage. In Deutschland empfanden nazistische Kreise den projüdischen Film als Provokation und lancierten eine Gegenversion. Diverse Drehbuchentwürfe wur-

›Jud Süß‹, die ›Schande des deutschen Films im Zeichen des Hakenkreuzes‹ (Jerzy Toeplitz), sahen bis 1942 mehr als 20 Millionen Zuschauer.

den zwischen den Produktionsfirmen hin und her gereicht, ohne daß jemand ernsthaft an eine Realisierung dachte. Dann nahm sich Goebbels des Themas an und beauftragte Veit Harlan mit der Regie. Harlan beschreibt in seiner Autobiographie, wie er sich zu wehren versuchte, indem er sich freiwillig an die Front melden wollte. Goebbels drohte Harlan, ihn wegen Sabotage zu belangen, worauf Harlan einwilligte, den Film zu drehen. Auch die Hauptdarsteller Ferdinand Marian (als Süß Oppenheimer) und Werner Krauß (u. a. als Rabbi Loew und Sekretär Levy) sollen mehr oder weniger zwangsverpflichtet worden sein. Und auch bei Kristina Söderbaum half angeblich kein Verweis auf Nierenleiden und Mutterpflichten: Bisher hatte Harlan stets seine Frau lanciert – gegen manchen Widerstand von Goebbels. Jetzt machte der sich einen Spaß daraus, Kristina für die Rolle der Dorothea Sturm zu besetzen, einer blonden Unschuldsmaid, die vom Jud Süß vergeblich umworben und von ihm zuletzt vergewaltigt wird. Sie ist die Tochter eines Beraters von Herzog Karl Alexander von Württemberg, der aus Frankfurt Süß Oppenheimer an seinen Hof holt, um Steuern, Zölle und Brückengelder einzutreiben.

Der Herzog (Heinrich George) wird als schwacher, genußsüchtiger Mann geschildert, den Oppenheimer in der Hand hat. Auf sein Geheiß hin lockert der Herzog die Einwanderungsbestimmungen für Juden. Aus ganz Europa strömen sie daraufhin nach Württemberg, wo sie sich, von Süß begünstigt, bereichern können. Die Einheimischen werden dafür geknechtet. Der Herzog bekommt von all dem nichts mit. Er lebt, abgeschirmt und von Süß mit Luxusgütern verwöhnt, in dem Glauben, daß in seinem Land Milch und Honig fließen. Als sich Widerstand regt, hört er auf Süß und läßt weiter unterdrücken. Harlan zeichnet kein plumpes Feindbild vom Typ des Kaftanjuden, mit dem die Zuschauer nichts hätten anfangen können, sondern er differenziert: »Hier zeige ich das Urjudentum, wie es damals war und wie es sich bis heute in dem einstigen Polen erhalten hat« (verkörpert durch Rabbi Loew und Levy, F. B.). »Im Gegensatz zu diesem Urjudentum steht nun der Jud Süß, der elegante Finanzberater des Hofes, der schlaue Politiker, kurz: der getarnte Jude«, schrieb Harlan 1940.

Ob Urjude oder getarnter Jude: Bei Harlan sind beide Charakterschweine, die raffgierig auf ihren Vorteil bedacht sind. Sie stinken: »Endlich frische Luft«, sagt Dorotheas Vater beim Öffnen des Fensters, nachdem Jud Süß den Raum verlassen hat. Und sie sind geil. Selbstverständlich hält sich Süß eine Mätresse. Damit aber nicht genug. Er wirft ein Auge auf Dorothea Sturm

und möchte sie heiraten. Ihr Vater (Eugen Klöpfer) arrangiert schnell die Verlobung mit einem jungen Kanzleischreiber (Malte Jäger). Statt sich damit abzufinden, setzt Jud Süß jetzt erst recht alles daran, die edle Dorothea zu bekommen. Er erpreßt sie und macht sie sich gefügig. Sie opfert ihren Körper, um ihren Mann zu retten. Doch dann erträgt sie die Schmach nicht und geht vor lauter Scham ins Wasser. Nichts an *Jud Süß* ist so infam wie die Art, mit der Harlan sexuelle Ängste der Zuschauer schürt, indem er unterschwellig das (uralte) Vorurteil aufwärmt, daß Juden (Schwarze, Araber etc.) potenter sind als der weiße Mann.
Kristina Söderbaum erscheint als die Tugend in Person: reinlich, ehrlich, wehrlos gegen die lüsternen Attacken des Jud Süß.

Wehrlos gegen die lüsternen Attacken des Hofschranzen: Ferdinand Marian und Kristina Söderbaum in ›Jud Süß‹ (1940).

Wer's nicht verstanden hatte, für den textete die Werbebroschüre des Films: »Pfoten weg, Jude, von der deutschen Frau!« Dennoch überwarf sich Harlan mit Goebbels auch bei diesem Film, weil er nach Goebbels' Meinung den Jud Süß viel zu sympathisch gezeichnet hatte. Seine Wut machte Goebbels an der Schlußrede des Süß fest, in der dieser kurz vor der Hinrichtung seine Mörder und deren Kinder verwünschte: »Verdorren sollt ihr wie die Weiden am wasserlosen Kidron.« Harlan wollte damit eine »erschütternde Wirkung« erzielen, Goebbels nannte die Passage instinktlos und ließ sie durch eine Proklamation gegen die Juden ersetzen. Auch andere Teile an *Jud Süß* sollen auf Goebbels' Geheiß von einem anderen Regisseur geändert worden sein. So verschwanden Szenen, in denen Juden sympathisch erschienen, dafür wurden andere nachgedreht und -synchronisiert, die eindeutig hetzerischen Charakter hatten. Wer was an *Jud Süß* zu verschulden hatte, konnte auch der Prozeß nicht klären, dem sich Harlan nach dem Krieg wegen Verbrechens gegen die Menschlichkeit stellen mußte. Harlans Behauptung, er habe versucht, den Film für sich zu verhindern, widersprachen Kollegen, die sich daran erinnerten, wie Harlan alle Hebel in Bewegung gesetzt habe, um *Jud Süß* drehen zu dürfen, für dessen Regie ursprünglich Peter Paul Brauer vorgesehen gewesen sei.

Wie auch immer: Harlan hat diesen Film zu verantworten, und er trägt unverkennbar seine Handschrift, so in der überragenden Schauspielerführung und den eindrucksvollen Massenszenen, etwa wenn Dorotheas Leiche nachts bei Fackelschein aus dem Neckar geborgen wird.

Das Ehepaar Harlan wird sich auch damals für den Erfolg von *Jud Süß* nicht geschämt haben: 21 Millionen Zuschauer sahen den Film, der die Prädikate »Staatspolitisch und künstlerisch besonders wertvoll« sowie »Jugendwert« erhielt und in vielen Ländern Europas lief, besonders gut in Frankreich. Himmler befahl der SS den Besuch des Films, und in einigen Städten kam es nach Vorstellungen zu antisemitischen Demonstrationen.

Als nächstes wollte Harlan das Leben der Agnes Bernauer verfilmen, jener Augsburger Badertochter, die 1432 heimlich den bayerischen Herzog Albrecht heiratete und auf Veranlassung seines Vaters als Hexe in der Donau ertränkt wurde. Ein idealer Stoff für Kristina Söderbaum.

Von jetzt an hieß sie ›Reichswasserleiche‹. (Mit Malte Jaeger in ›Jud Süß‹.)

Doch Goebbels wollte nicht, ihm war das Thema zu entlegen. Statt dessen schlug er Harlan einen weiteren Fridericus-Rex-Film vor, der den Höhepunkt der Reihe bilden sollte. Mit (nach heutigem Wert) knapp 50 Millionen Mark Herstellungskosten, der ersten Garde von Schauspielern und einem Heer von 15000 Statisten sowie 5000 Pferden gehört *Der große König* (1940) zu den aufwendigsten Filmen des Dritten Reichs. Er zeigt Friedrich (Otto Gebühr) als einen Menschen, der unter dem Siebenjährigen Krieg genauso leidet wie seine Untertanen. Im Grunde verabscheut er diesen Krieg, der ihm aufgezwungen wurde, und er versteht, daß das Volk der vielen Opfer und Entbehrungen langsam überdrüssig wird. Ursprünglich als reiner Männerfilm geplant, baute Harlan für seine Frau eine bedeutende Nebenrolle

ein. Inmitten zackiger Militärs spielt sie die Müllerstochter Luise, die nach der Schlacht von Kunersdorf in ihrer zerschossenen Mühle Verwundete pflegt. Dabei verliebt sie sich in den jungen Feldwebel Treskow (Gustav Fröhlich). Als der König persönlich auftaucht, raten ihm die entmutigten Männer seines Regiments zur Kapitulation.
Später wird er ihnen vorwerfen, »lieber leben als siegen« zu wollen. Daß Treskow dieser menschlichen Schwäche nachgab, hängt natürlich mit der schönen Müllerstochter zusammen.
Sie ist sich ihrer Schuld bewußt und stickt eine neue Regimentsfahne, weil der König zur Strafe die alte weggenommen hat. Auch baut sie Treskow und seine Kameraden moralisch auf, indem sie ihnen überallhin folgt. Treskow und Luise heiraten. Solchermaßen bestärkt, greift Treskow die Österreicher an und besiegt sie. Er wird befördert, aber gleichzeitig wegen Eigenmächtigkeit bestraft. In der entscheidenden Schlacht gegen die Österreicher fällt er. Luise kehrt in die Mühle zurück. Sie hat ein Kind bekommen. Unterdessen ziehen die preußischen Truppen zur Siegesparade in Berlin ein. Friedrich der Große ist nicht dabei. Er reitet nach Kunersdorf, dem Ort seiner größten Niederlage, und tröstet Luise, stellvertretend für das unter dem Krieg leidende Volk.
Weil Goebbels die historischen Vorgänge den aktuellen anpassen wollte, blieb *Der große König* nach Fertigstellung einige Monate liegen und mußte vor seinem Start wieder mal geändert werden. Denn im Film kommt Rußland den Preußen bei ihrem entscheidenden Sieg zu Hilfe – das Drehbuch stammte aus der Zeit des Hitler-Stalin-Paktes. Mittlerweile aber war die Sowjetunion Kriegsgegner, und so werden im Lauf dieses Durchhaltefilms aus Verbündeten feige Verräter.
Inmitten der geschlossenen Männergesellschaft von *Der große König* gibt Kristina Söderbaum nicht mehr als einen Farbtupfer ab. Ihr Name wird mit dem Film kaum in Verbindung gebracht. Um so mehr mit ihrem nächsten. »Der Gigant« hieß ein Theaterstück des österreichischen Bühnenautors Richard Billinger, das Veit Harlan 1942 unter dem Titel *Die Goldene Stadt* fürs Kino bearbeitete. Billingers Stücke vermittelten Blut-und-Boden-Ideologie: Sie warnten vor der Landflucht und dem Verrat am eigenen Volksstamm. *Die Goldene Stadt* spielt im damaligen Sudetenland, die Hauptrolle sollte ursprünglich Käthe Gold über-

nehmen, mit der Gründgens das Stück inszeniert hatte. Doch die Ufa entschied sich (bestimmt mit Nachhilfe Harlans) für die bekanntere Kristina Söderbaum.

Die Goldene Stadt ist der zweite deutsche Farbfilm und der erste gelungene. Harlan hatte bei Goebbels dafür kämpfen müssen, in Farbe zu drehen. Doch Goebbels hatte nach dem Reinfall mit

Der König und sein Volk, vertreten durch eine Müllerstochter. (Kristina Söderbaum und Otto Gebühr in ›Der große König‹, 1942.)

Frauen sind doch bessere Diplomaten keine Lust, ein ähnliches Debakel zu erleben; er hielt das neue Agfacolor-Verfahren noch nicht für ausgereift. Harlan sollte ihn eines Besseren belehren. Mit seinem Kameramann Bruno Mondi und einem Fachmann der I. G. Farben erarbeitete er eine Palette unterschiedlicher Pastelltöne: vom zarten Rotbraun der Prager Stadtansichten bis zum kräftigen Gelb von Kristinas Strohhut oder dem changierenden Blaugrün des Moores.

Seit *Jugend* war *Die Goldene Stadt* erstmals wieder ausschließlich Kristina Söderbaums Veranstaltung.

Es gibt noch mehr Ähnlichkeiten zwischen beiden Filmen: in den Konstellationen, Motiven, Namen.

Wie in *Jugend* heißt Kristina auch in *Die Goldene Stadt* Anna oder Fräulein Anuschka. Wie in *Jugend* hat sie ihre Mutter durch Selbstmord verloren und leidet unter dieser Last. Wie dort verfällt sie einem jungen Verführer, der es nicht ernst mit ihr meint und sie ins Verderben stürzt.

Anna lebt auf dem Gut ihres Vaters (Eugen Klöpfer – in *Jugend* spielt er ihren Ziehvater), einen strengen, unnahbaren Mann. Andererseits trägt es inzestöse Züge, wenn er sich Anna doch einmal nähert: Dann küßt er sie leidenschaftlich lange auf den Mund wie eine Geliebte.

Anna ist lebenslustig, die dauernde Bevormundung ihres Vaters beeinträchtigt sie. Er hat für sie bereits die Heirat mit einem jungen Bauern (Rudolf Prack) arrangiert, den sie nicht liebt. Statt dessen flirtet sie mit Leitwein (Paul Klinger), einem Ingenieur aus Prag, der im nahen Moor arbeitet. Er macht ihr ihre Unselbständigkeit bewußt: »Ihr drittes Wort ist immer ›Mein Vater sagt‹. Was sagen Sie denn selbst, Fräulein Anna?« Und er erzählt ihr von Prag, der Heimatstadt ihrer Mutter, die »der Wassermann geholt hat, weil sie immer wegwollte von Mann und Kind«: So hat man es Anna einst beigebracht. Aus Andeutungen geht hervor, daß die Mutter vor allem unter ihrem tyrannischen Mann litt und deshalb ins Moor ging. Die Städterin hat sich auf dem Land immer fremd gefühlt, und man spürt die panische Angst des Vaters, daß es Anna ähnlich gehen könnte; jede Erwähnung des Namens Prag ist tabu. Doch gerade dieser Name hat auf Anna eine magische Wirkung. »Dasselbe Wasser fließt nach Prag, nach Prag!« ruft sie aus, als sie mit Paul Klinger auf einer Moldaubrücke sitzt und die Füße ins Wasser baumeln läßt.

Der junge Herr Ingenieur weckt in ihr die Reiselust. (Mit Paul Klinger in ›Die Goldene Stadt‹, 1942.)

Prag, das bedeutet für sie Befreiung aus dem Gefängnis ihres Vaters und zugleich Rückkehr zu ihren Wurzeln. »Ich will raus, ich will was haben von meinem Leben«, sagt sie und fährt nach Prag, als ihr Vater und der Verlobte für ein paar Tage verreisen. In Prag wird sie von ihrer Tante (Anni Rosar) und deren Sohn (Kurt Meisel) überschwenglich aufgenommen. Diese Tante trägt alle Merkmale einer degenerierten Städterin: Sie ist laut und geschwätzig, sie raucht, trinkt Likör und kleidet sich knallbunt. Der Sohn ist ein Strizzi mit kriminellem Einschlag. Unehelich geboren, steckt er mit der Mutter unter einer Decke. Der Laden der Mutter wirft nicht viel ab, er muß nebenbei als Kellner jobben. Die Mutter wittert in der reichen Cousine eine gute Partie für ihren Sohn und setzt Toni auf sie an. Anna bekommt davon nichts mit, sie erlebt die ersten Tage in der Golde-

Die falsche Tante (Anni Rosar) …

nen Stadt wie im Taumel. Kaum angekommen, zwingt Toni sie, ihre ländliche Tracht (»Wie sieht das denn aus!«) mit einem eleganten Kostüm zu vertauschen. Wie eine Modepuppe stakst sie auf den ungewohnt hohen Absätzen durch die Straßen. Mit ihrer alten Kleidung verliert sie einen Teil ihrer Identität, unterwirft sich der neuen Umgebung. Toni nutzt die Gunst der Stunde und verführt sie.

Leitwein, der aufrechte Deutsche unter so viel charakterlosen Tschechen, taucht wieder auf und fühlt sich für Anna verantwortlich, ohne daß er das Weitere verhindern könnte: Anna bleibt in Prag, wird schwanger. Als aufkommt, daß ihr Vater seine Wirtschafterin heiratet, Anna also nur noch ein Pflichtteil des Erbes bleibt, verliert Toni schlagartig das Interesse an ihr. Verzweifelt flieht sie nach Hause zurück. Dort will ihr Vater mit seiner neuen Frau gerade Hochzeit feiern. Dies wird für Anna zur schlimmsten Kränkung. Der Vater, der seit dem Tod der Mutter nur Anna geliebt hat, verstößt sie endgültig. Weder der fiese Toni noch ihre Schwangerschaft waren so schlimm wie dies. Der Vater ahnt es und stürzt ihr mit schlechtem Gewissen nach, als sie ins Moor hinausrennt. An dieser Stelle sollte Kristina Söderbaum nach Harlans Vorstellungen einmal nicht das gewohnte Ende im Wasser finden. Vielmehr sollte der Vater Anna auf dem Weg ins Moor einholen und sich mit ihr aussöhnen. Sie sollte nach Hause zurückkehren und dort ihr Kind zur Welt bringen dürfen.

Doch Goebbels wollte es wieder mal anders. Er befahl für Anna Bestrafung statt Gnade, weil sie ja sonst ein »minderwertiges Tschechenbalg« geboren hätte. Der Schluß des Films wurde also

... und ihr fescher Sohn (Kurt Meisel) stecken unter einer Decke.

neu gedreht, einige Passagen angeblich von Goebbels selbst beigesteuert. Sie verpassen dem Melodram eine klare ideologische Linie: Während sirenenhafte Frauenstimmen Anna ins Wasser locken, spricht sie unter Tränen: »Vater, vergib mir, daß ich dir weh tun muß, vergib mir, daß ich die Heimat nicht so liebte wie du.«
Am 3. September 1942 wurde *Die Goldene Stadt* bei der Biennale in Venedig uraufgeführt und gefeiert. Für die Harlans war es schon zur Gewohnheit geworden, ihre neuen Arbeiten in der Lagunenstadt vorzustellen. Während des Krieges waren die Filmfestspiele von Venedig die einzige internationale Plattform für deutsche Produktionen. So nutzte auch Goebbels die Gelegenheit, um zu renommieren. Eigens zur Premiere der *Goldenen Stadt* kam er aus Berlin, sonnte sich im Erfolg und gab einen großen Empfang. Zu vorgerückter Stunde verteilte sich der harte Kern der Gesellschaft auf lampionerleuchtete Gondeln und startete zu einer Partie. Daß Wasser ihr Element war, konnte Kristina Söderbaum in jener Nacht beweisen. Fritz Hippler erinnert sich: »In der ersten Gondel saß Goebbels, eingerahmt von Clara Tabody und Kristina Söderbaum, ihnen gegenüber saß ich mit

Wo bleibt die Sonne? Veit Harlan, Kristina Söderbaum und Kurt Meisel bei den Dreharbeiten zu ›Die Goldene Stadt‹.

Veit Harlan. Bald ließ der Minister Kurs auf die Lagune nehmen, um dort, weitab von der Stadt, alle Gondeln im Kreis um sich herum zu versammeln. Dann wurden Sandwiches und Champagner gereicht, so daß in der schwülen Sommernacht schnell eine übermütige Stimmung aufkam. Kristina, zwar schon mehrfach Mutter, dennoch von mädchenhaft-naiver Ursprünglichkeit, rief plötzlich: ›Puh, ist das eine Hitze, ich würde am liebsten ins Wasser springen!‹ Goebbels hatte, wie üblich, den Abend über am Sekt nur genippt, war aber trotzdem in sprühender Sektlaune: ›Was hindert Sie? Tun Sie sich keinen Zwang an.‹ ›Ich tu' mir keinen Zwang an‹, rief sie, ›aber es geht ja nicht!‹ Harlan, der ahnte, wie das weitergehen könnte, knuffte seiner Frau in die Seite und zischte: ›Sei doch endlich still!‹ Goebbels reizte weiter: ›Was heißt hier: „Geht ja leider nicht", Sie tun es bloß nicht, weil Sie wasserscheu sind.‹ Jetzt konnte Harlan seine Kristina nicht mehr bremsen. Sie streifte ihr Kleid ab und sprang kopfüber in die Lagune. Und wie auf Kommando hüpften aus fast allen Gondeln Gestalten ins dunkle Wasser, das die Bewegungen der Schwimmer phosphoreszierend umhüllte. Goebbels genoß diesen Sommernachtsspaß in heiterer Stimmung. Als ich ihn am nächsten Morgen in seinem Apartment besuchte, war von seiner nächtlichen Stimmung nichts übriggeblieben. Vielmehr schimpfte er grollend über diese halbseidenen Typen ohne jedes Fingerspitzengefühl: ›Einfach Kleid ab und rein ins Wasser. Und das in Gegenwart eines veritablen Reichsministers. Im Ausland noch dazu. Ist denen ja auch egal, wie man hier über uns denkt.‹

Diese Art von Stimmungsumschwung überraschte mich nicht. Auch deckte sich seine Wut mit seiner gewohnten Einstellung zu den Filmleuten. Ich zog es also vor, zu schweigen.«

Die Goldene Stadt wurde zum erfolgreichsten Film des Dritten Reichs. Bei knapp zwei Millionen Reichsmark Produktionskosten spielte er bis Ende 1944 zwölf Millionen ein. Das entspricht einer Zuschauerzahl von mehr als 42 Millionen. Noch vor diesem Triumph hatte Harlan Goebbels drei neue Projekte vorgeschlagen, die er gleichzeitig realisieren wollte: *Immensee, Pole Poppenspäler* (nach Erzählungen von Theodor Storm) und *Opfergang* (nach der Novelle von Rudolf Binding).

Um den finanziellen und zeitlichen Aufwand so gering wie möglich zu halten, sollten alle drei Filme in Schleswig-Holstein und mit denselben Hauptdarstellern entstehen. *Pole Poppenspäler* wurde schließlich verschoben. So begann Harlan im Juni 1942 am Eutiner See mit den Außenaufnahmen zu *Immensee.* Zwei Monate später folgte *Opfergang.* Ein halbes Jahr lang überlappten sich die Dreharbeiten beider Filme. Für die Hauptdarsteller Kristina Söderbaum und Carl Raddatz bedeutete das, daß sie manchmal an zwei aufeinanderfolgenden Drehtagen in zwei verschiedenen Rollen auftraten.

In *Immensee* spielt Kristina Söderbaum Elisabeth, ein Mädchen von 17 Jahren. Sie hat sich in Reinhardt (Carl Raddatz) verliebt, der kurz davor steht, nach Hamburg zu ziehen, wo er Musik studieren will. Für ihn beginne damit das Leben, sagt er ihr. In *Jugend* reichte das aus, um sie in den Selbstmord zu treiben. Doch hier mault sie nur: »Morgen beginnt das Leben – ohne mich.«

Reinhardt weiß, was er will: erst in die Welt hinaus, dann sie heiraten, wenn er was geworden ist. Aber sie? »Ich weiß nicht, was ich bin«, sagt sie unsicher. Sie ängstigt sich, als er zu den Seerosen hinüberschwimmt, und sie ängstigt sich, als er am nächsten Tag nach Hamburg fährt. Sie meint zu wissen, warum: Nie schreibt er ihr. Dafür taucht er eines Tages plötzlich auf und schenkt ihr ein Album voller selbstkomponierter Lieder für sie. Kaum angekommen, muß er schon wieder weg. Seine Studienverpflichtungen funktionieren wie der Krieg in *Die große Liebe:* als ständiger Triebaufschub. Daß es damit nicht weit her ist, merkt Elisabeth, als sie auf eigene Faust nach Hamburg fährt, um Reinhardt zu überraschen: Er ist nicht da, aber in seinem Bett liegt eine Kommilitonin. Wie der Fronteinsatz für den Soldaten, so folgt für Reinhardt das Auslandsstipendium nach Rom. Dort lernt er eine italienische Sängerin (Germana Paolieri) kennen.

Daß sie nicht Elisabeth ist, merkt er am stärksten, wenn sie seine Lieder an Elisabeth singt.

Nach drei Jahren kehrt er nach Deutschland zurück und wundert sich, daß Elisabeth inzwischen Erich (Paul Klinger) geheiratet hat, den Besitzer von Gut Immensee. Bei Reinhardts letzter Abreise hatte Elisabeth ihm die Treue versprochen, jetzt wirft er ihr vor, daß sie ihren Schwur nicht gehalten hat, etwa nach dem Motto: Wenn's mir irgendwann einfällt, zu kommen, hast du für mich dazusein. Und Elisabeth, statt sich zu wehren, nachdem er immerhin drei Jahre kein Lebenszeichen gab, läßt sich geduldig

›Morgen beginnt das Leben – ohne mich‹ (›Immensee‹, 1943).

von ihm quälen. »Kristina muß für jene Frauen leiden, die mich betrogen haben«, sagte Harlan einmal. Paul Klinger als Erich verkörpert dazu den Gegentyp. Er ist der selbstlose, stets verständige Ehemann, der freilich spürt, daß Elisabeth ihn nicht liebt: Als er sie einmal küssen will, weicht sie unwillkürlich zurück. Dabei möchte er ohnehin wenig von ihr: nur ihr Glück, und das ist nicht an seine Person gebunden.
Überhaupt scheint er sich wohler bei seiner Mutter zu fühlen, die ihn besorgt an seine Pflichten erinnert, als Elisabeth ausgelassen mit Reinhardt tanzt. Statt Besitzansprüche geltend zu machen,

Sie heiratet den falschen …

redet er vertraut mit seiner Mutter und freut sich an ihrer Seite darüber, daß Elisabeth glücklich ist.
Später lädt er Reinhardt in sein Haus und gibt Elisabeth für ihn frei. Doch jetzt möchte Elisabeth nicht mehr. Sie hat sich an ihren Mann gewöhnt und liebt ihn für seine Großzügigkeit. Sie fürchtet die Ferne, hat sich eingerichtet in ihrer kleinen Welt, ist nie erwachsen geworden. »Wenn ich dich fragen würde, ob du mit mir in die Welt hinausgingest, was würdest du mir antworten?« möchte Reinhardt einmal von ihr wissen. Die Antwort bleibt sie ihm schuldig – im gleichen Moment ruft die Mutter nach ihr, bezeichnenderweise. Reinhardt und Elisabeth kommen nicht zusammen, auch nicht, nachdem Erich längst tot und Reinhardt ein gefeierter Komponist ist. Elisabeth hat gelernt, daß sie »festgewachsen« ist zu Hause und daß der Mann, den sie

liebt, in die Welt hinaus gehört: »Heute Hamburg, morgen Rom.« So leben die beiden in der Erinnerung an die kurze Phase ihrer gemeinsamen Vergangenheit, ihrer Jugend, zu deren Symbol sie die Seerose wählen.

Daß Elisabeth ihrem Mann über den Tod hinaus treu bleibt, wirkte in den Jahren 1943/44 besonders auf Soldaten tröstlich, die *Immensee* in ihr Herz schlossen. »Unzählige Zuschriften« habe sie damals von Wehrmachtsangehörigen bekommen, berichtet Kristina Söderbaum, und Ehefrauen erzählten, viele ihrer Männer würde der Film noch heute beschäftigen.

Elisabeth verzichtet auf Reinhardt, der wiederum, aus Rücksicht auf seine künstlerische Berufung, auf ein geordnetes Familienleben verzichtet. Später verzichtet Erich auf Elisabeth, als er

... und bleibt ihm über seinen Tod hinaus treu: als die große Liebe wieder auftaucht, bleiben nur Erinnerungen. (Kristina Söderbaum mit Paul Klinger und Carl Raddatz in ›Immensee‹.)

merkt, daß sie eigentlich immer Reinhardt geliebt hat. Doch Elisabeth verzichtet erneut auf Reinhardt – aus Respekt für ihren anständigen Ehemann.
Der elegische Tonfall verstärkt sich noch in *Opfergang,* der etwa zeitgleich zu *Immensee* entstand, aber erst im Dezember 1944 in die Kinos kam. *Opfergang* (nach Rudolf Bindings Novelle) ist Harlans Meisterwerk. Ein Film, dessen Prachtentfaltung in krassem Gegensatz steht zu seiner morbiden, schwermütigen Grundstimmung. Die leuchtenden Farben, die luxuriösen Interieurs und die üppigen Kostüme sind eine Augenweide, doch in den Gesprächen ist ständig von Tod und Vergänglichkeit die Rede. »In Schönheit sterben« könnte über diesem Melodram stehen, das, vier Monate vor der Kapitulation gestartet, zum Schwanengesang auf das Dritte Reich geriet.
Nach jahrelangem Aufenthalt in den Tropen kehrt der Hamburger Senatorensohn Albrecht Froben (Carl Raddatz) in seine Heimat zurück. Doch er erschrickt über die eingetretenen Veränderungen: Die Menschen leben in einer seltsam gedrückten, müden Stimmung. Im Haus seines Onkels trifft er seine Verlobte Octavia (Irene von Meyendorff) wieder. Sie spielt am Flügel lyrische Chopin-Nocturnes. Der Onkel rezitiert an einem herrlichen Sommersonntagmorgen bei geschlossenen Fensterläden »Nietzsches Todesahnung«: *Die Sonne sinkt.* Eine alte Uhr schlägt. Albrecht bemerkt auf ihr den Leitspruch: »Eine dieser Stunden wird deine letzte sein.«
Er findet das alles unerträglich und flieht an die frische Luft, aufs Wasser. Plötzlich hängt sich für kurze Zeit eine junge Schwimmerin (Kristina Söderbaum) an sein Boot, ein nacktes Naturwesen, eine namenlose Nixe, die sich »vom Wasser streicheln läßt«.
Später erfährt Albrecht von Octavia mehr über die Frau: Sie heißt Aels, kommt aus Finnland und wohnt einige Monate im Jahr im Haus nebenan. Sie sei ein Zugvogel, nirgends richtig daheim. Albrecht lernt Aels näher kennen und verliebt sich in sie. Aels paßt scheinbar viel besser zu seinem fröhlichen Naturell als die zurückhaltende, etwas spröde Octavia.
Trotzdem steht er zu seiner Verlobten, trifft sich aber weiter mit Aels. Die beiden reiten oft gemeinsam aus, Aels ist der aktive Teil. Draufgängerisch, temperamentvoll, stört sie sich nicht an Albrechts Bindung.

›Wir lieben uns, mein Freund, und es wird schlimm.‹ (Mit Carl Raddatz in ›Opfergang‹, 1944.)

»Wir lieben uns, mein Freund, und es wird schlimm«, sagt sie zu ihm. Denn Aels ist krank. Man sieht es nicht, und ihr blühendes Aussehen spricht den Mahnungen des Arztes eigentlich Hohn. Ihr Puls stimmt nicht, er ist das Warnsignal – wie das ungeduldige Ticken der Uhren, die Harlan als Vergänglichkeitssymbol immer wieder ins Bild rückt. Die Krankheit hat sie von der Mutter geerbt (das Motiv der fatalen Mutterbindung, die sich nicht abstreifen läßt, begleitet Kristina Söderbaum seit ihrem ersten Film).

Die Mutter hat die Vorschriften der Ärzte befolgt – und als Kranke dahinvegetiert. Aels aber möchte leben, die Todesnähe steigert ihre Lebenslust. Aels hat eine Tochter aus einer früheren Beziehung. Damit sie ihre Krankheit nicht weitergibt, lebt das Kind bei der gleichen Ziehmutter, bei der auch sie aufge-

Die Todgeweihte. (Aus ›Opfergang‹.)

wachsen ist. Albrecht versucht, sein Dilemma zu lösen, indem er Octavia heiratet und mit ihr ins Rheinland zieht. Doch Octavias Heimweh treibt die beiden wieder nach Hamburg zurück. Aels, die in den Süden ziehen wollte, ist noch da, weil ihre Krankheit sich verschlimmert hat. Albrecht erfährt auch, warum: »In der Trennung gehen wir ein wie die Blumen ohne Sonne.« Jetzt, wo er wieder da ist, blüht sie vorübergehend auf, spricht in den glücklichsten Momenten aber vom Tod.
In der Hafengegend ist die Cholera ausgebrochen. Aels kann ihr Kind, das dort bei der Pflegemutter lebt, nicht mehr besuchen; sie selbst ist zu krank. Da veranlaßt Octavia ihren Mann, das

Mädchen in Sicherheit zu bringen. Albrecht tut es, steckt sich dabei aber an. Jetzt kann er nicht mehr an Aels' Fenster vorbeireiten und der Kranken signalisieren, daß es ihrer Tochter gutgeht. Da springt Octavia ein, zieht sich Albrechts Reitkleidung an und stattet Aels den Gruß ab. Die erkennt die Täuschung nicht.
Harlan wollte ursprünglich, daß Aels dadurch wieder gesundet, während Albrecht an der Cholera sterben sollte. Doch Goebbels war anderer Meinung und setzte durch, daß die Ehe zwischen Octavia und Albrecht erhalten blieb, während Aels als »die an dem Ehebruch schuldige Frau« den Tod verdiente: »Das wäre nicht nur für die Front, sondern auch für die Heimat im volkserzieherischen Sinne besser«, erinnerte sich Harlan. Besonders viel kann er dagegen nicht gehabt haben, nachdem ja bereits in der *Reise nach Tilsit* ohne Goebbels' Zutun die Ehe gesiegt hatte.
Auch in *Opfergang* endet Kristina Söderbaum im Wasser. »Es war ihr Wunsch, daß ihre Asche ins Meer gestreut wird«, sagt Albrecht, als er mit Octavia im Schlußbild am Strand entlangreitet. Aels ist zur Rose geschrumpft, die Octavia für sie ins Wasser wirft: die gleiche Blume, die sie bei ihren Treffen mit Albrecht oft in der Hand hielt und die jetzt einsam von einer Welle an Land gespült wird, während Albrecht und Octavia vereint weiterreiten.
Trotz des hingebogenen Schlusses bleibt *Opfergang* ein tief melancholischer Film. Nachdem Goebbels ihn im November 1943 zum erstenmal gesehen hatte, soll er lange versunken dagesessen haben, ehe er die Sprache wiederfand und etwas von »Todeserotik« murmelte. Rasch wurde *Opfergang* zu einem seiner Lieblingsfilme, den er sich privat immer wieder ansah, um danach häufig über den Tod zu philosophieren. Freigeben wollte er den Film nicht.
Harlan wartete 13 Monate, bis *Opfergang* anlaufen konnte. Am 8. Dezember 1944, als nicht mehr viel zu verlieren war, fand die Premiere in Hamburg statt. Auch im Ausland lief der Film an und hatte sensationellen Zulauf: So wurde *Opfergang* etwa in Zürich in den ersten drei Wochen von nicht weniger als 50.000 Besuchern gesehen.
Nur sieben Wochen später folgte *Kolberg,* das ehrgeizigste und teuerste Filmprojekt des Dritten Reichs, mit dem Goebbels sich

an *Gone With the Wind* messen wollte. 8,8 Millionen Reichsmark betrugen die Herstellungskosten, 187.000 Personen waren beteiligt, darunter ganze Wehrmachtsdivisionen (die eigentlich an der Ostfront gebraucht wurden). 10.000 Uniformen wurden extra geschneidert, 6000 Pferde organisiert und ein Güterzug voll Salz, um es in Kolberg »schneien« zu lassen. Munitionsfabriken legten Sonderschichten ein, um die benötigte Pyrotechnik zu liefern. Das Städtchen Kolberg wurde in der Nähe von Berlin aus Holz nachgebaut, um es zuletzt bis auf die Grundmauern abbrennen zu lassen.

»Ich verspreche mir von diesem Film außerordentlich viel. Er paßt genau in die militärisch-politische Landschaft, die wir wahrscheinlich zu der Zeit zu verzeichnen haben, wenn dieser Film erscheint«, notierte Goebbels 1943 in sein Tagebuch, zu einer Zeit, in der sich nach der Katastrophe von Stalingrad zwar das Blatt gewendet hatte, in der aber noch nicht absehbar war, daß die Front einmal das Reichsgebiet erreichen würde. *Kolberg* ist die Illustrierung von Goebbels' Aufruf zum totalen Krieg, der Film zum Volkssturm. Möglich, daß die Gewichtung des Films sich seit der ersten Idee gewandelt hat, zumal Goebbels offenbar jede einzelne Entstehungsphase persönlich überwachte und das Drehbuch laufend aktualisierte.

Kolberg handelt von den Bewohnern der kleinen Ostseestadt, die während des französisch-preußischen Krieges (1806–1807) der Belagerung durch französische Truppen erfolgreich widerstanden. »Dieser Film beruht auf geschichtlichen Tatsachen«, behauptet der Vorspann, was ebensowenig stimmt wie bei *Jud Süß,* an dessen Anfang das gleiche steht.

Denn der im Film zur kriegsentscheidenden Tat hochstilisierte Widerstand der Bürger von Kolberg war in Wirklichkeit sinnlos, weil er nur die Niederlage aufschob. Nach den Siegen von Jena und Auerstedt waren französische Truppen im Oktober 1806 in Berlin einmarschiert, wo sich der preußische König weigerte, den Waffenstillstand zu unterzeichnen. Dadurch ermutigt, leisteten einige Städte weiter Widerstand, unter ihnen Kolberg. Nach längerer Belagerung wurde die Stadt dann von den Franzosen erobert. Der Film verschweigt dies ebenso wie den Umstand, daß englische Truppen den Kolbergern zu Hilfe kamen. Harlan entwirft vielmehr einen Konflikt zwischen Militärs und Volk. Den preußischen Stadtkommandanten Loucadou (Paul

Heimlich gibt Nettelbeck Maria die Nachricht an den Preußenkönig. (Kristina Söderbaum und Heinrich George in ›Kolberg‹, 1945.)

Wegener) stellt er als starrsinnigen Strategen dar, der darauf pocht, das Kriegführen lieber den Militärs zu überlassen, weil die schließlich was davon verstehen.
Sein Verstand sagt ihm, daß die Lage aussichtslos ist und es besser wäre, die Stadt kampflos zu übergeben.
Nettelbeck, der Bürgermeister von Kolberg (Heinrich George), propagiert dagegen den Kampf bis zum letzten Mann. Notfalls werde das Volk die Armee stellen, denn: »In den Bürgern liegt die Rettung des Vaterlandes.«
Nettelbeck ist ein Mann mit Gemüt und Improvisationsgabe. Er denkt praktisch und beweist, daß außergewöhnliche Situationen ebensolche Maßnahmen erfordern. In den Auseinandersetzungen zwischen Loucadou und Nettelbeck spiegelt sich der Dauer-

konflikt zwischen Hitler und seinen Generälen: hier der einfache Gefreite aus dem Volke, als der er sich gerne sah, dort die Klugscheißer, über deren Empfehlungen er sich mit seinem Hausverstand hinwegsetzte. Nettelbecks Nichte ist Maria (Kristina Söderbaum), eine Bauerntochter. Der Krieg hindert sie nicht daran, in Tracht und rotem Kopftuch singend am Webstuhl zu sitzen. Wo sie gebraucht wird, steht sie stets hilfreich zur Seite. Der Krieg ist Männersache, es reicht, daß sie die Folgen lindert. »Ich versteh' ja nicht soviel davon, aber mein Onkel Nettelbeck, der sagt immer: Wir sind verraten und verkauft.«
Gemeint ist damit die Haltung des Stadtkommandanten, der den aufsässigen Nettelbeck schließlich verhaften läßt. Nettelbeck gelingt es, Maria einen Brief zuzustecken, den sie nach Königsberg an den preußischen Hof bringen soll – vorbei an den französischen Linien. »Wie hast du das nur gemacht?« empfängt sie bewundernd ein Major bei ihrer Ankunft. »Ich kann so was«, antwortet sie und klimpert kokett mit den Augenlidern. Das kleine Mädchen Maria wird von Königin Louise (Irene von Meyendorff) wie eine Heldin empfangen. »Die Bürger von Kolberg wollen sich eher unter ihren Trümmern begraben lassen, als ihrem König und ihrem Lande untreu sein«, sagt sie. Da umarmt sie Louise, stellvertretend: »So drücke ich Kolberg und Preußen an mein Herz.«
Dank Nettelbecks Hilferuf wird Loucadou durch Gneisenau (Horst Caspar) als Stadtkommandant von Kolberg ersetzt.
Er sorgt für Disziplin und die richtige Durchhaltemoral, gerade zur rechten Zeit, denn: »Der Krieg wird bald zu uns kommen, wir brauchen ihm nicht nachzulaufen.«
Kristina Söderbaum erleidet für alle deutschen Frauen an der Heimatfront das Elend des Krieges: Ihr Heim brennt ab (es muß »geopfert« werden, weil es der Verteidigung Kolbergs im Weg steht), ihr Vater (Otto Wernicke) stirbt aus Gram darüber, ihr Geliebter (Gustav Dießl) muß ständig an die Front, von der er eines Tages nicht mehr zurückkehrt, und schließlich fällt auch noch ihr musischer Bruder Klaus (Kurt Meisel) bei dem Versuch, seine Geige zu retten – das zwangsläufige Ende für jeden Drückeberger, der Pazifismus und Völkerverständigung predigt, statt heroisch zu kämpfen.
Zuvor ist die Umgebung von Kolberg von den Bewohnern unter Wasser gesetzt worden, um die Angreifer zu stoppen. Hunderte

von Familien werden dadurch obdachlos. Sie tun es ohne Murren, weil es der Rettung Kolbergs dient. Die Parallelen zur Situation in den deutschen Städten nach Beginn des Bombenkriegs dürften von Goebbels eingebracht worden sein. Auch sonst führte das Propagandaministerium Harlan und seinem Koautor Alfred Braun gehörig die Feder. »Es wird viel von uns verlangt. Immer härter müssen wir werden, immer noch härter.« »Unsere Häuser können sie verbrennen, unsere Erde nicht.« »Rankommen lassen, Schill läßt sie rankommen« (die Franzosen, um sie so besser schlagen zu können): Dergleichen klingt nach O-Ton Goebbels. Auch, was Nettelbeck am Schluß zu Maria sagt: »Du hast alles hergegeben, was du hattest. Aber es war nicht umsonst. Das Größte wird immer nur in Schmerzen ge-

Marias Verlobter (Gustav Dießl) auf Fronturlaub. Noch lachen sie. Bald wird er nicht mehr wiederkommen. (Aus ›Kolberg‹.)

boren. Und wenn einer die Schmerzen für uns alle auf sich nimmt, dann ist er groß. Du bist groß, Maria, hast deine Pflicht getan, dich nicht gefürchtet vorm Sterben. Du hast auch mitgesiegt, Maria, du auch!«

Ein zweifelhafter Trost, der Maria kaum erreicht. Mit ausdruckslosem, rußgeschwärztem Gesicht ist sie zuletzt durchs Geschehen geirrt, um sich herum nichts als Tod und Zerstörung.

So will sich nach dieser Apotheose der deutschen Frau kein Gefühl von Happy-End einstellen.

Die Besucher der Berliner Uraufführung vom 30. Januar 1945 bekamen zum Finale des Films die gleichen Ruinenlandschaften zu sehen, die die Kinos mittlerweile umgaben. Goebbels hatte zwar Kürzungen im Wert von nicht weniger als zwei Millionen Reichsmark durchgesetzt, um die dem Alltag des Bombenkriegs allzu ähnlichen Szenen von der Beschießung Kolbergs zu entschärfen, der Rest blieb aber makaber genug: einschlagende Granaten, brennende, zusammenstürzende Häuser, Lösch- und Bergungsmannschaften inmitten des Infernos.

Eine Kopie von *Kolberg* wurde am Premierentag mit dem Fallschirm über der von Alliierten belagerten Atlantikfestung La Rochelle abgeworfen und den dort eingeschlossenen deutschen Soldaten gezeigt, damit sie sich an den Kolbergern ein Vorbild nehmen würden. Der Film sei hervorragend angenommen worden und habe die Kampfmoral gestärkt, kabelte der Kommandant nach Berlin.

Auch in Deutschland strömten anfangs die Leute, um Kristina Söderbaum, Heinrich George, Horst Caspar und die zahllosen Statisten zu sehen. Doch nach vier Wochen ließ das Interesse rapide nach. Vielleicht, weil bisher kein Film des Dritten Reichs den Krieg so unverblümt gezeigt hatte und weil man das zwei Monate vor dem tatsächlichen Ende weder sehen noch hören wollte. Ebensowenig wie die Durchhalteparolen des jungen, schneidigen Gneisenau. Ein einziges Mal zeigt dieser Mensch Gefühl: »Jetzt können wir zusammen sterben«, sagt er zu Nettelbeck vor der feindlichen Attacke. Und umarmt ihn.

Kurz vor Kriegsende versucht Kristina Söderbaum, sich mit einem ihrer Kinder nach Schweden abzusetzen; es mißlingt.

Die Familie zieht nach Hamburg um, wo Veit Harlan gleich nach der Kapitulation verhaftet und mit Berufsverbot belegt wird.

Es folgen jahrelange Prozesse und öffentliche Kampagnen gegen

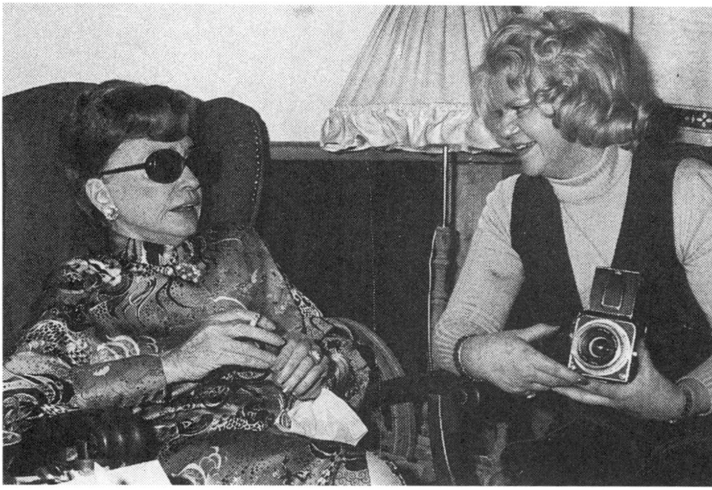

Zwei Schwedinnen in Oberbayern. Kristina Söderbaum gratuliert Zarah Leander in Bad Wiessee zu ihrem 65. Geburtstag (15.3.'72).

das Ehepaar Harlan. Um zu überleben, zieht Kristina mit einer Tourneebühne durch die Provinz, mit Stücken, die ihr Mann anonym inszeniert hat. Wiederholt werden Vorstellungen gestört. Zuschauer rufen: »Frau Harlan, wir wollen Sie nicht sehen!« und werfen mit faulem Gemüse nach ihr.

Filmangebote aus Schweden und Italien lehnt sie ab. Sie will nur mit ihrem Mann drehen. 1950 ist es soweit. Nach einer Novelle von Theodor Storm entsteht *Unsterbliche Geliebte.* Doch der Versuch, ein Comeback zu schaffen, schlägt fehl. Sie versuchen es mit einem Heimatfilm (*Hanna Amon,* 1951) und einer Komödie (*Die blaue Stunde,* 1953) – beide werden zu Flops. Ob sie als Zirkusreiterin auftritt (*Sterne über Colombo,* 1953; *Die Gefangene des Maharadscha,* 1954), als Agentengeliebte (*Verrat an Deutschland,* 1955) oder als Pianistin (*Ich werde dich auf Händen tragen,* 1958): stets folgen Verrisse, verschwinden die Filme schnell wieder aus den Kinos. Nach dem Tod Veit Harlans im Jahre 1964 nimmt sie Abschied von der Schauspielerei und wird Fotografin. Einmal noch holt sie Hans-Jürgen Syberberg für seinen *Karl-May*-Film (1974), in dem sie neben den Altstars Käthe Gold und Mady Rahl als Mays Sekretärin zu sehen ist.

Heute lebt Kristina Söderbaum in München.

Die Kesse: Ilse Werner

Sie war das Küken unter den Ufa-Stars. Ihre Karriere begann mit 16, mit 24 war sie bereits zu Ende.
Als Darstellerin junger, patenter Frauen hatte sie sich im Lauf von sieben Filmen schon einen Namen gemacht. Ihr eigentlicher Durchbruch aber kam, seit sie 1940 (u. a. im »Wunschkonzert der deutschen Wehrmacht«) zu pfeifen und singen begann. Seither verkauften sich die Auskoppelungen ihrer Filmlieder millionenfach, zierten ihre Fotos zahllose Soldatenspinde.
Sie verkörperte das natürliche, anständige Mädchen, den guten Kumpel, der mit seiner frischen, unkomplizierten Art überall Optimismus verbreitet. In ihren Filmen kommt sie häufig aus einfachen Verhältnissen.
Durch ihre Intelligenz und ihren Charme werden die Männer auf sie aufmerksam, denen sie schnell überlegen wird. Drohen ihre männlichen Partner schlappzumachen, verfolgt sie weiter unbeirrt ihren Weg und erweist sich meist als die Stärkere, woraus sie aber weiter keinen Vorteil schlägt. Für sie ist es ganz selbstverständlich, die Männer moralisch aufzubauen. »Durchhaltemieze« ist sie dafür nach dem Krieg genannt worden: der Prototyp des tüchtigen deutschen Landsermädels, das daheim ihren Mann stand. Dabei kam auch sie nicht aus Deutschland.
Geboren wurde Ilse Werner als Ilse Charlotte Still am 11. Juli 1921 in Batavia (heute Djakarta). Ihr Vater war Exportkaufmann und besaß ausgedehnte Plantagen, auf denen Tee, Reis und Kautschuk angebaut wurde.
Ilses Urgroßvater Still war aus Holland als einer der ersten Kolonisten nach Niederländisch-Indien gekommen, wo er rasch reich wurde. Er heiratete eine Chinesin. Von ihr, meinte Ilse Werner, habe sie wohl ihren Gesichtsschnitt und die Form ihrer Augen geerbt. Ilses Mutter war eine Werner und kam aus Bad Godesberg. Zusammen mit ihrer älteren Schwester Lilli wuchs Ilse auf der Insel Java auf und erlebte dort die letzten Jahre der ausklingenden Kolonialzeit: umgeben von Luxus, in einer Villa »mitten in einem prachtvollen tropischen Park, mit 30 Zimmern, 35 Hausangestellten und drei Gärtnern«.
Die Schwestern wuchsen dreisprachig auf: in Holländisch, Malaiisch und Englisch. Ihr Vater, erinnerte sich Ilse Werner, sei

Ilse Werner mit 21 Jahren.

der Inbegriff eines Grandseigneurs gewesen: lebensfroh, kontaktfreudig und sehr großzügig.

Weil seine Frau das tropische Klima offenbar nicht vertrug, kehrte er 1932 mit der Familie nach Europa zurück und ließ sich in Frankfurt nieder. Die Leitung der Firma hatte er seinem Kompagnon anvertraut. Ein fataler Fehler, wie sich bald heraus-

stellen sollte. Denn durch Fehlspekulationen des Partners wurde der Betrieb in die Pleite getrieben; Ilses Vater verlor schlagartig sein gesamtes Vermögen.
Die Familie tauschte ihre große, vornehme Westend-Wohnung mit einer bescheidenen in Sachsenhausen. Ihre Mutter sei deshalb nie vorwurfsvoll oder unzufrieden gewesen, sondern habe die neue Situation mit Humor und Zuversicht pariert: ein Vorbild für Ilses späteres Rollenfach.
Auf dem Realgymnasium in Sachsenhausen lernte sie Deutsch. Ihre schulischen Leistungen sollen mäßig gewesen sein. Durch Privatlehrer verwöhnt, tat sie sich schwer damit, nicht mehr nur dann zu lernen, wenn sie Lust dazu hatte. Am besten war sie in Englisch und Singen.
In der Schule war es auch, wo sie zum erstenmal mit Politik konfrontiert wurde. Als Zwölfjährige forderte man sie auf, dem BDM beizutreten. Es kam nicht dazu. 1934 zogen die Eltern nach Wien, wo der Vater – als ehemaliger österreichischer Honorarkonsul von Niederländisch-Indien – bessere Berufschancen sah.
In Wien entdeckte Ilse das Theater für sich und machte, vom Vater unterstützt, im Herbst 1936 die Aufnahmeprüfung für das Max-Reinhardt-Seminar. Unter ihren Kommilitonen waren Paul Hubschmidt, Winnie Markus und Maria Becker. Im folgenden Sommer sah man sie bei den Salzburger Festspielen zum erstenmal auf der Bühne: Als Komparsin in Max Reinhardts *Faust*-Inszenierung sollte sie das in Ohnmacht fallende Gretchen auffangen. Sie vergriff sich und ließ Paula Wessely, die im sechsten Monat schwanger war, auf die Bretter plumpsen – zum Glück ohne Folgen.
In »Das Glück« von Denis Amiel, einem Drama über die Problematik einer Mutter-Tochter-Beziehung, gab sie ihr Debüt als Schauspielerin. Max Reinhardt, der das Stück am Theater in der Josephstadt rausbrachte, hatte sie als Ersatz für Hilde Krahl geholt, die ihren ersten Film drehte.
Max Reinhardt war es auch, der ihr die Namensänderung vorschlug: Aus Ilse Still wurde Ilse Werner.
Die Kritiken über »Das Glück« fielen für Ilse Werner wohlwollend aus, Geza von Bolvary sah sie sich an und engagierte sie für seine Verfilmung eines Jungmädchenromans.
Die unruhigen Mädchen (1938) erzählt von vier Freundinnen,

die nach dem Abitur eine Wohngemeinschaft gründen und Arbeit suchen, um ihr Studium finanzieren zu können. Dabei unterstützt werden sie von Hans Moser, dem gutmütigen Hausmeister ihrer alten Schule. Zwei der Mädels lernen einen dreisten jungen Baron kennen. Als er zudringlich wird, schießt die eine auf ihn und kommt vor Gericht, wird später aber freigesprochen. Ilse Werner spielt gleichrangig neben Käthe von Nagy, Elfriede Datzig und Lucie Englisch: ein flottes Team junger, selbstbewußter Fräuleins, die Hans Moser den Kopf verdrehen. Im Winter 1937/38 fertiggestellt, waren *Die unruhigen Mädchen* die letzte österreichische Filmproduktion vor dem Einmarsch deutscher Truppen.
Ilse Werner bekam als Gage 1000 Reichsmark und 1000 Schilling extra.
Die Ufa wurde auf sie aufmerksam und bot ihr einen Vertrag über drei Filme zu je 2000 Reichsmark an, und auch aus Hollywood, von der MGM, kam ein Angebot für einen Siebenjahresvertrag.
Die 16jährige Ilse ließ ihren Vater verhandeln. Weil er nicht wollte, daß seine Tochter nur eingekauft und womöglich nicht eingesetzt werden würde, entschied er sich für die Ufa.
Das erste Projekt stand bereits fest: *Frau Sixta,* ein Heimatfilm von Gustav Ucicky, der im Auftrag der Ufa von der Bavaria produziert werden sollte. Als Ausländerin, die in Deutschland drehen wollte, benötigte Ilse Werner eine Sondergenehmigung. Sie reiste nach Berlin und wurde von Goebbels empfangen. Unterkühlt sagte er: »Wir wollen es mit Ihnen versuchen.«
Im Frühling 1938 entstand *Frau Sixta* nach einem Roman von Ernst Zahn. Ilse Werner belegt, neben Franziska Kinz, die zweite weibliche Hauptrolle: Otti, die Tochter der Frau Sixta. Der Film spielt gegen Ende des letzten Jahrhunderts auf einem Bergbauernhof, der zugleich Post- und Zollstation an der italienischen Grenze ist. Nachdem Frau Sixta (Franziska Kinz) ihren Mann verloren hat, muß sie den Betrieb alleine weiterführen. Der Tod ihres Mannes berührt sie nicht weiter. Aus Andeutungen der Nachbarn geht hervor, daß er ein ziemlicher Nichtsnutz war, der am Alkohol starb. Am Tag der Beerdigung spricht Frau Sixta einen durchreisenden Major an und fragt ihn, ob er nicht ihr Verwalter werden wolle. Markus (Gustav Fröhlich) willigt ein, bleibt auf dem Hof und verliebt sich in Frau Sixta. Die Nach-

barn intrigieren gegen das neue Paar: gegen den hergelaufenen, fremden Herrn aus der Stadt, gegen die junge Witwe, die noch nicht mal das Trauerjahr verstreichen ließ.
Otti (Ilse Werner) bekommt davon nichts mit, sie besucht im Tal eine Klosterschule. Nach dem Abschluß kehrt sie nach Hause zurück und lernt den neuen Verwalter kennen, von dem sie nicht weiß, wie er zu ihrer Mutter steht. Das Mädcheninternat liegt hinter ihr, jetzt möchte sie das Leben ausprobieren. Sie trinkt ein wenig zuviel Wein und wird übermütig. Sie hat Lust, sich zu verlieben, und merkt nicht, daß die Warnsignale ihrer Mutter immer deutlicher werden. »Ich bin älter, als ich aussehe, und ich bitte, ernst genommen zu werden«, sagt sie. Frau Sixta hatte sich auf ihr Kind gefreut und muß feststellen, daß ihr eine Rivalin ins Haus gekommen ist. Nicht, daß Otti unsensibel wäre. Aber sie strotzt so vor jugendlichem Selbstbewußtsein, daß sie nicht auf die Idee käme, ihre Mutter für die Freundin von Markus zu halten. Der kümmert sich bald nur noch um Otti. Waidwund zieht Frau Sixta sich zurück und verleugnet schließlich ihre Liebe, als die Nachbarn gegen den »Herrn Major« Sturm laufen. Sie verzichtet und läßt Markus mit Otti ziehen. »Die kommen nicht mehr wieder«, sagt Frau Sixtas alter Knecht, der Otti von klein auf kannte. »Und Sie, Frau?« Da wendet sich Franziska Kinz abrupt ab: »Weiter geht's!«
Ilse Werner in Tracht und mit Haarkranz versucht sich gelegentlich im Berglerdialekt. Zwar verfehlt sie ihn weit, überspielt dies aber mit so viel entwaffnendem Charme, daß man ihr beim besten Willen nicht krummnehmen kann, daß sie der eigenen Mutter den Freund ausspannt. Besser paßte sie in die Szenerie ihres nächsten Films, der vom harten Dasein in der Großstadt Berlin handelt: *Das Leben kann so schön sein* von Rolf Hansen ist einer der besten Filme mit Ilse Werner und einer der ihr liebsten. Nachdem *Frau Sixta* abgedreht war, vermittelte die Ufa Ilse Werner im Frühsommer 1938 ans Carl-Froelich-Studio, wo die Verfilmung einer erfolgreichen Theaterkomödie geplant wurde: »Ultimo« von Jochen Huth. Regie sollte Froelichs langjähriger Assistent Rolf Hansen führen.
Die Dreharbeiten begannen am 11. August. Zwei Wochen später erlitt Ilse Werner einen gesundheitlichen Zusammenbruch. Die Produktion mußte unterbrochen werden. Man überlegte, mit anderer Besetzung nochmals neu zu beginnen, entschied sich

Junges Glück: Rudi Godden und Ilse Werner in Rolf Hansens ›Das Leben kann so schön sein‹ (1938).

aber schließlich dafür, zu warten, bis Ilse Werner wieder gesund wäre. Die Fertigstellung des Films verzögerte sich, der Titel wurde mehrmals geändert: von »Ein Mensch wird geboren« über »Glück auf Raten« bis »Das Leben könnte so schön sein«. Schließlich wurde die Premiere für Weihnachten 1938 geplant.

Doch weil der Verleih kommerzielle Bedenken hatte, sollte *Das Leben kann so schön sein* – so der vorläufig endgültige Titel – zunächst in Wien getestet werden. Die Reaktionen fielen positiv aus. Dann bekam Hitler den Film zu sehen und beurteilte ihn vernichtend. Goebbels schaltete sich ein, der den Film mit der Begründung verbot, er widerspreche »bevölkerungspolitischen Grundsätzen des Nationalsozialismus«.

Das Leben kann so schön sein erzählt mit einem für die Zeit ungewöhnlichen Realismus von den Schwierigkeiten eines jungen Paares, angesichts von Wohnungsnot und drückender Existenzangst sein privates Glück zu verwirklichen.

Nora (Ilse Werner) und Hannes (Rudi Godden) träumen von einem Häuschen im Grünen. Irgendwo außerhalb Berlins besichtigen sie ein Musterhaus in einer Neubausiedlung und schwelgen in Phantasien von einem sorglosen Leben in großen, lichten Räumen. Aber noch sind Hannes und Nora nicht soweit, denn Hannes arbeitet als kleiner Versicherungsagent, der von Tür zu Tür geht und den Leuten Policen andreht – leider viel zu wenige, um halbwegs über die Runden zu kommen. Ständig redet Hannes vom Sparen, und man sieht es ihm an, wie sehr ihm dieser Mißstand auf die Seele drückt.

Nora versucht, ihn an andere Werte zu erinnern. Als Hannes wieder einmal jammert, kein Geld zu haben, meint sie nur: »Dann bezahlt man eben mit Glück.« »'ne Ehe muß sicher sein, sonst ist sie kein Glück«, hält er dagegen. Die beiden treiben nachts bei Mondschein über einen See, und Hannes zerstört durch sein zwanghaftes Rechnen die Romantik. »Hannes, wovor hast du eigentlich Angst? Wir gehen nicht unter! Du mußt mehr wagen!« ermutigt Nora ihren Freund. Doch es nutzt nichts, er bleibt eine Buchhalterseele.

Trotzdem heiratet Nora ihren Hannes, und die beiden ziehen statt in ein geräumiges Haus in eine düstere Stadtwohnung, die sie sich mit anderen Untermietern teilen müssen. Um ihr mageres Einkommen aufzubessern, arbeitet Nora nebenher als Näherin. Hannes läuft sich tagsüber die Hacken ab, hat aber mit seiner Verkaufsmasche, den Leuten Angst zu machen, keinen Erfolg. Hannes und Nora können sich nicht die schicke Küche leisten, in die sie sich verliebt hat, ständig gibt es Ärger mit den Mitbewohnern, und als Nora merkt, daß sie schwanger ist, zieht Hannes sich von ihr zurück.

»Du läßt es mich alleine auskämpfen, du stehst nie zu mir!« wirft sie Hannes vor, nachdem ein nervtötender Nachbar ihr wieder mal Scherereien gemacht hat.
Hannes läßt sie spüren, daß er das Kind lieber nicht hätte. Jetzt belügt sie ihn: Alles sei nur ein Irrtum gewesen.
Seine offene Freude darüber entfremdet ihn ihr noch mehr. Sie packt ihre Sachen und beschließt, das Kind alleine zu bekommen.
Als Hannes sie im Hausflur festzuhalten versucht, fällt sie die Treppe hinunter und muß sofort in die Klinik, weil die Wehen einsetzen.
Rolf Hansen inszeniert *Das Leben kann so schön sein* in Rückblenden, die Hannes' Warten auf die Geburt des Kindes immer wieder unterbrechen.

Er nervt sie mit seiner Knausrigkeit.

Versöhnung am Wochenbett. (Ilse Werner in ›Das Leben kann so schön sein‹.)

Es ist die Geschichte einer Läuterung. Denn durch Noras Sturz wird Hannes plötzlich klar, was für ein Idiot er war.
Als das Kind schließlich da ist, hat sich auch Hannes gewandelt. Meint der Arzt: »Bei einer Geburt werden meistens zwei Menschen geboren, das Kind und der Vater.«
Das ist Nora zu wünschen, denn Rudi Godden als Hannes gibt wirklich eine jämmerliche Figur ab. Ein Antiheld, der keinen Mut, keinen Glauben an sich hat, dessen schwache Persönlichkeit einzig an einem gesicherten Einkommen Halt findet, während Ilse Werner aus sich heraus lebt und stets die Starke bleibt. Hitler und Goebbels ärgerten sich weniger über die Konstellation starke Frau/schwacher Mann – die ja oft im Film des Dritten Reichs wiederkehrt. Sie störten sich vielmehr am Bild einer

Wirklichkeit, von der die Nazis nichts mehr wissen wollten, obwohl sie noch existierte: Wohnungsnot und schlechtbezahlte Jobs, Frauenarbeit (wohlgemerkt: vor dem Krieg) und Abtreibungsproblematik. Ganz aus der Perspektive des jungen Paares zeichnete Rolf Hansen ein Panorama von Alltagsnöten kleiner Leute, die sich in den siegessicheren Parolen der Nazis nicht wiedererkannten. *Das Leben kann so schön sein* wurde noch vor der Premiere verboten, und alle Versuche Rolf Hansens, den Film, durch Schnitte entschärft, doch noch freizubekommen, scheiterten an Goebbels' Sturheit. Ihm war alles viel zu negativ: »Als ob sich ein junges Paar in unserem Staat nicht trauen kann zu heiraten, daß sie zittern müssen vor ihrer Zukunft, daß sie Angst haben, ein Kind in die Welt zu setzen.«
Nach dem Krieg bemühten sich Rolf Hansen und sein Co-Autor Jochen Huth, die ursprüngliche Fassung des Films wiederherzustellen, was nur halbwegs gelang. Unter dem Titel *Eine Frau fürs Leben* kam er schließlich im Februar 1950 mit elfjähriger Verspätung in die Kinos.
Anders war der Mann beschaffen, mit dem Ilse Werner in ihrem nächsten Film zu tun hatte. Erich Waschnecks *Fräulein* (1939) erzählt die Mär vom Aschenputtel, das ein gereifter, erfolgreicher Prinz von seinem Schattendasein erlöst. Seine Herrschaft ist eine reiche Fabrikantenfamilie, wo es Mädchen für alles ist. Einen Namen hat es dort nicht. Für die Schillings ist es nur »das Fräulein«.
Erich Waschneck zeigt den Geldadel des Dritten Reichs als einen Haufen überdrehter Snobs.
Vater Schilling (Hans Leibelt) hat sogar auf dem Eßtisch ein Telefon stehen, von wo aus er aufgeregt Geschäftsgespräche führt und darüber die Mahlzeit vergißt. Frau Schilling (Annemarie Holtz) denkt nur an ihre Patiencekarten, und Tochter Thea (Mady Rahl) ist eine lärmende Quasselstrippe, die ihrem Vergnügen nachjagt.
Unter so vielen Exzentrikern fällt »das Fräulein« angenehm auf: Ruhig geht es seiner Arbeit nach, hält sich bedeckt.
Ihr gängiger Satz ist: »Gewiß, gnä' Frau.« Dennoch hat sie Selbstachtung, und wenn niemand zu Hause ist, setzt sie sich heimlich an den Flügel und spielt Schubert. Der erste, der ihr schlummerndes Talent entdeckt, ist Kurt (Egon Müller-Franken). Der Sohn des Hauses kehrt vom Arbeitsdienst zurück, und

Als namenloses Dienstmädel in Erich Waschnecks ›Fräulein‹ (1939).

er ist anders als der Rest seiner Familie. Er bewundert das schöne Profil des »Fräuleins« und modelliert es. Bald taucht noch ein Bewunderer auf: Dr. Richard Rauh (Erik Frey), der erfolgreiche Auslandsvertreter der Firma Schilling.
Er fragt »das Fräulein« nach seinem Namen und lädt es ins Konzert ein.

Schuftet für Snobs: mit Mady Rahl in ›Fräulein‹.

Das sieht die Herrschaft nicht gerne: Vater Schilling denkt ans Geschäft und möchte Richard Rauh mit seiner Tochter zusammenspannen, Mutter Schilling sieht die Hierarchie verletzt, und so werden, mit Hilfe einer Tante, Intrigen gesponnen, die »das Fräulein« zu Fall bringen sollen. Während es seine Sachen packt, feiert der schöne Dr. Rauh mit der Tochter des Hauses

Verlobung. Doch als durch Kurts Eingreifen das Komplott gegen Ilse Werner auffliegt, besinnt sich Rauh eines Besseren und entscheidet sich für das ehrliche Mädel.

Eine ähnliche Haltung verkörpert Ilse Werner in Willi Forsts *Bel Ami* (1939), für den sie von der Ufa an die Tobis ausgeliehen wurde. Nach einigen Umwegen landet Georges Duroy, der Liebling schöner Frauen, zuletzt bei ihr, weil sie in der verlogenen Pariser Glitzerwelt die einzige Aufrichtige ist.

Die Voraussetzungen ihrer Liebe sind schlecht: Suzanne Laroche ist die Tochter des Kolonialministers, Duroys ärgstem Feind. Er lernt sie auf einem Ball kennen und weiß nichts von ihrer Identität. Auch sie ahnt nicht, daß ihr charmanter Tanzpartner der Autor jener verhaßten Hetzartikel gegen ihren Vater ist.

Dann erfährt sie es – und erfährt auch, daß Duroy recht hat mit seinen Angriffen: Papi ist gar nicht der Beste.

Integer wie sie ist, kennt sie keine familiäre Rücksicht, sagt sich von ihrem Vater los und schlägt sich auf die Seite Duroys. Der möchte gerade resigniert aus Paris fliehen, da holt sie ihn zurück und ermutigt ihn weiterzukämpfen. Zum Dank nimmt er sie zur Frau. Der Reigen seiner Verflossenen, allen voran die falsche Madeleine (Olga Tschechowa), hat keine Chance gegen sie.

Ilse Werner ist das Gegenbild zu den verkünstelten Salondamen. Duroy weiß, was er an ihr besitzt: einen guten Kumpel und eine anmutige Frau, die es nicht nötig hat, ihr mangelndes Selbstbewußtsein durch Schminke und üppige Fummel zu kompensieren.

Drei Väter um Anna (1939) von Carl Boese war eine oberbayerische Heimatkomödie, in deren Mittelpunkt Ilse Werner als junge Waise steht.

Hans Stüwe spielt einen weitgereisten Schiffsarzt, der nach 15jähriger Abwesenheit in sein Heimatdorf am Inn zurückkehrt. Mitgebracht hat er Anna (Ilse Werner), die fast noch ein Kind ist.

Sofort machen Gerüchte die Runde. Daß Anna jung und schön ist, stört nicht nur die Klatschweiber am Ort, sondern auch drei von Stüwes Kameraden aus dem Ersten Weltkrieg.

Der Argwohn schlägt in Neid um, als Stüwe erklärt, daß er eine Graphitmine in der Nähe abbauen will: Hart stoßen provinzielle Enge und Stüwes Gelassenheit zusammen. Und noch etwas an-

deres will Dr. Fogg: Annas Vater finden. Denn Anna ist die Tochter jener Frau, die die vier Soldaten während des Krieges vor der Gefangenschaft rettete und die von einem von ihnen schwanger wurde. Entweder von dem alten Postboten (Theodor Danegger) oder dem kinderreichen Bauern (Beppo Brehm) oder dem vermögenden Bürgermeister.
Nachdem sich der richtige Vater zu erkennen gibt, lösen sich die Fronten: Anna bekommt ihren Arzt, und der Abbau des Graphitlagers kann beginnen – mit Hilfe der Dorfbewohner.
Der Film feiert den Wert der Frontkameradschaft, und obwohl Ilse Werner im Mittelpunkt des Geschehens steht, hat sie nicht viel mehr zu tun, als sich mit ihrer aufrechten Art selbst treu zu bleiben und damit den Anfeindungen zu trotzen. Ebenfalls 1939 entstand Joseph von Bakys *Ihr erstes Erlebnis.*
Der Film kam zur ersten Kriegsweihnacht in die Kinos und be-

Verliebt in ihren Professor. (Ilse Werner und Johannes Riemann in ›Ihr erstes Erlebnis‹, 1939.)

schreibt ein Idyll sorgloser junger Leute – fernab von Uniform und Marschbefehl.
Marianne (Ilse Werner) ist 17 und möchte nach Berlin auf eine Malschule. Den Eltern fällt es schwer, ihre einzige Tochter ziehen zu lassen. Strikt dagegen ist Jochen (Volker von Collande), der junge Gutsverwalter ihres Vaters. Er liebt Marianne, traut sich aber nicht, es ihr zu sagen. So fährt Marianne in die Großstadt.
Sie kommt bei einer schrulligen Zimmerwirtin unter und findet bald Anschluß an eine Clique von Kunststudenten, die sich zu einer Ateliergemeinschaft zusammengeschlossen haben. Es geht locker zu: Man hockt auf dem Boden, hört Swing-Platten, raucht Pfeife und trinkt Chianti. Alles scheint möglich. Marianne verliebt sich in ihren Professor (Johannes Riemann) und sagt es ihm auch. Professor Brenner ist verunsichert – und unfähig zu handeln. Auch er liebt Marianne, fühlt sich aber an seine Frau (Elisabeth Lennartz) gebunden. Da ergreift Marianne die Initiative, besucht Frau Brenner und fordert sie auf, ihren Mann freizugeben. Statt sich dem Konflikt zu stellen, kneift der Herr Professor vor einer Entscheidung, flieht in die Einsamkeit einer Nordseeinsel und hofft, daß sich die Dinge irgendwie von selbst klären.
Doch Marianne läßt nicht locker und reist ihm nach, was ihn wiederum in die Abwehr treibt. Erst ein (fingiertes) Telegramm bringt ein für alle befriedigendes Ergebnis.
Wieder stehen die männlichen Helden ausgesprochen schwach da: So tüchtig Jochen als Gutsverwalter ist, so verlegen druckst er rum, wenn es um Gefühlsdinge geht. Statt sich zu Marianne zu bekennen oder zu handeln, wird er in ihrer Gegenwart still und bescheiden. Ähnlich der Professor. Sein Status und seine vermeintliche Reife nützen ihm gar nichts, als Ilse Werner ihm den Kopf verdreht. Mit ihren 17 Jahren wirkt sie völlig überlegen, weil sie weiß, was sie will, und es auch artikuliert. Ihr Lehrer dagegen laviert sich so durch und hofft insgeheim, daß andere für ihn entscheiden. Immerhin gibt der Film gegen Schluß den Männern eine Chance: So lernt Jochen, im rechten Moment zur Stelle zu sein, als es Marianne schlechtgeht – wofür er prompt belohnt wird. Auch der Professor besinnt sich und kehrt zu seiner Frau zurück: wenigstens eine klare Entscheidung.
Daß Jugend zu Jugend gehört, ist auch die Botschaft von Karl

›Das ist München, wie ich's gern hab.‹ (In Karl Ritters ›Bal Paré‹, 1940.)

Ritters *Bal Paré* (1940), der im München der Jahrhundertwende spielt. Maxi Brunnhuber (Ilse Werner), ein Vorstadtmadl, das es immerhin zur Elevin des Hofopernballetts gebracht hat, geht auf ihren Bal Paré, den schönsten Ball der Faschingssaison. Dort lernt sie Horst Heisterkamp, einen Großindustriellen aus Bochum, kennen und tanzt mit ihm die ganze Nacht. Die Klassen mischen sich: »Das ist München, wie ich's gern hab«, sagt ein Musiker. Immer wieder spielt die Kapelle Theo Mackebens Walzer »Münchner G'schichten«.

Als Maxi von Heisterkamp in der Morgendämmerung nach Hause gebracht wird, duzen sich die beiden. Der Abend hat für Maxi angenehme Folgen: Heisterkamp bezahlt von jetzt an ihr Studium und eine Villa mit Blick auf den Englischen Garten. Außerdem verspricht er, zum Bal Paré am nächsten Wochenende wiederzukommen.

Aber er kommt nicht, weil seine Frau und seine Geschäfte ihn halten.

Statt dessen lernt sie auf dem Ball zufällig Heisterkamps Sohn

Das Vorstadtmädel und der Firmenchef.

(Hannes Stelzer) kennen, der in München studiert und sich für einen Künstler hält. Auch sie verlieben sich, und als die beiden durch den Ballsaal kreisen, beginnt der Hintergrund mitzutanzen, sie sind nur noch für sich.
Als Maxi Hansjürgen in ihr Palais bittet, ist er dort so befangen, als käme *er* aus der Vorstadt und nicht aus einem vornehmen Haus.
Maxi dagegen bewegt sich souverän durch all den Luxus, der jetzt ihr gehören soll.
Daß sie sich aushalten läßt, ist weder für sie noch für ihre Mutter (Lina Carstens) anstößig, die einen kleinen Laden betreibt. Nur der eifersüchtige Nachbar (Fritz Kampers) hetzt kräftig und sieht Maxi in der Isar enden.
Auch für Hansjürgen paßt Maxis üppiger Lebensstil nicht zu dem Bild der armen Ballettschülerin, das er sich von ihr macht. Vor allem wittert er Protektion. Bei einem Ballettabend Maxis merken Vater und Sohn, daß sie dieselbe Frau lieben. Es kommt zum Eklat, der sich in einer Art Polterabend für Maxi und Hansjürgen auflöst.
Schon vorher kippt die Stimmung immer wieder in totale Ausgelassenheit um. Dann beschleunigt Karl Ritter das Tempo und erzeugt ganz leichte Momente, in denen frivole Anspielungen mit galanten Gesten wechseln.
Ihren Durchbruch schaffte Ilse Werner in Eduard von Borsodys *Wunschkonzert* (1940), ihrem neunten Film, der wie kein anderer ihr Image als treues, deutsches Mädel prägte.
In ihrer Rolle als Inge Wagner, die jahrelang auf ihren geliebten Fliegerleutnant wartet, wurde sie zum Leitbild für Millionen deutscher Soldatenfrauen.
Wunschkonzert hat Modellcharakter fürs nationalsozialistische Kino. »Der Film«, schreibt Fritz Hippler, »war Goebbels' Wunschkind. Er hatte am Buch mitgearbeitet, Dialoge geschrieben und im einzelnen auch Sänger und Musiker bestimmt, die sich in den großen Aufführungen zu präsentieren hatten. Da er Ilse Werner als ›den sympathischen Typ einer modernen Frau‹ über alles schätzte, war er in diese Besetzung völlig vernarrt.« Weil Ilse Werner die Rolle nicht spielen wollte, gelang es Hippler erst nach einem großen Krach, sie umzustimmen.
Wunschkonzert mischt Propaganda mit Unterhaltung, Pathos mit Humor und Realismus mit Märchenhaftigkeit. Der Film ver-

Brachte ihr den Titel ›Durchhaltemieze‹ ein: Ilse Werner in Eduard von Borsodys ›Wunschkonzert‹ (1940).

knüpft eine private Geschichte mit der kollektiven des Krieges und feiert die verbindende Kraft des Radios, eines Mediums, das die Nazis durch Einführung des Volksempfängers erst richtig populär machten. Die Geschichte beginnt im Sommer 1936, am Eröffnungstag der Olympischen Spiele von Berlin. Dokumentarische Aufnahmen vom Einzug der Athleten, die an der Führertribüne vorbeimarschieren, und dem Anzünden des olympischen Feuers sind dabei so geschickt mit inszenierter Spielhandlung montiert, daß das Geschehen völlig authentisch wirkt. Inge Wagner (Ilse Werner) ist in die Reichshauptstadt gekommen, um mit ihrer Berliner Tante die Olympiade zu besuchen. Doch Tante Eichhorn (Ida Wüst) hat vor lauter Schusseligkeit die Karten zu Hause vergessen. Während Inge auf ihre Rückkehr wartet, lernt sie vor dem Stadion Fliegerleutnant Herbert Koch (Carl Raddatz) kennen, der noch eine Karte übrig hat und sie

Mit Carl Raddatz auf dem Wannsee. Sie kennen sich gerade drei Tage und steuern Richtung Ehe. Doch morgen wird er sie mit unbekanntem Ziel verlassen.

einlädt. Die beiden verlieben sich und beschließen nach drei Tagen zu heiraten.
Doch dann muß Leutnant Koch in geheimer Mission fort, und er verspricht Inge, so oft wie möglich zu schreiben. Doch vor dem Abflug nach Spanien, wo er an der Operation Condor teilnehmen soll, wird ihm jeglicher Briefkontakt mit der Heimat verboten.
Bilder von Luftangriffen aus dem spanischen Bürgerkrieg leiten über zur Gegenwart des Jahres 1939: Die deutsche Luftwaffe bombardiert Polen. Im *Illustrierten Filmkurier* über *Wunschkonzert* liest sich das so: »Polen, von Englands ›Garantie‹ trunken und irr, wirft die Brandfackel des Krieges über die Grenzen. Deutschland tritt zum Befreiungskampf an.«
Die Mobilmachung in einer Kleinstadt läuft wie im Komödienstadel ab: Metzger, Bäcker und Lehrer treten in Uniform auf und verabschieden sich mit sorglosen Sprüchen. »Wie soll ich das bloß alleine schaffen«, fragt mit übertriebener Sorge die Metzgerin. »Ach, was denn«, antwortet ihr Mann, »den anderen geht's doch auch so.« Eine andere Frau meint auf die gleiche zweifelnde Frage ihres Mannes: »Das ist ja wohl das mindeste, euch da draußen die Sorgen abzunehmen.« Als ginge es auf einen Betriebsausflug, besteigen die Soldaten lachend und singend ihre Eisenbahnwaggons. Obwohl Inge seit drei Jahren nichts mehr von Herbert Koch gehört hat, hält sie ihm eisern die Treue. Einen Jungen aus der Nachbarschaft, der für sie schwärmt, läßt sie beharrlich abblitzen. Auch Helmut (Joachim Brennecke) wird eingezogen und kommt zur Luftwaffe, wo sein Vorgesetzter Herbert Koch heißt. Die Männer an der Front sind durchs Radio mit zu Hause verbunden. Am liebsten hören sie das »Wunschkonzert für die Wehrmacht«. Die populärste Radiosendung des Krieges wurde jeden Sonntag ab 15 Uhr direkt aus dem großen Sendesaal an der Berliner Masurenallee übertragen. Vor ausverkauftem Haus übermittelte der Conférencier Heinz Goedecke Grüße zwischen Front und Heimat, sangen und spielten die bekanntesten Unterhaltungskünstler. Herbert Koch wünscht sich die Olympiafanfare, und Inge hört sie zufällig im Volksempfänger. Jetzt hat sie einen Anhaltspunkt und kann gezielt nach dem Geliebten suchen; das Radio als Glücksstifter.
Gezeigt wird auch, wie das Wunschkonzert die deutschen Volksgenossen zusammenhält. Der *Filmkurier:* »Ein magisches Band

Briefe sind nicht mehr das einzige Mittel, um Verbindung zu halten, es gibt ein neues Medium …

umschlingt Front und Heimat. Im Unterstand in Frankreich, im U-Boot auf Feindfahrt, im Fliegerhorst an der Küste, im stillen Zimmer einer Mutter, in Tausenden, Hunderttausenden von Wohnungen, überall klingt und schwingt der Strom von Wort und Lied und Musik.«
Der Film verläßt seine Hauptfiguren immer wieder und streift in eigene Episoden ab. So wird der Krieg zur komischen Veranstaltung, als zwei Landser eine Horde französischer (!) Schweine einfangen, die sie in Berlin dem Wunschkonzertpublikum präsentieren werden. Aber auch heroische Einlagen gibt es: Als sich ein deutscher Kommandotrupp im Nebel verirrt, weist ihm Orgelklang aus einer Kirche den rettenden Weg – ein zurückgeblie-

bener Kamerad hat die Gefahr erkannt und spielt aus Leibeskräften Bach, bevor ihn ein Granatsplitter tödlich trifft.
Koch und der junge Winkler freunden sich miteinander an, ohne zu wissen, daß sie die gleiche Frau lieben.
Inge hat Koch inzwischen ausfindig gemacht und vereinbart schriftlich ein Treffen. Dazu kommt es nicht, weil Koch über dem Atlantik einen Einsatz fliegen muß, bei dem er mit Winkler zusammen abgeschossen wird. Sofort ist ein deutsches U-Boot zur Stelle und fischt in einem vorbildlichen Einsatz die Bomberbesatzung aus dem Wasser.
Winkler liegt verwundet im Lazarett, an seinem Bett findet das Wiedersehen zwischen Inge und Herbert Koch statt. Großzügig tritt Winkler Ilse Werner an seinen Vorgesetzten ab. »Ihr seid beide prima Kerls«, antwortet Inge salomonisch. Da strahlen sie, die beiden Kerls.
Nachdem sie drei Jahre auf einen Mann gewartet hat, den sie gerade drei Tage kannte, darf man ihr künftig leicht Ähnliches zumuten.
Bezeichnenderweise endet der Film nicht mit dem Happy-End zwischen Ilse Werner und Carl Raddatz, sondern mit dahinziehenden Kriegsschiffen und Bombengeschwadern. Dazu ertönt das Marschlied »Denn wir fahren gegen Engelland«.
Wunschkonzert wurde mit knapp 26 Millionen Zuschauern einer der größten Kinoerfolge des Dritten Reichs. Der Film konnte nicht nur auf die große Beliebtheit der Radiosendung bauen, er machte auch sichtbar, was man bisher nur am Lautsprecher verfolgen konnte. So sahen sich die Kinobesucher nicht nur den Besuchern des Wunschkonzerts gegenüber, sondern erlebten auch den Leiter der Sendung Heinz Goedecke und eine Reihe von Stars. Es tanzen und singen u. a.:
Marika Rökk, Paul Hörbiger, Weiß-Ferdl (»Ich bin kein Intellektueller«) und das Trio Rühmann-Sieber-Brausewetter (»Das kann doch einen Seemann nicht erschüttern«).
Aber auch die dokumentarische Einbeziehung aktueller Vorgänge kam an. In einer »Meldung aus dem Reich« des Sicherheitsdienstes (SD), der Stimmungen in der Bevölkerung registrierte, hieß es, daß der anhaltende Rekordbesuch dieses Films einen überzeugenden Beweis dafür darstelle, daß die filmische Gestaltung eines zeitnahen Stoffes und der Versuch, gegenwärtiges Geschehen mit einer Spielhandlung zu verbinden, von

vornherein einer überdurchschnittlichen Anteilnahme in allen Kreisen der Bevölkerung sicher seien. Und die Presse lobte die Hauptdarstellerin: »Ilse Werner, rank, schlank und hübsch, vertritt erfreulich den jungen deutschen Mädchentyp von heute. So selbstverständlich und voll natürlicher Anmut sahen wir sie noch nie in einem Film.« Gemessen an *Wunschkonzert* spielt Ilse Werner in Günther Rittaus *U-Boote westwärts* (1941) nur eine untergeordnete Rolle.

Er reichte für den Vorwurf, der nach 1945 gegen sie erhoben wurde, nämlich in einem kriegsverherrlichenden Propaganda-

›Warte, mein Mädel ...‹ (Ilse Werner in ›U-Boote westwärts‹, 1941.)

streifen mitgewirkt zu haben. Dabei soll Goebbels persönlich ihr den Film befohlen haben, nachdem sie sich vor einem anderen Auftrag erfolgreich gedrückt haben will.
U-Boote westwärts erzählt von einer U-Boot-Mannschaft, die von einem Kriegseinsatz in die Heimat zurückkehrt und schon nach wenigen Tagen unerwartet wieder ausrücken muß.
Der Film spielt weitgehend unter Männern. Landurlaub bleibt eine Episode, Frauen tauchen nur am Rande auf.
Nachdem sie sich vom Dienst abgemeldet haben, verfolgt Rittau die Wege der Männer: Die einen treffen ihr Mädel wieder, die anderen kehren nach Hause zu ihren Familien zurück. Der Bootskommandant (Herbert Wilk) behandelt seine vier Kinder wie ein jovialer Onkel und läßt sie im Spaß zum Begrüßungsappell antreten, ehe er sie mit dem Befehl »Auf Tauchstation!« ins Bett schickt. Ein Teil der Mannschaft amüsiert sich in einem Tanzcafé. Dort beruhigt sie eine Sängerin: »Wie der Seemann seinem Schiff vertraut, so vertraut er seiner Seemannsbraut.« Ilse Werner wird als bekannte Sängerin eingeführt. Oberleutnant Wiegandt (Heinz Engelmann) liebt sie und denkt an Heirat, sie aber möchte damit warten, schließlich müsse jetzt jeder auf dem Platz aushalten, der ihm zugewiesen sei. In diesen harten Zeiten ist sie damit beschäftigt, »vielen Menschen mit meinem Gesang Freude zu machen«. So will sie Wiegandt erst mal nur Kumpel sein. Er akzeptiert es anstandslos, meint nur kleinlaut, wenn sie sich's anders überlege, solle sie ihm ein Zeichen geben. Berstend vor Unternehmungslust melden sich die Männer wieder zum Dienst aufs U-Boot zurück.
Zum Konflikt (wie etwa in *Wunschkonzert* oder *Die große Liebe*) führt der vorschnelle Aufbruch nicht. Die Frauen nehmen es gelassen hin, daß die Männer, kaum daß sie da sind, wieder fort müssen. Manche ermuntern sie sogar. Als einer der Matrosen davon spricht, wie gern er dableiben würde, meint sein Mädel: »Du würdest nicht glücklich sein – die anderen draußen und du hier allein.«
Was der Sinn solchen Verzichts ist, geht aus folgendem Satz hervor: »Ich laß mich nicht umsonst aus dem Urlaub holen. Jetzt wollen wir's dem Feind heimzahlen!«
Mit zu Hause sind sie jetzt nur noch über den Lautsprecher ihres Bordradios verbunden. Einer der Männer (Carl John) wird auf See getraut, während seine Frau zur gleichen Zeit in Deutsch-

land vor den Standesbeamten tritt. Kurze Zeit später erfährt der Matrose durch Heinz Goedecke vom Wunschkonzert, daß er Vater von Zwillingen geworden ist. Und schließlich kommt auch für Oberleutnant Wiegandt das erhoffte Jawort – Ilse Werner singt im Wunschkonzert das (vereinbarte) Lied: »Irgendwo in weiter Ferne fährt mein Liebster übers Meer.«
Dann verlieren sich die Fäden zur Heimat, das U-Boot bringt einen holländischen Dampfer auf, der Propeller geladen hat. Es wird von englischen Kreuzern angegriffen und bleibt am Ende siegreich. Über einer eingeschnittenen Hakenkreuzfahne ertönt das obligatorische »Denn wir fahren gegen Engelland«.
Fehlbesetzt wirkt Ilse Werner in *Die schwedische Nachtigall* (1941). Regie führte Peter Paul Breuer. Dieser Künstlerfilm handelt von der entsagungsvollen Liebe zwischen dem Märchendichter Hans Christian Andersen (Joachim Gottschalk) und der jungen Sängerin Jenny Lind (Ilse Werner), die er gefördert hat. Damenhaft, das dünne Haar in Dauerwellen gelegt und ausstaffiert mit üppigen Kostümen: das will zur burschikosen Art der Werner überhaupt nicht passen. Die ihr unvertraute Ausstattung macht sie stellenweise häßlich – wo gerade das Gegenteil beabsichtigt ist. Die Romanze zwischen dem Dichter und der Sängerin, die noch zu Lebzeiten »schwedische Nachtigall« genannt wurde, hat es tatsächlich gegeben, nur entsprach die wirkliche Jenny Lind kaum dem verklärten Bild, das der Film von ihr zeichnet. »Auf der Bühne schwedische Nachtigall, sonst schwedische Kuhmagd«, hieß es in einer zeitgenössischen Kritik über die launische Sängerin.
Der Film basiert auf dem Theaterstück »Gastspiel in Kopenhagen« von Friedrich Forster-Burggraf, das 1940 Premiere hatte. Jenny Lind ist ein Fräulein aus kleinen Verhältnissen. Ihr Vater (Ernst Sattler) ist Lehrer und möchte sie mit dem Sohn des Bürgermeisters verheiraten. Doch seit sie Hans Christian Andersen nach der Aufführung eines seiner Märchen kennengelernt hat, fühlt sich Jenny berufen, zum Theater zu gehen. Andersen verspricht, ihr dabei zu helfen. Wobei man sich fragt, ob sie das nötig hat. Denn forsch setzt sie sich über die Anstrengungen des Vaters und ihres Bräutigams in spe hinweg, die sie zum Dableiben bewegen wollen. Und forsch belehrt sie auch den weichmütigen Andersen: »Man muß kämpfen können, wenn man was erreichen will!«

Andersen ist älter als sie, aber zu schüchtern, um ihr seine Liebe zu gestehen. Womöglich schätzt er auch mehr ihren Gesang als ihren Körper.
Und so viel kann er dann doch nicht für sie tun.
Da schiebt sich ein anderer dazwischen: Graf Rantzau (Karl Ludwig Diehl), durch dessen Protektion Jenny auf die Opernschule kommt, macht sie zu seiner Geliebten. Alle wissen es, bis auf Andersen, der weiter in der Idee seiner Liebe zu Jenny

Als Jenny Lind in Peter Paul Breuers ›Die schwedische Nachtigall‹ (1941).

Es darf kein privates Glück haben, wer die Menschheit beglücken will: mit Joachim Gottschalk (als Hans Christian Andersen) in ›Die schwedische Nachtigall‹.

schwelgt und Stücke für sie schreibt. Als Rantzau, ein Machtmensch mit Besitzansprüchen, sie heiraten will, verläßt sie ihn und spricht sich mit Andersen aus.
Seinen Wunsch nach dem gemeinsamen Glück lehnt sie kategorisch ab, denn: »Künstler sollen andere glücklich machen.« »Wir kennen jetzt beide unseren Weg, und jeder von uns muß ihn alleine gehen«, ermahnt sie ihn. Und: »Große Kunstwerke werden immer aus der Sehnsucht geboren.«
Joachim Gottschalk als Andersen blickt dabei treuherzig wie ein großes Kind, das darum bettelt, länger aufbleiben zu dürfen. Viel zu melden hat er ohnehin nicht. Er ist zu sehr mit sich und

seinen Zwiespälten beschäftigt, als daß er Jenny als Mann imponieren könnte. Immer wieder sammelt er Kinder um sich, denen er seine Märchen erzählt. Ilse Werner dagegen leistet sich bis zum Schluß nicht die Spur eines Zweifels. »Die weiß, was sie will«, bescheinigt ihr Andersens Haushälterin, nachdem Jenny ihn das erstemal besucht hat. Sie steht mitten im Leben, vor dem er sich durch seine Tagträume abschirmt.
Gemessen an seiner mäßigen Qualität bekam *Die schwedische Nachtigall* auch im Ausland überraschend gute Kritiken, wurde aber kein kommerzieller Erfolg.
Dann holte sie Helmut Käutner für seinen neuen Film *Wir machen Musik,* der nicht nur eine der besten Komödien des Dritten Reichs wurde, sondern auch Ilse Werner in einer Idealbesetzung zeigt. Schnell, witzig und mit einer für damals seltenen Beiläufigkeit erzählt Käutner die Geschichte eines ungleichen Musikerpärchens, das einige Zeit braucht, um sich zusammenzuraufen.
Unkonventionell gleich der Beginn: Die Kamera gleitet an einem stattlichen Berliner Mietshaus hoch, schwebt über dem Dachgarten, dann durch ein Atelierfenster, wo ihr Victor de Kowa wie einem zufällig vorbeikommenden Gast seine Geschichte erzählt, als Rückblende.
Anna Pichler (Ilse Werner) und Karl Zimmermann (Victor de Kowa) lernen sich in der Straßenbahn kennen. Als er kein Geld für die Fahrkarte hat, zahlt sie für ihn. Eigentlich ein männlicher Anmachetrick, doch Anna steht schließlich ihren Mann: Als Bandleader einer Damenkombo tritt sie abends in einem Tanzlokal auf, in dem gähnende Leere herrschte, als Karl dort spielte.
Er sieht sich als verkanntes Genie, kündigt ständig seine Engagements, weil er sich für zu gut dafür hält.
Auf einer Musikschule, wo er als Aushilfslehrer landet, trifft er Anni wieder. Sie ist seine Schülerin, aber das heißt für sie gar nichts. Weil sie ihm so respektlos begegnet, knüpft er sie sich vor, läßt sie privat zum Nachhilfeunterricht kommen. Als er streng sein möchte, gibt sie ihm voll raus. Beibringen kann er ihr ohnehin nichts. Während er doziert, entzieht sie sich, räumt die Küche auf und putzt sein verdrecktes Bad. Und als er es mit Anmache versucht, läßt sie ihn abblitzen. »Kommen Sie nachher an unseren Tisch!« schreibt er ihr abends im Tanzcafé auf einen Zettel. Sie musiziert mit einer Hand weiter, mit der anderen

schreibt sie die Antwort: »Ich bin kein Barmädchen!« Auch als es zwischen ihnen funkt und sie – auf der Orgelbank – ein Paar werden, bewahrt sich Anni ihre schnoddrige Frische.
Beide haben sie kein Geld – und sind dabei total ausgelassen. Das ändert sich, als er von ihr verlangt, mit dem Getingel aufzuhören, was er sich als seriöser Komponist schuldig zu sein glaubt. Doch leben können sie von seiner Kunst nicht. Seine schauderhafte Oper will niemand aufführen; Anni ist mit ihren Schlagern viel mehr auf der Höhe der Zeit. Als sie sich bei einem befreundeten Verleger für Karl einsetzt, wird er eifersüchtig und schmeißt sie raus. »So'n Mann muß im eigenen Saft schmoren«, rät ihr eine Freundin, die auch gerade Ärger mit dem ihren hat.

Erst bringt sie sein Chaos in Ordnung …

Das tut Karl, und nichts anderes. Er suhlt sich im Selbstmitleid, erlebt bei der Premiere seiner Oper ein riesen Desaster und denkt nicht daran, mit Anni ins Reine zu kommen. Es ist sie, die den ersten Schritt auf ihn zu macht und dafür sorgt, daß auch er endlich sein künstlerisches Erfolgserlebnis haben darf: als Arrangeur ihrer großen Musikrevue, in der sie in Zylinder und Frack auftritt.

Den ganzen Film über hält sie die Fäden in der Hand. Er verabschiedet sich zuletzt wieder direkt in die Kamera hinein als glücklicher Familienvater und Mann von Anni Pichler: »Naja, Sie wissen schon, die bekannte.« Irgendwo ruft ein Nachbar »Licht aus!«, und Victor de Kowa fällt ein: »Wir müssen ja verdunkeln, sonst kriegen wir 'ne Anzeige.«

... dann organisiert sie seine Karriere. (Mit Victor de Kowa in Helmut Käutners ›Wir machen Musik‹, 1942.)

Ein gutes Team, dank ihrer Vorarbeit.

Dann kippt er die Jalousie, und der Film ist zu Ende.
So elegant, wie Helmut Käutner hier an den Krieg erinnert, so selbstverständlich bezieht er Dinge des täglichen Lebens ein.
Ob Milchflaschen, ein elektrischer Staubsauger oder eine Badewanne – sie sind nicht bloße Requisiten, sondern werden zu Mitspielern, mit denen die Helden ständig zu tun haben.
Wir machen Musik erinnert durch seine unverkrampfte Art an amerikanische Screwball-Komödien und relativiert die Behauptung, im Dritten Reich sei Jazz unterdrückt worden.
Denn Annis Damencombo »Die Spatzen« swingt wie wild nach Peter Igelhoffs Kompositionen, der hier für Ilse Werner ein paar ihrer schönsten Lieder geschrieben hat: »Mein Herz hat heut' Premiere«, »Ich hab' dich, und du hast mich«.

Porträt (1942).

Als Typ der modernen, aufgeweckten Frau war sie in Carl Froelichs *Hochzeit auf Bärenhof* (1942) schlecht aufgehoben. Der Film basiert auf einer Novelle von Sudermann, und in seiner von polternden Landjunkern und Militärs beherrschten Welt kann sie ihr Selbstbewußtsein kaum geltend machen. Ein Mädchen, das zur Spielmasse zweier übermächtiger Vaterfiguren wird – eine solche Rolle hätte besser zur Kindfrau Kristina Söderbaum gepaßt. Das bißchen Eigensinn, das Ilse Werner ausspielen darf, entscheidet zwar den Film, doch meist ist ihr Zurückhaltung auferlegt.
Als einzige Tochter des Landjunkers von Krakow (Paul Wege-

ner) steht sie unter der Knute ihres Vaters. Er vergleicht ihre Schönheit gern mit dem Zuchterfolg, den er mit seinen Rössern erzielt hat, und möchte Roswitha gewinnbringend verheiraten. Doch Roswitha verliebt sich heimlich in Lothar von Pütz (Ernst von Klippstein), einen jungen Offizier, dessen Vater mit dem ihren verfeindet ist.

Lothar hat kein Geld, kann aber gut reiten. Beim großen Armeerennen in Karlshorst soll Roswitha auf ihn setzen. Sie kneift aber, und er gewinnt. Darüber zerstreiten sie sich. Roswitha willigt in die Heirat mit Max Hanke (Heinrich George) ein: ein alter Hagestolz mit großem Besitz. Sie mag ihn, obwohl er dreimal so

Eine etwas ungleiche Partie. (Mit Heinrich George in Carl Froelichs ›Hochzeit auf Bärenhof‹, 1942.)

alt ist wie sie. Auf dem Polterabend, den Froelich als Orgie wildgewordener Kleinbürger inszeniert, besäuft sich Hanke und läuft völlig aus dem Ruder. Keiner spricht es aus, doch alle spielen feixend darauf an: Hier wird Inzucht betrieben, sollen Vater und Tochter verheiratet werden; der leibliche Vater tritt sie seinem Stellvertreter und Altersgenossen ab. Doch zum Glück ist der junge Lothar da und versöhnt sich mit Roswitha. Nachdem Hanke seinen Rausch ausgeschlafen hat, verzichtet er großzügig zugunsten seines Ersatzsohnes. Nach dem gängigen Motto »Jugend gehört zu Jugend« dürfen Roswitha und Lothar heiraten und bekommen zur Belohnung auch noch Onkel Hankes Bärenhof.

Neben Brigitte Horney (Zarin Katharina II.) und Marianne Simson (die körperlose Mondfrau) taucht Ilse Werner als Prinzessin Isabella d'Este in einer Episode von Joseph von Bakys *Münchhausen* (1943) auf.

Eine kleine, aber eindringliche Rolle, die mehr aus Gesten und sehnsüchtigen Blicken als aus langen Dialogpassagen besteht.

Und zum erstenmal: Ilse Werner in Farbe. Unter der schlohweißen Perücke und mit knallrot geschminktem Mund wirkt ihr Gesicht noch spitzbübischer. In dem bis heute populärsten Film der Ufa, den Goebbels zu ihrem 25. Bestehen in Auftrag gab, zieht Münchhausen (Hans Albers) für die russische Zarin Katharina II. (Brigitte Horney) gegen die Türken. Auf einer Kanonenkugel reitend, dringt er ins Lager des Sultans (Leo Slezak) ein und wird von ihm festgesetzt. Der Lügenbaron überlebt, weil er dem Sultan geistreiche Geschichten erzählt.

In Gefangenschaft des Sultans befindet sich auch die schöne Isabella d'Este. Ihre Familie bietet 10.000 Gulden Lösegeld, aber der Sultan lehnt ab: »Ein schönes Mädchen und ein unterhaltsamer Mann sind nicht mit Gold aufzuwiegen.« Albers sieht die Prinzessin zum erstenmal hinter einem kunstvoll geschmiedeten Gitterfenster des Harems. Sie wirft ihm einen um Hilfe flehenden Blick zu, er antwortet mit einem Lächeln und einer nonchalanten Handbewegung. Der Sultan möchte sie nachts zum erstenmal besuchen. Münchhausen verhindert es. Von Cagliostro (Ferdinand Marian) hat er einen Wunderring bekommen. Münchhausen braucht nur daran zu drehen, schon wird er unsichtbar – und altert nicht. Im Sultanspalast bricht Unruhe aus: Wächter gehen k. o., Tische fliegen um, und Prinzessin Isabella

Als Prinzessin Isabella d'Este in Joseph von Bakys ›Münchhausen‹ (1943).

schwebt liegend aus dem Saal. Später kommt ihr Retter auf einem Schiff wieder zum Vorschein, das die beiden nach Venedig zum Karneval bringt. Leben können sie ihre Liebe nicht: Denn kaum haben sie sich ins Maskentreiben gestürzt, wird Isabella von ihrem Bruder gefangengenommen und ins Kloster ge-

bracht. In dieser Episode spürt man die Schnitte besonders, denen die Romanze zwischen Münchhausen und Isabella zum Opfer fiel.
Denn der Film, der in zweieinhalbjähriger Arbeit entstand, wurde nach der Fertigstellung von ursprünglich 150 auf 130 Minuten gekürzt. So kommt es vorschnell zum Abschied zwischen Hans Albers (der sie erneut zu befreien verspricht) und Ilse Werner (die ihn unter Tränen bittet, sie zu vergessen).
Münchhausen wurde am 5. März 1943 bei einer Galapremiere im Ufa-Palast am Zoo uraufgeführt und trat von hier aus seinen Siegeszug an. Ein französischer Filmkritiker schrieb anläßlich der Pariser Premiere: »Man versteht, daß die Vertreter Hollywoods vor Staunen ihren Kaugummi verschluckten. Das Publikum ist begeistert. Der Münchhausen-Erfolg wird alle Rekorde brechen.«
Mitte März 1943 genehmigte Goebbels ein Drehbuch, das er Helmut Käutner aufgetragen hatte. Goebbels wollte eine filmische Huldigung der deutschen Handelsmarine und einen Schlager (»La Paloma«). Als Titel wurde *Große Freiheit* vereinbart, Hans Albers und Ilse Werner sollten die Hauptrollen spielen. Aber noch vor Beginn der Dreharbeiten am 5. Mai 1943 gab es Schwierigkeiten wegen Albers' astronomischer Gagenforderung; er wollte 406.000 Reichsmark für den Film. Später mußte der Drehort gewechselt werden, weil bei einem Bombenangriff die Tempelhofer Ufa-Studios zerstört wurden. Man zog in ein Atelier nach Prag um und baute dort das Hauptmotiv wieder auf.
Die Außenaufnahmen im Hamburger Hafen erwiesen sich als schwierig, weil auch er großenteils zerstört war, was der Film nicht zeigen sollte. Es gab Probleme mit dem Titel. Weil die Amüsierzeile neben der Reeperbahn nicht allgemein bekannt sei, werde er in *Große Freiheit Nr. 7* geändert, hieß es in einer Zeitungsnotiz. Wahrscheinlicher ist, daß Goebbels die Mißverständlichkeit des Titels störte.
So verzögerte sich die Fertigstellung des Films um neun Monate.
Und als er im September 1944 endlich freigegeben war, stritten sich mehrere Städte um die Uraufführung, die Anfang 1945 stattfinden sollte.
Nach einer Vorbesichtigung erhoben Großadmiral Dönitz und der Hamburger Gauleiter Kaufmann Einspruch gegen die be-

trunkenen Matrosen und Prostituierten des Films. Goebbels gab nach und verfügte Schnittauflagen, was dazu führte, daß *Große Freiheit Nr. 7* bis Kriegsende nicht mehr in die deutschen Kinos kam.
Von den Schnittauflagen war aber nur die Inlandsfassung betroffen. So startete Käutners Film am 15. Dezember in Prag und lief erst ein dreiviertel Jahr später in den Berliner Westsektoren an.
Es ist Ilse Werners letzter erhaltener Film aus der Zeit des Dritten Reichs, und er ist ihr schönster. (*Ein toller Tag* ging verloren, *Das seltsame Fräulein* – beide 1945 – blieb unvollendet.)
Hannes Kröger (Hans Albers) und Gisa (Ilse Werner) sind zu Beginn des Films ziemlich lädiert.
Der frühere Seemann ist auf der Großen Freiheit im Hippodrom

Er träumt für sich von einer gemeinsamen Zukunft, sie weiß nicht, woran sie ist. (Ilse Werner und Hans Albers in Helmut Käutners ›Große Freiheit Nr. 7‹, 1943/44.)

gestrandet, wo er als Stimmungskanone bekannt ist; Gisa lebt bei der Mutter auf dem Dorf. Ihr Ruf ist beschädigt, seit Hannes' Bruder sie vorübergehend zu seinem »Seemannsflittchen« gemacht hat. Auch Hannes ist sauer auf Jan, seinen liederlichen Bruder, für den er immer geradestehen mußte und der jetzt im Sterben liegt.

Eine gute Basis also für Gisa und Hannes, etwas Neues zu beginnen, nachdem der Bruder tot ist. Gisa folgt Hannes auch ganz selbstverständlich nach Hamburg, als ob er Jans bessere Hälfte wäre. Und sofort verliebt sich Hannes in das tüchtige Mädel vom Land und verklärt es. Ihren Namen findet er viel zu gewöhnlich, er würde sie lieber La Paloma nennen, die weiße Taube. »Wenn eine weiße Taube sich auf See verirrt, wissen die Seeleute, daß sie bald im Hafen sind«, sagt er ihr. Aber er will nichts überstürzen, läßt sie schön auf der Wohnzimmercouch schlafen und erklärt jedem, der ihn nach seiner neuen Mitbewohnerin fragt: eine entfernte Verwandte. Um so heftiger beginnt er, von der gemeinsamen Zukunft zu träumen.

Und er tut auch was dafür: Eine Barkasse soll her mit Namen Gisa. Die und das Mädel sollen ihn erlösen von seinem schäbigen Job, von Anita, seiner Chefin und alten Liebe, und von der Versuchung, wieder in See zu stechen.

Seinen Kameraden von der »Padua« erzählt er über Gisa: »Ne hübsche, häusliche, und fleißige Deern. Hätte nicht gedacht, daß es so was überhaupt noch gibt.«

Und er erzählt ihnen von seinen Plänen. Nur Gisa verrät er nichts. Er redet in Andeutungen, faßt einsame Entschlüsse, will sie überraschen. Als könnte er damit seinen Wunsch – heimzukommen – zerstören.

Gisa ist ganz einfach. Sie mag ihn, aber mit seiner Verdruckstheit kann sie nichts anfangen. Seine irisierenden Signale verwirren sie: Da gibt es das Hippodrom, wohin er sie nicht mitnehmen will, weil sie ihm dafür zu schade ist (in Wahrheit: weil er dort eine andere Rolle spielt), es gibt die Kameraden, die mit ihm von der See schwärmen, und es gibt Anita. Bei allen ist er zu stark verwurzelt, als daß Gisa für sich eine Perspektive entdecken könnte.

Albers wird im Grunde auch nicht deutlicher, als er sich später für Gisa mit seinem Rivalen schlägt: Georg Wilhelm Schulz (Hans Söhnker) heißt er, arbeitet bei Blohm & Voss, will nur

Sie offenbart neue Qualitäten. (›Große Freiheit Nr. 7‹.)

eines, nämlich Gisa, und zeigt es ihr auch. Zu Beginn, als noch alles offen ist und sie, befangen in der neuen Umgebung, durch die Wirtsstube geht, um für sich und Hannes ein paar belegte Brote zu holen, macht er sie an: ziemlich plump, so was kann eigentlich nicht ziehen, denkt man. Doch er bleibt ihr auf den Fersen, läßt sich von Hannes' Gegenwart nicht beeindrucken – mit Erfolg. Nachdem sie das erstemal zusammen geschlafen haben, bestätigt ihm Gisa: »Gesagt hat er nie etwas, der Hannes« (über seine Liebe zu ihr). Zur gleichen Zeit sitzt Hannes allein zu Hause und hat, als Überraschung, die Verlobung vorbereitet. »Wer wagt, gewinnt«, stand auf dem Spielautomaten, vor dem Georg seine Gisa angesprochen hat. Hannes wagt nichts Neues mehr.

Dafür ist er auch zu alt. Und die jahrelange Einsamkeit als Seemann hängt an ihm wie Körpergeruch. So macht er mit seiner Rückkehr auf die »Padua« aus der Not eine Tugend.

Große Freiheit Nr. 7 ist ein wehmütiger Film, der die Gebrochenheit von Albers' markigen Sprüchen und seinen Liedern jeden Moment bewußt macht. Denn daß es mit ihnen nicht so weit her ist, zeigt sich ja am Ende.
Käutner inszeniert das Milieu mit viel Wärme. Das betrifft auch die Nebenfiguren, denen er trotz des übermächtigen Albers genug Raum gibt, ihr Eigenleben zu entfalten. Eine der anrührendsten: Hilde Hildebrand als alternde Seemannsbraut. Ilse Werner ist ernst und schön wie nie zuvor. Und zweimal ziemlich freizügig: als sie nach dem Gewitter vor Hannes und Anita ihre nassen Sachen auszieht und einmal im durchsichtigen Unterrock in einer Bettszene mit Hans Söhnker. Ungewohnte Bilder im Kino des Dritten Reichs.
Wie über Sybille Schmitz oder Kristina Söderbaum verhängten die Alliierten nach Kriegsende auch über Ilse Werner ein Auftrittsverbot.
Obwohl es zwei Jahre später wieder aufgehoben wurde, war auch ihre Karriere beendet.
In Bayern lernte sie den amerikanischen Journalisten John de Forest kennen, den sie 1948 heiratete. Mit ihrem Mann wanderte sie nach Kalifornien aus, kehrte 1953 geschieden wieder nach Europa zurück und bemühte sich um neue Engagements bei Theater und Film. Über marginale Erfolge kam sie dabei nicht hinaus. Auch ihre zweite Ehe – mit dem Musiker Josef Niessen – scheiterte. »Ich habe einige Liebesbeziehungen gehabt, stürmische, tiefe, schreckliche, schöne, und der Sex, die Leidenschaft war mir ebenso wichtig wie die Zärtlichkeit«, schreibt sie in ihrer Autobiographie. »Aber seltsamerweise ist bei jeder Liebe und auch in meinen Ehen immer ein Rest Einsamkeit geblieben.«
1973 widmete ihr das ZDF die TV-Show »Eine Frau mit Pfiff«, Anfang der 80er Jahre übernahm sie die Moderation von Alfred Bioleks WDR-Sendung »Senftöpfchen«.
Sie trat beim Tourneetheater (»Wir sind noch einmal davongekommen«), in Musicals (»Der König und ich«) oder Fernsehserien auf (zuletzt in »Rivalen der Rennbahn«): lauter Anläufe, Gastspiele. Heute lebt Ilse Werner in der Nähe von Eutin an der Ostsee.

Filmographie

Olga Tschechowa

Der Choral von Leuthen
Carl-Froelich-Film, 1933
R: Carl Froelich
D: Johannes Brandt, Ilse Spath-Baron, K: Franz Planer, M: Marc Roland
B: Otto Gebühr, Olga Tschechowa, Elga Brink, Harry Frank, Paul Otto, Werner Finck, Veit Harlan, Joseph Dahmen, Paul Richter, Walter Janssen, Anton Pointner, Hans Adalbert Schlettow, Wolfgang Staudte u. a.
L: 87 Min.

Ein gewisser Herr Gran
Ufa, 1933
R: Gerhard Lamprecht
D: Philipp Lothar Mayring, K: Eduard Hoesch, M: Hermann Schulenburg, Hans-Otto Borgmann
B: Hans Albers, Karin Hardt, Olga Tschechowa, Albert Bassermann, Hermann Speelmans, Rose Stradner, Walter Rilla, Hans Adalbert Schlettow, Hubert von Meyerinck, Hans Deppe, Theodor Loos, Fritz Odemar, Willi Schur, Friedrich Ettel u. a.
L: 101 Min.

Wege zur guten Ehe
Gnom-Film, 1933
R: Adolf Trotz
D: Willi Haas, Adolf Trotz (nach einer Idee von Theodor H. Van de Velde), K: Georg Krause
B: Olga Tschechowa, Alfred Abel, Hilde Hildebrand, Theodor Loos, Walter Janssen, Ali Ghito, Otto Wallburg, Lotte Lorring, Hertha Guthmar, Theodor H. Van de Velde)
L: 81 Min.

Heideschulmeister Uwe Karsten
Ufa, 1933
R: Carl Heinz Wolff
D: Christian Uhlenbrook, K: Werner Brandes, M: Ludwig Schmidseder, Hans-Otto Borgmann

B: Hans Schlenck, Marianne Hoppe, Brigitte Horney, Olga Tschechowa, Carl Auen, Paul Henckels, Walter Steinbeck, Günther Ballier, Heinrich Heilinger u. a.
L: 93 Min.

Der Polizeibericht meldet
Majestic, 1934
R: Georg Jacoby
D: Walter Wassermann, K: Friedl Behn-Grund, M: Friedrich Wilhelm Rust
B: Olga Tschechowa, Paul Otto, Johannes Riemann, Hansi Niese, Gerhard Bienert, Käthe Haack, Walter Steinbeck, Hugo Fischer-Köppe, Carsta Löck, Ursula van Diemen
L: 89 Min.

Die Welt ohne Maske
Ariel, 1934
R: Harry Piel
D: Hans Rameau, K: Ewald Daub, M: Fritz Wenneis
B: Harry Piel, Annie Markart, Olga Tschechowa, Kurt Vespermann, Hubert von Meyerinck, Rudolf Klein-Rogge, Phillip Manning, Hermann Picha, Paul Rehkopf u. a.
L: 111 Min.

Maskerade
Tobis, 1934
R: Willi Forst
D: Willi Forst, K: Franz Planer, M: Willy Schmidt-Gentner
B: Paula Wessely, Adolf Wohlbrück, Peter Petersen, Walter Janssen, Olga Tschechowa, Hilde von Stolz, Julia Serda, Hans Moser.
L: 102 Min.

Was bin ich ohne dich
Lloyd-Film, 1934
R: Arthur Maria Rabenalt
D: Carl Echtermayer, Thea von Harbou, K: Herbert Körner, M: Will Meisel, Franz Stolzenwald
B: Betty Bird, Wolfgang Liebeneiner, Olga Tschechowa, Paul Westermeier, Blandine Ebinger, Rudolf Platte, Harry Frank, Fita Benkhoff, Willi Schaeffers, Victor de Kowa, Werner Fuetterer, Werner Finck, Paul Richter, Will Meisel u. a.
L: 80 Min.

Zwischen zwei Herzen
Terra, 1934
R: Herbert Selpin
D: Curt J. Braun, K: Bruno Timm, M: Franz Grothe
B: Luise Ullrich, Harry Liedtke, Olga Tschechowa, Fritz Odemar, Paul Henckels, Erna Morena, Franz Nicklisch, Paul Otto, Paul Heidemann, Josef Dahmen, Anna Müller-Lincke, Ernst Dernburg, Erich Bartels, Franz Klebusch
L: 81 Min.

Abenteuer eines jungen Herrn in Polen
Itala Film, 1934
R: Gustav Fröhlich
B: Hans Martin Cremer, K: Reimar Kuntze, M: Eduard Künneke
B: Gustav Fröhlich, Olga Tschechowa, Maria Andergast, Erika Streithorst, Otto Treßler, Ernst Stahl-Nachbaur, Harry Hardt, Armin Schweizer, Hans Richter, Walter Jung, Ernst Dumcke u. a.
L: 91 Min.

Regine
Fanal Film, 1934
R: Erich Waschneck
D: Erich Waschneck, K: Werner Brandes, M: Clemens Schmalstich
B: Luise Ullrich, Adolf Wohlbrück, Olga Tschechowa, Ekkehard Arendt, Hans Junkermann, Eduard von Winterstein, Hans Adalbert Schlettow, Julia Serda, Olga Engl, Trude Haefelin, Betty Sedlmayr, Aribert Mog, Walter Groß, Otto Kronburger, Jutta Jol u. a.
L: 95 Min.

Peer Gynt
Bavaria, 1934
R: Fritz Wendhausen
D: Josef Stolzing-Czerny, Richard Billinger (nach Motiven von Ibsens Drama), K: Carl Hoffmann, M: Giuseppe Becce (unter Verwendung Griegscher Motive)
B: Hans Albers, Marieluise Claudius, Lucie Höflich, Ellen Frank, Olga Tschechowa, Lizzi Waldmüller, Zehra Achmed, Richard Revy, Hans Schultze, Franz W. Schröder-Schrom, Leopoldine Sangora, Friedrich Kayßler, Otto Wernicke, Fritz Odemar, Fred Döderlein, Willem Holsboer u. a.
L: 119 Min.

Lockspitzel Asew
Maxim, 1935
R: Phil Jutzi
D: At. Timann, K: Eduard Hoesch, M: Willy Schmidt-Gentner
B: Fritz Rasp, Olga Tschechowa, Hilde von Stolz, Wolfgang Liebeneiner, Ellen Frank, Herbert Hübner, Siegfried Schürenberg, Franz Schafheitlin, W. H. König, Aruth Wartan, Karl Forest u. a.
L: 72 Min.

Die ewige Maske
Progress, 1935
R: Werner Hochbaum
K: Oskar Schnirch, M: Anton Profes
B: Peter Petersen, Mathias Wieman, Olga Tschechowa, Thekla Ahrens, Tom Kraa, Franz Schafheitlin
L: 81 Min.

Ein Walzer um den Stephansturm
Cine-Central, 1935
R: J. A. Hübler-Kahla
D: Walter Pieper, K: Georg Muschner, M: Anton Profes
B: Olga Tschechowa, Gusti Huber, Wolf Albach-Retty, Leo Slezak, Paul Heidemann, Hans Richter, Rudolf Carl, Mizzi Zwerenz, Anton Pointner, Cläre Eiselmeier
L: 82 Min.

Künstlerliebe
Lloyd-Film, 1935
R: Fritz Wendhausen
D: Fritz Wendhausen, K: Emil Schünemann, M: Giuseppe Becce
B: Inge Schmidt, Wolfgang Liebeneiner, Olga Tschechowa, Hans Brausewetter, Harald Paulsen, Genia Nikolajewa, Ilse Fürstenberg, Otto Sauter-Sarto, Josefine Dora, Paul Mederow, Franz W. Schröder-Schrom, Klaus Pohl, Albert Kersten u. a.
L: 93 Min.

Liebesträume
Attila-Film, 1935
R: Heinz Hille
D: Heinz Hille, K: Stefan Eiben, M: Ernst Erich Buder
B: Franz Herterich, Erika Dannhoff, Hans Söhnker, Olga Tschechowa,

Walter Steinbeck, Aribert Mog, Olga Engl, Paul Henckels, Franz Weber, Paul Wagner, Tibor von Halmay, Karl Platen
L: 90 Min.

Der Favorit der Kaiserin
Itala, 1936
R: Werner Hochbaum
D: H. F. Köllner, H. M. Cremer, W. Hochbaum, K: Oskar Schnirch, M: Anton Profes
B: Olga Tschechowa, Anton Pointner, Trude Marlen, Willy Eichberger, Heinz von Cleve, Walter Steinbeck, Ilse Trautschold, Peter Erkelenz, Adele Sandrock, Eric Ode, Hans Adalbert Schlettow, Ada Tschechowa, Erika Streithorst, Ilse Abel u. a.
L: 86 Min.

Manja Valewska
Kongreß-Film, 1936
R: Josef Rovensky
D: Maria Stephan, K: Otto Martini, Karl Degl, M: Giuseppe Becce
B: Maria Andergast, Olga Tschechowa, Peter Petersen, Hans Schott-Schöbinger, Ernst Dumcke, Artur Malkowsky, Rudolf Carl, Traudl Stark, Mihail Xantho, Alfred Neugebauer, Camilla Gerzhofer u. a.
L: 93 Min.

Hannerl und ihre Liebhaber
Favorit-Film, 1936
R: Werner Hochbaum
D: Johann von Vaszary, K: Ted Pahle, M: Anton Profes, Bruno Uher
B: Olly von Flint, Albrecht Schoenhals, Olga Tschechowa, Hans Moser, Jane Tilden, Hans Holt, Anton Pointner, Rudolf Carl, Ernst Pröckl, Camilla Gerzhofer, Helene Lauterböck, Richard Eybner
L: 86 Min.

Burgtheater
Willi-Forst-Film, 1936
R: Willi Forst
D: Jochen Huth, Willi Forst, K: Ted Pahle, M: Peter Kreuder
B: Werner Krauß, Olga Tschechowa, Hans Moser, Hortense Raky, Willy Eichberger, Carl Günther, Karl Skraup, Josefine Dora, Franz Herterich, Eric Frey, Otto W. Fischer, Maria Holst, Camilla Gerzhofer, Karl Paryla, Fred Steinbacher, Marietta Weber u. a.
L: 123 Min.

Seine Tochter ist der Peter
Mondial-Film, 1936
R: Heinz Helbig
D: Erich Ebermayer, K: Otto Martini, M: Willy Schmidt-Gentner
B: Karl Ludwig Diehl, Traudl Stark, Paul Hörbiger, Maria Andergast, Olga Tschechowa, Frida Richard, Robert Valberg, Ekkehard Arendt, Richard Waldemar, Therese Löwinger, Wilhelm Schich, Hans Kammauf
L: 98 Min.

Liebe geht seltsame Wege
Euphono-Film, 1937
R: Hans H. Zerlett
D: Hans H. Zerlett, K: Georg Krause, M: Leo Leux
B: Karl Ludwig Diehl, Karin Hardt, Olga Tschechowa, Arthur Schröder, Werner Schott, Edwin Jürgensen, Robert Dorsay, Josef Eichheim, Olga Limburg, Hilde Sessak, Lotte Rausch, Erwin Biegel, Margit Symo, Hermann Pfeiffer, Gerhard Dammann, Hans Proft, Michael Symo, Fred Becker, Arthur Eugens, Gustav Mahncke u. a.
L: 81 Min.

Unter Ausschluß der Öffentlichkeit
Euphono-Film, 1937
R: Paul Wegener
D: Otto Linnekogel, Helmut Brandis, K: Karl Hasselmann, M: Hans Carste
B: Olga Tschechowa, Iwan Petrovich, Sabine Peters, Alfred Abel, Berthold Ebbecke, Erich Ziegel, Ursula Herking, Albert Florath, Olga Limburg, Eric Ode, Arthur Schröder, Eduard von Winterstein, Margit Symo, Erwin Diegel, Curt Lucas, Eva Wegener, Berta Gunderloh, Hans Kettler, Kai Möller, Max Wilmsen u. a.
L: 96 Min.

Die gelbe Flagge
Euphono-Film, 1937
R: Gerhard Lamprecht
D: Helmut Brandes, Otto Linnekogel, K: Franz Koch, M: Giuseppe Becce
B: Hans Albers, Olga Tschechowa, Dorothea Wieck, Gothart Portloff, Rudolf Klein-Rogge, Arthur Schröder, Aribert Wäscher, Herbert Ger-

not, Alexander Engel, Lissy Arna, Margit Symo, Hans Adalbert Schlettow, Hugo Werner-Kahle, Otto Stoeckel, Erwin Klietzsch, Heinz Evelt, Kurt Hinz, Else Ehser, Jutta Jol, Angelo Ferari u. a.
L: 95 Min.

Gewitterflug zu Claudia
Ufa, 1937
R: Erich Waschneck
D: Karl Unselt, Christian Hallig, K: Robert Baberske, M: Werner Eisbrenner
B: Willy Fritsch, Jutta Freybe, Karl Schönböck, Gerhard Bienert, Olga Tschechowa, Maria Koppenhöfer, Rudolf Schündler, Heinrich Marlow, Hans Leibelt, Edwin Jürgensen, Walter Werner, Arthur Schröder, Jakob Tiedtke, Paul Mederow, Philipp Manning, Werner Pledath, Otz Tollen, Hermann Pfeiffer, Eduard Bornträger u. a.
L: 73 Min.

Das Mädchen mit dem guten Ruf
Minerva-Film, 1938
R: Hans Schweikart
D: Axel Eggebrecht, Ernst Hasselbach, K: Fritz Arno Wagner, M: Nico Dostal
B: Olga Tschechowa, Attila Hörbiger, Josef Eichheim, Will Dohm, Anton Pointner, Robert Dorsay, Franz Nicklisch, Alexa von Porembsky, Max Gülstorff, Ernst Legal, Kurt Vespermann, Kurt Seifert, Ludwig Schmitz, Ilva Günten, Eugen Wieber, Karl Harbacher, Margarete Faas
L: 79 Min.

Rote Orchideen
F. D. F. (Fabrikation deutscher Filme), 1938
R: Nunzio Malasomma
D: Philipp Lothar Mayring, H. G. Petersson, Kurt Heuser, K: Franz Koch, M: Franz Grothe
B: Olga Tschechowa, Albrecht Schoenhals, Camilla Horn, Hans Nielsen, Herbert Hübner, Paul Westermeier, Walter Janssen, Fred Döderlein, Ursula Herking, Walter Steinbeck, Anton Pointner, Angelo Ferrari, Hermann Pfeiffer, Gustav Püttjer, Herta Worell, Hans Schneider, Serag Monier, Jens von Hagen, Michael von Newlinski, Hans Waschatko, Hans Halden, Eckehard Arendt u. a.
L: 89 Min.

Zwei Frauen
Tobis, 1938
R: Hans H. Zerlett
D: Hans H. Zerlett, K: Georg Krause, M: Leo Leux, Peter Igelhoff
B: Olga Tschechowa, Irene von Meyendorff, Paul Klinger, Roma Bahn, Walter Janssen, Walter Steinbeck, Arthur Schröder, Toni Bukowicz, Lucie Polzin, Anny Trautner, Else Ward, Erwin Biegel, Rudolf Blümer, Eduard Bornträger, Peter Elsholtz, Fred Goebel, Otto Henning, Rudolf Klein-Rogge, Klaus Pohl, Paul Rehkopf u. a.
L: 82 Min.

Verliebtes Abenteuer
Tobis, 1938
R: Hans H. Zerlett
D: Hans H. Zerlett, K: Georg Krause, M: Leo Leux
B: Olga Tschechowa, Paul Klinger, Georg Alexander, Erika von Thellmann, Heinz Schorlemmer, Olga Limburg, Hans Junkermann, Eva Tinschmann, Erwin Biegel, Erich Fiedler, Peter Elsholtz, Katja Bennefeld, Eugen von Bongardt, Egon Brosig, Gerhard Dammann u. a.
L: 88 Min.

Bel Ami
Forst-Film, 1939
R: Willi Forst
D: Willi Forst, K: Ted Pahle, M: Theo Mackeben
B: Willi Forst, Olga Tschechowa, Ilse Werner, Hilde Hildebrand, Lizzi Waldmüller, Marianne Stanior, Johannes Riemann, Aribert Wäscher, Will Dohm, Hubert von Meyerinck, Hans Stiebner, Hadrian M. Netto, Werner Scharf, Egon Brosig, Tatjana Sais, Ilse Petri, Erich Dunskus, Walter Groß, Kalout Ben Gassem, Elenore Tappert, Paul Samson-Körner, Richard Ludwig, Hildegard Busse u. a.
L: 100 Min.

Ich verweigere die Aussage
F. D. F., 1939
R: Otto Linnekogel
D: Helmut Brandis, K: Georg Bruckbauer, M: Werner Bochmann
B: Olga Tschechowa, Albrecht Schoenhals, Hanne Mertens, Gustav Dießl, Frida Richard, Herbert Hübner, Hans Brausewetter, Hertha von Walther, Else von Möllendorff, Tina Eilers, Paul Otto, Curt Lukas,

Ewald Wenck, Rudolf Schündler, Ingolf Kuntze, Eric Ode, Valeska Stock, Doris Krüger, Eduard Wenck u. a.
L: 98 Min.

Parkstraße 13
Astra-Film, 1939
R: Jürgen von Alten
D: Erwin Kreker, K: Eduard Hoesch, M: Fritz Wenneis
B: Olga Tschechowa, Hilde Hildebrand, Iwan Petrovich, Theodor Loos, Ernst Dumcke, Hans Brausewetter, Anton Pointner, Alexander Engel, Kurt Vespermann, Gerhard Bienert, Rudolf Klein-Rogge, Axel Monje, Hellmuth Krüger, Hermann Pfeiffer, Ilse Abel u. a.
L: 83 Min.

Die unheimlichen Wünsche
Tobis, 1939
R: Heinz Hilpert
D: Kurt Heuser (nach Balzac), K: Richard Angst, M: Wolfgang Zeller
B: Olga Tschechowa, Käthe Gold, Elisabeth Flickenschildt, Hans Holt, Ewald Balser, Paul Dahlke, Heinrich Troxbömker, Axel von Ambesser, Aribert Wäscher, Franz Pfaudler, Armin Schweizer, Oskar Schättiger, Ellinor Hamsun, Eva Sommer, Friedrich Maurer u. a.
L: 98 Min.

Befreite Hände
Bavaria, 1939
R: Hans Schweikart
D: Erich Ebermayer, Kurt Heuser, K: Carl Hoffmann, M: Lothar Brühne
B: Brigitte Horney, Olga Tschechowa, Ewald Balser, Carl Raddatz, Paul Dahlke, Eduard von Winterstein, Franz Weber, Hedwig Wangel, Erna Sellmer, Otto Brefin, Erika Helmke, Luise Hohorst, Vera Hartegg, Albert Lippert, Alfred Maack, Georg Schmieter u. a.
L: 99 Min.

Angelika
Deka-Film, 1940
R: Jürgen von Alten
D: Kurt E. Walter, Hans Rehberg, K: Eduard Hoesch, M: Herbert Windt

B: Olga Tschechowa, Albrecht Schoenhals, Marina von Ditmar, Jaspar von Oertzen, Otto Graf, Friedrich Kayßler, Albert Florath, Otto Stoekkel, Franz Schafheitlin, Maly Delschaft, Ernst Dumcke, Hubert von Meyerinck, Walter Bechmann, Erich Ziegel u. a.
L: 96 Min.

Der Fuchs von Glenarvon
Tobis, 1940
R: M. W. Kimmich
D: Wolf Neumeister, Hans Bertram, K: Fritz Arno Wagner, M: Otto Konradt
B: Olga Tschechowa, Karl Ludwig Diehl, Ferdinand Marian, Elisabeth Flickenschildt, Traudl Stark, Albert Florath, Lucie Höflich, Else von Möllendorff, Richard Häußler, Ellen Bang, Curt Lucas, Werner Hinz, Hermann Braun, Hans Mierendorff, Paul Otto, Hans Richter, Horst Birr, Peter Elsholtz, Aribert Mog, Hilde Körber, Friedrich Kayßler, Bruno Hübner, Joachim Pfaff, Karl Dannemann, Bernhard Goetzke, Karl Hannemann, Franz Weber u. a.
L: 91 Min.

Leidenschaft
Rolf-Randolf-Film, 1940
R: Walter Janssen
D: Otto E. Hesse, R. Koester, K: Karl Puth, M: Carl Emil Fuchs
B: Olga Tschechowa, Hans Stüwe, Paul Otto, Hilde Körber, Fritz Rasp, Traudl Stark, Lina Carstens, Karl Etlinger, Hubert von Meyerinck, Otto Gebühr, Hans Junkermann, Paul Mederow, Franz W. Schröder-Schrom, G. H. Schnell, Paul Rehkopf, Bruno Ziener u. a.
L: 82 Min.

Menschen im Sturm
Tobis, 1941
R: Fritz Peter Buch
D: Georg Zoch, K: Eduard Hoesch, M. Wolfgang Zeller
B: Olga Tschechowa, Siegfried Breuer, Kurt Meisel, Hannelore Schroth, Gustav Dießl, Franz Schafheitlin, Heinz Welzel, Josef Sieber, Rudolf Blümner, Walther Süssenguth, Katja Pahl, Reinhold Bernt, Walter Brückner, Ernö Rene, Heinrich Troxbömker u. a.
L: 80 Min.

Andreas Schlüter
Terra, 1942
R: Herbert Maisch
D: Helmut Brandis, Herbert Maisch, K: Ewald Daub, M: Wolfgang Zeller
B: Heinrich George, Mila Kopp, Olga Tschechowa, Dorothea Wieck, Karl John, Herbert Hübner, Theodor Loos, Marianne Simson, Ernst Fritz Fürbringer, Eduard von Winterstein, Emil Heß, Robert Taube, Max Gülstorff, Paul Dahlke, Christian Kayßler, Trude Haefelin, Franz Schafheitlin, Otto Graf, Ernst Legal, Paul Westermeier u. a.
L: 112 Min.

Mit den Augen einer Frau
Aco-Film, 1942
R: Karl Georg Külb
D: Thea von Harbou, K: Paul Rischke, M: Giuseppe Becce
B: Olga Tschechowa, Ada Tschechowa, Marl Martell, Gustav Fröhlich, Fritz Wagner, Franz Schafheitlin, Marina von Ditmar, Paul Bildt, Erika von Thellmann, Käthe Alving, Hilde von Stolz, Elga Brink, Julia Serda, Erich Ziegel, Trude Haefelin u. a.
L: 100 Min.

Der ewige Klang
Terra, 1943
R: Günther Rittau
D: A. Artur Kuhnert, K: Willi Kuhle, M: Franz Grothe
B: Olga Tschechowa, Elfriede Datzig, Rudolf Prack, E. W. Borchert, Otto Eduard Hasse, Georg Vogelsang, Ludwig Schmid-Wildy, Eduard Gautsch, Eva Krause
L: 86 Min.

Reise in die Vergangenheit
Bavaria, 1943
R: Hans H. Zerlett
D: Gerta Ital, K: Bruno Stephan, M: Bernhard Eichhorn
B: Olga Tschechowa, Margot Hielscher, Ferdinand Marian, Hilde Hildebrand, Will Dohm, Hans Leibelt, Rudolf Prack, Theodor Loos, Fritz Odemar, Eva Tinschmann, Josef Offenbach, Oscar Sabo, Georg Mittelhaus, Arthur Wiesner
L: 81 Min.

Gefährlicher Frühling
Ufa, 1943
R: Hans Deppe
D: Walter Lieck, K: Ekkehard Kyrath, M: Lothar Brühne
B: Olga Tschechowa, Winnie Markus, Siegfrid Breuer, Paul Dahlke, Fritz Wagner, Walter Lieck, Kurt Vespermann, Franz Schafheitlin, Hans Stiebner, Franz Weber, Joseph Dahmen, Karl Hannemann, Hildegard Grethe, Erna Sellmer, Ernst Legal, Ewald Wenck u. a.
L: 88 Min.

Melusine (verschollen)
Terra, 1944
R: Hans Steinhoff
D: Werner Eplinius, K: Richard Angst, M: Michael Jary
B: Olga Tschechowa, Siegfried Breuer, Angelika Hauff, Friedrich Domin, Lisa Siebel, Franz Pfaudler, Hans Adalbert Schlettow, Grete Rainer, Wastl Witt, Hans Alpassy, Hans Kratzer, Herbert Gernot, Ernst Dernburg, Werner Pledath, Klaus Pohl u. a.
L: 91 Min.

Mit meinen Augen
Bavaria, 1945
R: Hans H. Zerlett
D: Hans H. Zerlett, K: Heinz Schnackertz, M: Leo Leux
B: Olga Tschechowa, Willy Birgel, Hermann Speelmans, Olly Holzmann, Friedrich Domin, Erika von Thellmann, Hubert von Meyerinck, Margarete Haagen, Beppo Brem, Anton Färber, Hans Fidesser, Julius Frey, Emil Matousek
L: 87 Min.

Rivalen der Luft
P: Ufa, 1934
R: Frank Wysbar
D: Walter Forster, K: Hans Schneeberger, M: Herbert Windt, Franz Friedl
B: Hilde Gebühr, Sybille Schmitz, Wolfgang Liebeneiner, Claus Clausen, Guzzi Lantschner, Walter Groß, Werner Stock, Franz Zimmermann, Volker von Collande, Hans Henninger, Florian Zeise-Gött, Wolff von Wernsdorff u. a.
L: 97 Min.

Musik im Blut
P: Fanal-Film, 1934
R: Erich Waschneck
D: Erich Waschneck, K: Friedl Behn-Grund, M: Clemens Schmalstich,
B: Hanna Waag, Sybille Schmitz, Wolfgang Liebeneiner, Leo Slezak, Walter Ladengast, Alexander Engel, Hans Junkermann, Willi Kaiser-Heyl, Ernst Behmer, Olga Engl, Trude Haefelin, Gertrud Wolle, Leopold von Ledebur, Karl Platen, Klaus Pohl, Willi Schur, Horst Birr, Erika Streihorst, Isa Vermehren, Wolfgang von Schwind, Franz Stein, Carl Walther Meyer
L: 87 Min.

Abschiedswalzer
Boston-Film, 1934
R: Geza von Bolvary
D: Ernst Marischka, K: Werner Brandes, M: Alois Melichar
B: Wolfgang Liebeneiner, Hanna Waag, Sybille Schmitz, Hans Schlenck, Richard Romanowsky, Julia Serda, Gustav Waldau, Paul Henckels, Albert Hörrmann, Erna Morena, Margarethe Schön, Herbert Dirmoser
L: 83 Min.

Der Herr der Welt
P: Ariel-Film, 1934
R: Harry Piel
D: Georg Mühlen-Schulte, K: Ewald Daub, M: Fritz Wenneis
B: Sybille Schmitz, Siegfried Schürenberg, Walter Franck, Walter Jans-

sen, Aribert Wäscher, Willi Schur, Max Gülstorff, Otto Wernicke, Franz Weber, Hans Hermann Schaufuß, Gustav Püttjer, Klaus Pohl, Oskar Höcker, Egon Brosig, Otto Kronburger, Karl Platen, Erich Bartels, Ernst Behmer, Dolly Raphael, Liselotte Heßler, Erika Wehrle, Wally Filatoff, Max Mothes, Arthur Reinhardt, Erich Harden
L: 110 Min.

Oberwachtmeister Schwenke
P: Carl-Froelich-Film, 1935
R: Carl Froelich
D: Robert A. Stemmle, E. Freiherr von Spiegel, K: Emil Schünemann, M: Hansom Milde-Meßner
B: Gustav Fröhlich, Marianne Hoppe, Emmi Sonnemann, Walter Steinbeck, Karl Dannemann, Katja Bennefeld, Sybille Schmitz, Herbert Gernot, Claire Fuchs, Hugo Froelich, Harald Paulsen, Bruno Fritz, Werner Schott, Gerhard Bienert, Oscar Sabo, Ellen Geyer, Knut Hartwig, Falk May, Ruth Nitsche
L: 97 Min.

Wenn die Musik nicht wär
P: F. D. F., 1935
R: Carmine Gallone
D: Lothar Mayring, Fred Andreas, K: Reimar Kuntze, M: Alois Melichar
B: Paul Hörbiger, Sybille Schmitz, Karin Hardt, Inis Rainer, Ida Wüst, Willi Schaeffers, Harry Hardt, Annemarie Steinsieck, Herta Worell, Josefine Dora, Emmy Wyda, Hubert von Meyerinck, Hugo Flink, Otto Sauter-Sarto, Rudolf Biebrach, Karl Morvilius, Max Wilmsen
L: 102 Min.

Punks kommt aus Amerika
P: Robert-Neppach-Film, 1935
R: Karl Heinz Martin
D: Walter Jerven, K: Carl Drews, M: Werner Bochmann, B: Attila Hörbiger, Lien Deyers, Ralph Arthur Roberts, Sybille Schmitz, Oskar Sima, Henry Lorenzen, Erika Glässner, George Boulanger, Maria Meißner, Josef Sieber, Edith Oß, Hugo Werner Kahle, Erich Walter, Ernst Behmer
L: 90 Min.

Stradivari
P: Boston-Film, 1935
R: Geza von Bolvary
D: Ernst Marischka, K: Werner Brandes, M: Alois Melcher
B: Gustav Fröhlich, Sybille Schmitz, Albrecht Schoenhals, Harald Paulsen, Hilde Krüger, Hans Leibelt, Aribert Wäscher, Theodor Loos, Edith Linn, Heinrich Schroth, Veit Harlan, Angelo Ferrari, Armin Schweizer, Marcella Albani, Fritz Staudte, Hedda Björnson, Arnim Münch, Paul Rehkopf, Jac Diehl, Klaus Pohl, G. H. Schnell, S. O. Schoening, Lotte Spira, Elisabeth Wendt, Herbert Weißbach, Hans Kynast, Albert Hugelmann, Jenö Farkas
L: 97 Min.

Ein idealer Gatte
P: Terra-Film, 1935
R: Herbert Selpin
D: Thea von Harbou (nach Oscar Wilde), K: Emil Schünemann, M: Werner Bochmann
B: Karl Ludwig Diehl, Brigitte Helm, Georg Alexander, Annie Markart, Paul Henckels, Sybille Schmitz, Werner Scharf, Karl Dannemann, Heinz Förster-Ludwig, Karl Platen, Erich Walter, Toni Tetzlaff, Valy Arnheim, Hermann Frick, Babette Jensen, Eva Schmidt-Kaiser, Ludwig Trautmann, Rudolf Essek
L: 85 Min.

Ich war Jack Mortimer
P: Carl-Froelich-Film, 1935
R: Carl Froelich
D: Thea von Harbou, R. A. Stemmle, K: Reimar Kuntze, M: Harald Böhmelt
B: Adolf Wohlbrück, Marieluise Claudius, Sybille Schmitz, Eugen Klöpfer, Max Gülstorff, Hilde Hildebrand, Maria Loja, Heinz Salfner, Erich Fiedler, Rudolf Essek, Aribert Grimmer, Albert Kersten, Jochen Kuhlmey, Michael von Newlinski, Josef Reithofer, Hans Waschatko, Gerda Preiß
L: 85 Min.

Die Leuchter des Kaisers
P: Gloria-Film, 1936
R: Karl Hartl
D: Karl Hartl, K: Werner Brandes, M: Willy Schmidt-Gentner

B: Sybille Schmitz, Karl Ludwig Diehl, Friedl Czepa, Inge List, Anton Edthofer, Max Gülstorff, Johannes Heesters, Fritz Rasp, Heinrich Schroth, Fritz Imhoff, Robert Valberg, Hans Unterkircher, Dora Seifert, Babette Reinhold-Devrient, Reinhold Häussermann, Kurt von Lessen, Hans Siebert, Otto Storm, Wilhelm Schich
L: 91 Min.

Die Unbekannte
P: Paul-Film, 1936
R: Frank Wysbar
D: Reinhold Conrad Muschler, Frank Wysbar, K: Werner Bohne, Alexander von Lagorio
B: Sybille Schmitz, Jean Galland, Ilse Abel, Aribert Mog, Edwin Jürgensen, Franz W. Schröder-Schrom, Lotte Spira, Karl Stepanek, Karl Platen, Karin Lüsebrink, Herbert Spalke, Charlie Kracker, Curd Jürgens, Helmuth Passarge, Lucie Millowitsch
L: 94 Min.

Fährmann Maria
P: Pallas-Film, 1936
R: Frank Wysbar
D: Hans Jürgen Nierentz, Frank Wysbar, K: Franz Weihmayr, M: Herbert Windt
B: Sybille Schmitz, Aribert Mog, Peter Voß, Carl de Vogt, Karl Platen, Eduard Wenck, Gerhard Bienert
L: 83 Min.

Signal in der Nacht
P: Meteor-Film, 1937
R: Richard Schneider-Edenkoben
D: Fred Hildenbrandt, K: Karl Löb, M: Rudolf Perak
B: Sybille Schmitz, Inge List, Harald Paulsen, Hannes Stelzer, Curt Akkermann, Hans Leibelt, Hansgeorg Laubenthal, Julia Serda, Karl Stepanek, Ernst Waldow, Paul Bildt, Werner Pledath, Viktor Gehring, Arnim Süssenguth, Otz Tollen, Harry Hardt, Max Vierlinger, Helmut Hoffmann
L: 93 Min.

Die Kronzeugin
P: F. D. F., 1937
R: Georg Jacoby
D: Georg C. Klaren, Bernd Hofmann, Karl Lerbs, K: Robert Baberske, M: Walter Gronostay
B: Iwan Petrovich, Sybille Schmitz, Sabine Peters, Gustav Waldau, Elga Brink, Ursula Grabley, Ursula Herking, Rudolf Platte, Just Scheu, G. H. Schnell, Ernst Dumcke, Werner Pledath, Josefine Dora, Harry Hardt, Hermann Pfeiffer, Hanni Weiße, Olga Schaub, Dorothea Thieß, Hermann Mayer-Falkow, Rudolf Klicks
L: 84 Min.

Tanz auf dem Vulkan
P: Majestic-Film, 1938
R: Hans Steinhoff
D: Hans Rehberg, Peter Hagen, K: Ewald Daub, M: Theo Mackeben
B: Gustaf Gründgens, Sybille Schmitz, Gisela Uhlen, Ralph Arthur Roberts, Hans Leibelt, Theo Lingen, Erich Ziegel, Hadrian M. Netto, Will Dohm, Elsa Wagner, Franz Weber, Paul Bildt, Hilde Hildebrand, Franz Nicklisch, Walter Werner, Gretl Theimer, Wolf Trutz, Ernst Dernburg, Robert Dorsay, Erich Dunskus, Doris Krüger, Werner Segtrop, Werner Schott, Daisy Spies, Werner Stock, Heinz Wemper
L: 86 Min.

Die Umwege des schönen Karl
P: Carl-Froelich-Film, 1938
R: Carl Froelich
D: Philipp Lothar Mayring, Jacob Geis, Harald Braun, K: Reimar Kuntze, M: Hansom Milde-Meißner
B: Heinz Rühmann, Karin Hardt, Sybille Schmitz, Ernst Legal, Paul Westermeier, Leo Peukert, Albert Florath, Margarete Kupfer, Paul Bildt, Claire Reigbert, Werner Finck, Carl Günther, Kurt Seifert, Hugo Froelich, Hansi Arnstaedt, Carl Heinz Carell, Leopold von Ledebur, Friedrich Honna, Gea Eschenbach, Elisabeth Eygk, Willy Krause, Egon Brosig, Ewald Wenck, Bruno Fritz, Grete Wiedecke, Käthe Jöken-König, Ursula Krieg, Gertrud Wolle, Hans Albin, Robert Aßmann, Wilhelm Bendow, Eduard Bornträger, Charles Willy Kaiser, Charlie Kracker, Wilhelm P. Krüger, Walter Ladengast u. a.
L: 101 Min.

Hotel Sacher
P: Mondial-Film, 1939
R: Erich Engel
D: Stefan von Kamare, Friedrich Forster-Burggraf, K: Werner Bohne, Kurt Schulz, M: Willy Schmidt-Gentner
B: Sybille Schmitz, Willy Birgel, Wolf Albach-Retty, Elfie Mayerhofer, Hedwig Bleibtreu, Leo Peukert, Herbert Hübner, Karl Günther, Karl Stepanek, Olly Holzmann, Elfriede Datzig, Alfred Neugebauer, Miahil Xantho, Fritz Imhoff, Walter Szurovy, Hans Unterkircher, Richard Waldemar, Ernst Pröckl, Rosa Albach-Retty, Helene Lauterböck, Ernst von Nadherny u. a.
L: 88 Min.

Die Frau ohne Vergangenheit
P: Euphono-Film, 1939
R: Nunzio Malasomma
D: Charles Klein, H. G. Petersson, K: Willy Winterstein, M: Hans Carste
B: Sybille Schmitz, Albrecht Schoenhals, Maria von Tasnady, Hans Leibelt, Bernhard Minetti, Hansi Arnstaedt, Paul Bildt, Hans Zesch-Ballot, Rudolf Schündler, Erwin Biegel, Dorit Kreysler, Paul Otto, Eduard von Winterstein, Margarete Kupfer, Georg H. Schnell, Hermann Pfeiffer, Bruno Ziener, Oscar Sabo, Alfred Stratmann, Lucie Euler, Eva Klein-Donath, Rose Vollborn, Arthur Schröder, Fred Goebel, Georg Profe, Egon Brosig, Antonie Jaeckel, Ilse Pütz, Leo Sloma, Franz Arzdorf, Konrad Cappi u. a.
L: 89 Min.

Trenck, der Pandur
P: Tobis, 1940
R: Herbert Selpin
D: Walter Zerlett-Olfenius, K: Franz Koch, M: Franz Doelle
B: Hans Albers, Käthe Dorsch, Sybille Schmitz, Hilde Weißner, Peter Voß, Herbert Hübner, Elisabeth Flickenschildt, Hans Nielsen, Oscar Sima, Jaspar von Oertzen, Karl Fochler, Hubert von Meyerinck, Harry Hart, Hintz Fabricius, Theodor Thony, Boris Alekin, Fritz Lafontaine, Lucy Millowitsch, Lutz Götz, Wolfgang Schwind
L: 96 Min.

Wetterleuchten um Barbara
P: Rolf-Randolf-Film, 1941
R: Werner Klingler
D: Hanns Saßmann, H. G. Petersson, K: Sepp Allgeier, M: Herbert Windt
B: Sybille Schmitz, Attila Hörbiger, Victor Staal, Oscar Sima, Maria Koppenhöfer, Eduard Köck, Heinrich Heilinger, Georg Vogelsang, Maria Stadler, Leopold Esterle, Ilse Exl, Leopold Kerschner, Carl Günther, Karl Meixner, Hans Jamnig, Liselotte Berker, Hugo Flink, Luis Gerold, Hans Hanauer, Franz Lichtenauer, Waldemar Moosbacher, Magnus Stifter, Erich Teibler, Rudolf Vones
L: 79 Min.

Clarissa
P: Aco-Film, 1941
R: Gerhard Lamprecht
D: Ela Elborg, Georg C. Klaren, K: Karl Hasselmann, M: Giuseppe Becce
B: Sybille Schmitz, Gustav Fröhlich, Gustav Dießl, Charlotte Radspieler, Werner Scharf, Julia Serda, Werner Stock, Erika Helmke, Edith Oß, Elga Brink, Albert Florath, Josefine Dora, Ada Tschechowa, Gerhard Dammann, Maria Seidler, Friedl Haerlin, Klaus Pohl, Viggo Larsen, H. A. Löhr, Liselotte Fülster, Olga Engl, Melanie Horeschowsky, Käthe Jöken-König
L: 88 Min.

Vom Schicksal verweht
P: F. D. F., 1942
R: Nunzio Malasomma
D: H. G. Petersson, Rolf E. Vanloo, K: Georg Krause, M: Werner Bochmann
B: Sybille Schmitz, Albrecht Schoenhals, Rudolf Fernau, Hermann Speelmans, Heinz Salfner, Fritz Odemar, Alexander Engel, Carl Günther, Harry Hardt, Carl Heinz Peters, Hanni Weiße, Lotte Spira, Klaus Pohl, Louis Brody
L: 94 Min.

Titanic
P: Tobis, 1943
R: Herbert Selpin, Werner Klingler
D: Walter Zerlett-Olfenius, K: Friedl Behn-Grund, M: Werner Eisbrenner
B: Sybille Schmitz, Kirsten Heiberg, Hans Nielsen, Ernst Fritz Fürbringer, Karl Schönböck, Charlotte Thiele, Otto Wernicke, Franz Schafheitlin, Theo Shall, Theodor Loos, G. H. Schnell, Sepp Rist, Monika Burg, Hans Leibelt, Fritz Genschow, W. P. Krüger, Liselotte Klingler, Karl Meixner, Hermann Brix, Walter Steinbeck, Fritz Böttger, Werner Scharf, Karl Fochler, Peter Elsholtz, Hans Schwarz jr., Toni von Bukovics, Heinz Welzel, Herbert Gernot, Karl Dannemann, Charlotte Tiedemann, Just Scheu, Walter Steinweg, Aruth Wartan, Erich Stelmecke, Jolly Bonert
L: 90 Min.

Die Hochstaplerin
P: Tobis, 1943
R: Karl Anton
D: H. G. Petersson, K: Eduard Hoesch, M: Franz Doelle, Franz Marszalek
B: Sybille Schmitz, Karl Ludwig Diehl, Will Dohm, Elsa Wagner, Fritz Wagner, Erich Fiedler, Hermann Pfeiffer, Hans Stiebner, Rudolf Schündler, Rella Marlo, Angelo Ferrari, Norbert Rohringer, Walter Lieck
L: 81 Min.

Das Leben ruft
P: Terra, 1944
R: Arthur Maria Rabenalt
D: Otto Ernst Hesse, K: Igor Oberberg, M: Albert Fischer
B: Paul Klinger, Sybille Schmitz, Gerhild Weber, Otto Wernicke, Paul Henckels, Elsa Wagner, Arthur Schröder, Willi Rose, Waltraud Hahne, Carl Heinz Peters, Marlise Ludwig, Eva Klein-Donath, Karl Hannemann, Friedrich Petermann, Wolf Kaiser, Fred Roland, Nico Turoff
L: 81 Min.

Premiere
Gloria-Syndikat-Film Wien, 1936
R: Geza von Bolvary
D: Max Wallner, F. D. Andam, K: Franz Planer, A: Emil Hasler, M: Denes von Buday, Peter von Fenyes, Te: Hanns Schachner
B: Zarah Leander, Karl Martell, Attila Hörbiger, Theo Lingen, Maria Bard, Karl Günther, Ferdinand Meierhofer, Johanna Terwin, Karl Skraup, Walter Steinbeck u. a.
L: 76 Min.

Zu neuen Ufern
Ufa, 1937
R: Detlef Sierck
D: Detlef Sierck, Kurt Heuser (nach dem Roman von Lovis H. Lorenz), L: Franz Weihmayr, M: Ralph Benatzky, S: Milo Harbich
B: Zarah Leander, Willy Birgel, Victor Staal, Erich Ziegel, Hilde von Stolz, Edwin Jürgensen, Carola Höhn, Jakob Tiedtke, Robert Dorsay, Iwa Wanja, Siegfried Schürenberg, Lina Lossen, Lissy Arna, Herbert Hübner, Mady Rahl, Lina Carstens u. a.
L: 105 Min.

La Habanera
Ufa, 1937
R: Detlev Sierck
D: Gerhard Menzel, K: Franz Weihmayr, M: Lothar Brühne, Te: Franz Baumann, Bruno Balz, Detlef Sierck, A: Anton Weber, Ernst Albrecht, Annemarie Heise
B: Zarah Leander, Ferdinand Marian, Karl Martell, Julia Serda, Boris Alekin, Paul Bildt, Edwin Jürgensen, Carl Kuhlmann, Michael Schulz-Dornburg, Rosita Alcaraz, Lisa Hellwig, Werner Finck, Karl Hannemann, Roma Bahn, Franz Arzdorf u. a.
L: 98 Min.

Heimat
Ufa, 1938
R: Carl Froelich
D: Harald Braun (nach dem gleichnamigen Bühnenstück von Hermann Sudermann), K: Franz Weihmayr, M: Theo Mackeben, Te: Hans Brennert, Michael Gesell, A: Franz Schroedter, Manon Hahn

B: Heinrich George, Zarah Leander, Ruth Hellberg, Lina Carstens, Paul Hörbiger, Franz Schafheitlin, Georg Alexander, Leo Slezak u. a.
L: 101 Min.

Der Blaufuchs
Ufa, 1938
R: Viktor Tourjansky
D: Karl Georg Külb (nach einem Bühnenstück von Ferencz Herczeg), K: Franz Weihmayr, M: Franz R. Riedl, Lothar Brühne, Te: Bruno Balz, A: Werner Schlichting
B: Zarah Leander, Willy Birgel, Paul Hörbiger, Jane Tilden, Karl Schönböck, Rudolf Platte, Eduard Wenck, Edith Meinhard, Erich Dunskus, Antonie Jaeckel, Franz von Bokay, Olga Engl u.a.
L: 100 Min.

Es war eine rauschende Ballnacht
Ufa, 1939
R: Carl Froelich
D: Geza von Cziffra, Frank Thieß, Georg Wittuhn, Jean Victor, K: Franz Weihmayr, M: Peter I. Tschaikowsky, Theo Mackeben, Te: Hans Fritz Beckmann, A: Franz Schroedter, Herbert Ploberger
B: Zarah Leander, Marika Rökk, Hans Stüwe, Aribert Wäscher, Leo Slezak, Fritz Rasp, Paul Dahlke, Karl Haubenreißer, Ernst Dumcke, Karl Hellmer, Karl Hannemann, Hugo Froelich, Eva Immermann, Leopold von Ledebur, Wolfgang von Schwind, Maria Loja u. a.
L: 94 Min.

Das Lied der Wüste
Ufa, 1939
R: Paul Martin
D: Walther von Hollander, Paul Martin, K: Franz Weihmayr, M: Nico Dostal, Te: Bruno Balz
B: Zarah Leander, Gustav Knuth, Friedrich Domin, Herbert Wilk, Rolf Heydel, Franz Schafheitlin, Carl Günther, Ernst Karchow, Ernst Sattler, Hermann Wagner, Eberhard Leithoff, Karl Dannemann u. a.
L: 86 Min.

Das Herz der Königin
Ufa, 1940
R: Carl Froelich
D: Harald Braun, Jacob Geis, Rolf Reißmann, K: Franz Weihmayr,

M: Theo Mackeben, Te: Harald Braun, A: Walter Haag, Herbert Ploberger
B: Zarah Leander, Willy Birgel, Maria Koppenhöfer, Lotte Koch, Axel von Ambesser, Friedrich Benfer, Will Quadflieg, Bruno Decarli, Ruth Buchardt, Anneliese von Eschstruth, Margot Hielscher, Herbert Hübner, Ernst Stahl-Nachbaur, Walther Süßenguth, Hubert von Meyerinck, Erich Ponto, Emil Heß, Karl Haubenreißer u.a.
L: 111 Min.

Der Weg ins Freie
Ufa, 1941
R: Rolf Hansen
D: Harald Braun, Jacob Geis, Rolf Hansen, K: Franz Weihmayr, M: Theo Mackeben, Te: Harald Braun, Hans Fritz Beckmann
B: Zarah Leander, Hans Stüwe, Agnes Windeck, Siegfried Breuer, Hedwig Wangel, Albert Florath, Herbert Hübner, Ralph Lothar, Karl John, Walter Ludwig, Walther Süßenguth, Viktor Janson, Eva Immermann, Leo Peukert, Karl Günther, Kurt Meisel, Hilde von Stolz, Claire Reigbert, Oscar Sabo, Jakob Tiedtke, Karl Hellmer, Karl Ettlinger, Hans Reinmar, Sigrid Becker, Gisela Breiderhoff u. a.
L: 112 Min.

Die große Liebe
Ufa 1941/42
R: Rolf Hansen
D: Alexander Lernet-Holenia, Peter Groll, Rolf Hansen, K: Franz Weihmayr, M: Michael Jary, Te: Bruno Balz, A: Walter Haag
B: Zarah Leander, Victor Staal, Grethe Weiser, Paul Hörbiger, Wolfgang Preiss, Hans Schwarz jr., Julia Serda, Viktor Janson, Leopold von Ledebur, Julia Serda, Paul Bildt, Erich Dunskus u.a.
L: 100 Min.

Damals
Ufa, 1943
R: Rolf Hansen
D: Peter Groll, Rolf Hansen (nach einem Entwurf von Bert Roth), K: Franz Weihmayr, M: Lothar Brühne, Ralf Benatzky, Te: Bruno Balz
B: Zarah Leander, Hans Stüwe, Rossano Brazzi, Karl Martell, Hilde Körber, Jutta von Alpen, Erich Ziegel, Herbert Hübner, Emil Heß, Hans Brausewetter, Viktor Janson, Karl Haubenreißer, Alfred Schieske, Eva Tinschmann, Ernst Karchow, Leo Peukert u.a.
L: 94 Min.

Jugend
Tobis-Filmkunst, 1938
R: Veit Harlan
D: Thea von Harbou (nach dem gleichnamigen Theaterstück von Max Halbe), K: Bruno Mondi, M: Hans-Otto Borgmann
B: Kristina Söderbaum, Hermann Braun, Werner Hinz, Eugen Klöpfer, Elisabeth Flickenschildt, Ernst Behmer, Otto Sauter-Sarto, Gerhard Tandar
L: 93 Min.

Verwehte Spuren
Majestic-Film/Tobis, 1938
R: Veit Harlan
D: Thea von Harbou, Felix Lützkendorf, Veit Harlan (nach dem gleichnamigen Hörspiel von Hans Rothe), K: Bruno Mondi, M: Hans-Otto Borgmann, A: Hermann Warm, C. Haacker, S: Marianne Behr
B: Kristina Söderbaum, Fritz van Dongen, Friedrich Kayßler, Heinrich Schroth, Charlotte Schultz, Leo Peukert, Josef Sieber, Hans Halden, Jakob Tiedtke, Clemens Hasse, Paul Dahlke, Hans Stiebner, Paul Bildt, Claus Detlef Sierck, u. a.
L: 82 Min.

Das unsterbliche Herz
Tobis-Film, 1939
R: Veit Harlan
D: Werner Eplinius, Veit Harlan (nach dem Bühnenstück »Das Nürnbergisch Ei« von Walter Harlan), K: Bruno Mondi, M: Alois Melichar, A: Hermann Warm, Johannes Massias, S: Marianne Behr
B: Heinrich George, Kristina Söderbaum, Paul Henckels, Paul Wegener, Michael Bohnen, Raimund Schelcher, Franz Schafheitlin, Eduard von Winterstein, Jakob Tiedtke, Ernst Legal, Bernhard Minetti, Hans Quest u. a.
L: 107 Min.

Die Reise nach Tilsit
Majestic/Tobis, 1939
R: Veit Harlan
D: Veit Harlan (frei nach Hermann Sudermanns Novelle), K: Bruno

Mondi, M: Hans-Otto Borgmann, A: F. Maurischat, P. Markwitz, S: Marianne Behr
B: Kristina Söderbaum, Frits van Dongen, Anna Dammann, Albert Florath, Ernst Legal, Manny Ziener, Charlotte Schultz, Eduard von Winterstein, Clemens Hasse, Jakob Tiedtke, Paul Westermeier, Wolfgang Kieling u. a.
L: 92 Min.

Jud Süß
Terra-Film, 1940
R: Veit Harlan
D: Ludwig Metzger, Eberhard Wolfgang Möller, Veit Harlan, K: Bruno Mondi, M: Wolfgang Zeller, A: Otto Hunte, Karl Vollbrecht, S: Friedrich Carl von Putkammer, Wolfgang Schleif
B: Ferdinand Marian, Werner Krauß, Heinrich George, Kristina Söderbaum, Eugen Klöpfer, Hilde von Stolz, Malte Jäger, Albert Florath, Theodor Loos, Walter Werner, Charlotte Schultz, Anny Seitz, Erna Morena, Jakob Tiedtke, Else Elster, Emil Heß, Ursula Deinert, Erich Dunskus, Heinrich Schroth, Bernhard Goetzke, Horst Lommer, Wolfgang Staudte, Eduard Wenck u. a.
L: 97 Min.

Der große König
Tobis-Film, 1942
R: Veit Harlan
D: Veit Harlan, K: Bruno Mondi, M: Hans-Otto Borgmann, A: Erich Zander, Karl Machus
B: Otto Gebühr, Kristina Söderbaum, Gustav Fröhlich, Hans Nielsen, Paul Wegener, Paul Henckels, Elisabeth Flickenschildt, Kurt Meisel, Hilde Körber, Herbert Hübner, Franz Nicklisch, Claus Clausen, Claus Detlef Sierck, Franz Schafheitlin, Otto Wernicke u. a.
L: 118 Min.

Die Goldene Stadt
Ufa, 1942
R: Veit Harlan
D: Alfred Braun, Veit Harlan (nach dem Bühnenstück »Der Gigant« von Richard Billinger), K: Bruno Mondi, M: Hans-Otto Borgmann (unter Verwendung von Melodien Friedrich Smetanas)
B: Kristina Söderbaum, Rudolf Prack, Paul Klinger, Kurt Meisel,

Eugen Klöpfer, Lieselotte Schreiner, Annie Rosar, Inge Drexel, Dagny Servaes, Hans Hermann Schaufuß, Ernst Legal u. a.
L: 109 Min.

Immensee
Ufa, 1943
R: Veit Harlan
D: Alfred Braun, Veit Harlan (nach der gleichnamigen Novelle von Theodor Storm), K: Bruno Mondi, M: Wolfgang Zeller
B: Kristina Söderbaum, Carl Raddatz, Paul Klinger, Carola Toelle, Lina Lossen, Germana Paolieri, Otto Gebühr, Max Gülstorff, Käthe Dyckhoff, Wilfried Seyfert, Malte Jäger, Albert Florath, Clemens Hasse, Ernst Legal, Jack Trevor, Claire Reigbert, Marta Salm, Walter Bechmann
L: 94 Min.

Opfergang
Ufa, 1944
R: Veit Harlan
D: Veit Harlan, Alfred Braun (nach der gleichnamigen Novelle von R. G. Binding), K: Bruno Mondi, M: Hans-Otto Borgmann
B: Carl Raddatz, Kristina Söderbaum, Irene von Meyendorff, Franz Schafheitlin, Ernst Stahl-Nachbaur, Otto Treßler, Annemarie Steinsieck, Edgar Pauly, Charlotte Schultz, Ludwig Schmitz
L: 98 Min.

Kolberg
Ufa, 1945
R: Veit Harlan
D: Veit Harlan, Alfred Braun, K: Bruno Mondi, M: Norbert Schultze, A: Erich Zander, Karl Machus, S: Wolfgang Schleif
B: Heinrich George, Kristina Söderbaum, Paul Wegener, Horst Caspar, Gustav Dießl, Otto Wernicke, Irene von Meyendorff, Kurt Meisel, Claus Clausen, Jaspar von Oertzen, Jakob Tiedtke, Paul Bildt, Franz Schafheitlin, Hans Hermann Schaufuß, Paul Henckels u. a.
L: 110 Min.

Frau Sixta
Tonlicht Film, 1938
R: Gustav Ucicky
D: Anton Kutter, K: Hans Schneeberger, M: Herbert Windt
B: Franziska Kinz, Ilse Werner, Gustav Fröhlich, Eduard Köck, Heidemarie Hatheyer, Josefine Dora, Josef Eichheim, Beppo Brem, Gustav Waldau, Willy Rösner, Rolf Pinegger, Ernst Pröckl, Hertha von Hagen, Walter Holten, Karl Theodor Langen, Thea Aichbichler, Martin Schmidthofer, Hans Hanauer, Theodolinde Müller u. a.
L: 103 Min.

Eine Frau fürs Leben (Das Leben kann so schön sein)
P: Tonfilm, 1938
R: Rolf Hansen
D: Jochen Huth, K: Reimar Kuntze, M: Hansom Milde-Meißner
B: Ilse Werner, Rudi Godden, Hedwig Bleibtreu, Gustav Waldau, Will Dohm, Kurt Seifert, Gerhard Bienert, Leonie Duval, Eric Ode, Erika Helmke, Josefine Dora, Paul Westermeier, Eva Tinschmann, Ernst Legal, W. Paul Krüger, Erich Dunskus, Marga Eckardt, Bruno Decarli
L: 84 Min.

Die unruhigen Mädchen
P: Intergloria, 1938
R: Geza von Bolvary
D: Ernst Marischka, K: Werner Brandes, M: Franz Doelle
B: Käthe von Nagy, Ilse Werner, Elfriede Datzig, Lucie Englisch, Hans Holt, Theo Lingen, Hans Moser, Elfie Gerhart, Hans Olden, Karl Skraup, Richard Eybner, Johanna Terwin, Louise Kartousch, Ferdinand Maierhofer, Victor van Buren
L: 94 Min.

Fräulein
P: Ufa, 1939
R: Erich Waschneck
D: Walther von Hollander, Christian Hallig, K: Robert Baberske, M: Werner Eisbrenner
B: Ilse Werner, Erik Frey, Mady Rahl, Roma Bahn, Hans Leibelt, Annemarie Holtz, Karl Schönböck, Vera Complojer, Doris Krüger, Ur-

sula Herking, Willi Schur, Alice Treff, Helmut Weiß, Egon Müller-Franken, Gisela Scholtz, Vilma Bekendorf, Eduard Bornträger, Erika Streithorst
L: 87 Min.

Drei Väter um Anna
P: Ufa, 1939
R: Carl Boese
D: Werner Eplinius, Gustav Kampendonk, K: Werner Bohne, M: Hans Ebert
B: Ilse Werner, Hans Stüwe, Theodor Danegger, Beppo Brem, Georg Vogelsang, Josefine Dora, Karl Stepanek, Irmgard Hoffmann, Anneliese von Eschstruth, Roma Bahn, Tonio Riedl, Josefine Berger, Walter Lieck, Franz Lichenauer, Paul Luka, Otz Tollen, Willi Witte, Carla Aarnegg, Gerti Kammerzell, Lothar Glathe u. a.
L: 88 Min.

Ihr erstes Erlebnis
P: Ufa, 1939
R: Josef von Baky
D: Juliane Kay, K: Robert Baberske, Werner Bohne, M: Georg Haentzschel
B: Ilse Werner, Johannes Riemann, Volker von Collande, Charlott Daudert, Elisabeth Lennart, Margarete Schön, Franz Weber, Elsa Wagner, Walter Ladengast, Georg Thomalla, Tonio Riedl, Marjan Lex, Käthe Pontow, Maria Loja, Karl Harbacher
L: 90 Min.

Bal Paré
Ufa, 1940
R: Karl Ritter
D: Felix Lützkendorf, K: Günther Anders, M: Theo Mackeben
B: Ilse Werner, Paul Hartmann, Hannes Stelzer, Käthe Haack, Fritz Kampers, Erika von Thellmann, Walter Janssen, Theodor Danegger, Lina Carstens, Melanie Horeschowsky, Ursula Deinert, Karl John, Marianne Schulze, Pamela Wedekind, Ernst Sattler, Vera Complojer, Grete Ruß, Kurt Lenz, Wolfgang von Schwind, Viktor Gehring, Josef Peterhans, Wilhelm Mewes, Amanda Lindner, Liesl Eckardt, Kläre Bäuerle, Irene Fischer, Irene Hübner u. a.
L: 103 Min.

Wunschkonzert
Ufa, 1940
R: Eduard von Borsody
D: Felix Lützkendorf, K: Franz Weihmayr, Günther Anders, Carl Drews, M: Werner Bochmann
B: Ilse Werner, Carl Raddatz, Joachim Brennecke, Ida Wüst, Hedwig Bleibtreu, Heinz Goedecke, Malte Jäger, Hans H. Schaufuß, Hans Adalbert Schlettow, Walter Ladengast, Albert Florath, Elise Aulinger, Günther Lüders, Wilhelm Althaus, Erwin Biegel, Ellen Hille, Aribert Mog, Walter Bechmann, Vera Hartegg, Vera Complojer, Rolf Heydel, Wilhelm König, Erich Stelmecke, Ewald Wenck, Wolf Dietrich, Werner Schott, Fritz Angermann u. a.
Im Wunschkonzert: Marika Rökk, Heinz Rühmann, Paul Hörbiger, Hans Brausewetter, Josef Sieber, Weiß Ferdl, Wilhelm Strienz, Albert Bräu
L: 103 Min.

U-Boote westwärts
P: Ufa, 1941
R: Günther Rittau
D: Georg Zoch, K: Igor Oberberg, M: Harald Böhmelt
B: Ilse Werner, Herbert Wilk, Heinz Engelmann, Joachim Brennecke, Josef Sieber, Carsta Löck, Ernst W. Borchert, Karl John, Clemens Hasse, Herbert Klatt, Clementina Egies, Willi Rose, Jens von Hagen, Agnes Windeck, Theo Shall, Claire Reigbert, Hans Mierendorff, Erwin Biegel, Ingeborg Senkpiel, Erich Stelmecke, Heinz Goedecke, Margarete Sachse, Elsbeth Siegurth, Ruth Tuxedo, Hans Bergmann, Eduard Bornträger, K. F. Burkhardt u. a.
L: 100 Min.

Die schwedische Nachtigall
P: Terra, 1941
R: Peter Paul Brauer
D: Gert von Klaß, Per Schwenzen, K: Ewald Daub, M: Franz Grothe
B: Ilse Werner, Karl Ludwig Diehl, Joachim Gottschalk, Aribert Wäscher, Marianne Simson, Hans Leibelt, Emil Heß, Hans H. Schaufuß, Volker von Collande, Kate Kühl, Ruth Lommel, Elga Brink, Erich Dunskus, Angelo Ferrari, Werner Stock, Jakob Tiedtke, Wilfried Seyfert, Alwin Lippisch, Charlotte Schellhorn, Ernst Sattler, Jeanette Bethge, Siegfried von Geldern, Erwin Hoffmann, Walter Bechmann,

Franz Stein, Bernhard Goetzke, Ingeborg Albert, Konrad Cappi, Elsa Andrae-Beyer u. a.
L: 96 Min.

Wir machen Musik
P: Terra, 1942
R: Helmut Käutner
D: Helmut Käutner, K: Jan Roth, M: Peter Igelhoff, Adolf Steimel
B: Ilse Werner, Victor de Kowa, Edith Oß, Georg Thomalla, Grethe Weiser, Rolf Weih, Kurt Seifert, Viktor Janson, Lotte Werkmeister, Ewald Wenck, Sonja Kuska, Konrad Cappi, Maria von Höslin, Hellmuth Helsig, Otto Braml, Karl Hannemann, E. G. Schiffner, Robert Forsch, Artur Malkowsky, Hanne Fey u. a.
L: 95 Min.

Hochzeit auf dem Bärenhof
Ufa, 1942
R: Carl Froelich
D: Jochen Kuhlmey, Gustav Lohse, K: Günther Anders, M: Theo Mackeben
B: Heinrich George, Paul Wegener, Ilse Werner, Ernst von Klipstein, Carola Toelle, Alice Treff, Charlotte Schultz, Ernst Dernburg, Eduard Wesener, Walter Steinbeck, Hildegard Grethe, Rudolf Klein-Rogge, Ernst Waldow, Emil Heß, Sigrid Becker, Antonie Jaeckel, Karl Dannemann, Else Reval, Gerhard Dammann, Ernst Rotmund, Lina Carstens, Erik Radolf, Hanne Fey, Arthur Kühn, Hugo Froelich, Paul Mederow
L: 105 Min.

Münchhausen
Ufa, 1943
R: Josef von Baky
D: Berthold Bürger (d. i. Erich Kästner), K: Werner Krien, Konstantin Irmen-Tschet, M: Georg Haentzschel
B: Hans Albers, Brigitte Horney, Ilse Werner, Käthe Haack, Marianne Simson, Leo Slezak, Hermann Speelmans, Wilhelm Bendow, Walter Lieck, Ferdinand Marian, Gustav Waldau, Eduard von Winterstein, Michael Bohnen, Marina von Ditmar, Andrews Engelman, Waldemar Leitgeb, Hubert von Meyerinck, Jaspar von Oertzen, Werner Scharf, Armin Schweizer, Hilde von Stolz, Valy Arnheim, Erwin Biegel, Ilse Fürstenberg, Bernhard Goetzke, Karl Harbacher, Harry Hardt, Viktor

Janson, Hans Junkermann, Nikolai Kolin, Leopold von Ledebur, Carl Heinz Peters, Franz Schafheitlin, Anton Pointner, Paul Rehkopf, Franz Stein, Henry Stuart, Hans Brausewetter, Fritz Busch, Fanny Cotta, Erich Dunskus, Irene Fischer, Trude Hess, Maria Hofen, Hermann Pfeiffer, Elena Polewitzkaja, Erik Radolf, Ernst A. Schaah, Aruth Wartan, Ewald Wenck, Trude Haefelin, Luise Morland
L: 134 Min.

Große Freiheit Nr. 7
P: Terra, 1944
R: Helmut Käutner
D: Helmut Käutner, Richard Nicolas, K: Werner Krien, M: Werner Eisbrenner
B: Hans Albers, Ilse Werner, Hans Söhnker, Gustav Knuth, Günther Lüders, Hilde Hildebrand, Ethel Reschke, Kurt Wieschala, Helmut Käutner, Richard Nicolas, Anna Maria Besendahl, Justus Thiele, Carl Heinz Peters, Kurt Felden, Aruth Wartan, Gottlieb Reeck, Alfred Braun, Evi Gotthardt, Hans Kornowicz, Rudolf Koch-Riehl, Friedrich Petermann
L: 112 Min.

Ein toller Tag (unauffindbar)
Ufa, 1945
R: Oscar Fritz Schuh
D: Walter Lieck (nach Beaumarchais), K: Carl Hofmann, M: Wolfgang Zeller
B: Paul Hartmann, Lola Müthel, Kurt Meisel, Ilse Werner, Elisabeth Flickenschildt, Franz Weber, Joachim Brennecke, Doris Holve, Wilfried Seyferth, Aribert Wäscher, Clemens Hasse, Ernst Waldow

Das seltsame Fräulein Sylvia (unvollendet)
P: Terra, 1945
R: Paul Martin
D: Curt J. Braun, K: Albert Benitz, M: Theo Mackeben
B: Ilse Werner, Paul Hubschmid, Gerti Soltau, Willi Rose, Eva Maria Meineke, Paul Westermeier, Paul Henckels, Fritz Odemar, Rolf Weih, Ursula Herking, Kurt Gerhard Hofmann, Kurt Seifert, Just Scheu, Henry Lorenzen

Literatur

Albrecht, Gerd: Nationalsozialistische Filmpolitik, Stuttgart 1969
ders.: Film im Dritten Reich, Köln 1974
Andreas-Friedrich, Ruth: Der Schattenmann. Tagebuchaufzeichnungen 1938–45, Berlin 1947
Bauer, Alfred: Deutscher Spielfilmalmanach 1929–1950, Berlin 1950
Boberach, Heinz (Hrsg.): Meldungen aus dem Reich, Neuwied 1965
Courtade, Francis/Cadras, Pierre: Geschichte des Films im Dritten Reich, München 1975
Cziffra, Geza von: Es war eine rauschende Ballnacht. Eine Sittengeschichte des deutschen Films, München/Berlin 1985
Dachs, Robert: Willi Forst. Eine Biographie, Wien 1986
Drewniak, Bogusław: Der deutsche Film 1938–1945. Ein Gesamtüberblick, Düsseldorf 1987
Focke, Harald/Reimer, Uwe: Alltag unterm Hakenkreuz, Reinbek o. J.
Fraenkel, Heinrich/Manvell, Roger: Goebbels. Eine Biographie, Köln 1960
Grube, Frank/Richter, Gerhard: Alltag im Dritten Reich, Hamburg 1982
Harlan, Veit: Im Schatten meiner Filme, Gütersloh 1966
Hippler, Fritz: Die Verstrickung. Auch ein Filmbuch, Düsseldorf 1980
Hull, David Steward: Film in the Third Reich, Berkeley/Los Angeles 1969
Klinksiek, Dorothee: Die Frau im NS-Staat. In: Schriftenreihe der Vierteljahreshefte für Zeitgeschichte, o. O. 1982
Koch, Gertrud/Schlüpmann, Heide (Hrsg.): Frauen und Film, Heft 44/45: Faschismus, Frankfurt/M. 1988
Kochenrath, Hans-Peter: Der Film im Dritten Reich, Köln 1963 (ungedruckt)
Koshofer, Gert: Color. Die Farben des Films, Berlin 1988
Kriegk, Otto: Der deutsche Film im Spiegel der Ufa, Berlin 1943
Leander, Zarah: Es war so wunderschön. Mein Leben, Hamburg 1973
Oertel, Rudolf: Filmspiegel. Ein Brevier aus der Welt des Films, Wien 1941
Prinzler, Hans Helmut (Hrsg.): Europa 1939. Katalog zur Retrospektive der 39. Int. Filmfestspiele von Berlin, Berlin 1989
ders.: Das Jahr 1945. Katalog zur Retrospektive der 40. Internationalen Filmfestspiele von Berlin, Berlin 1990
Rabenalt, Arthur Maria: Film im Zwielicht, München 1958
ders.: Joseph Goebbels und der »Großdeutsche Film«, München/Berlin 1985
Riess, Curt: Das gab's nur einmal, Wien/München 1977
Romani, Cincia: Die Filmdiven im Dritten Reich, München 1982
Sakkara, Michele (Hrsg.): Die große Zeit des deutschen Films, Leoni 1980
Seiler, Paul: Wollt Ihr einen Star sehen? (Über Zarah Leander), Berlin 1982
Söderbaum, Kristina: Nichts bleibt immer so. Rückblenden auf ein Leben vor und hinter der Kamera, Bayreuth 1983
Schirach, Henriette von: Frauen um Hitler, München/Berlin 1983

Scholtz-Klink, Gertrud: Die Frau im 3. Reich, Tübingen 1978
Toeplitz, Jerzy: Geschichte des Films 1933–1945 (Bd. 2), München 1978
Tschechowa, Olga: Meine Uhren gehen anders, München/Berlin 1973
Werner, Ilse: So wird's nie wieder sein. Ein Leben mit Pfiff, Bayreuth 1981
Westenrieder, Norbert: »Deutsche Frauen und Mädchen!« Vom Alltagsleben 1933–45, Düsseldorf 1984
Wetzel, Kraft/Hagemann, Peter: Liebe, Tod und Technik. Kino des Phantastischen 1933–45, Berlin 1977
dies.: Zensur. Verbotene deutsche Filme 1933–45, Berlin 1978
Zorn, Gerda: Frauen unter Hitler, Berlin o. J.
Zumkeller, Cornelia: Zarah Leander, München 1988

Register

G

H